SIGM. FREUD

GESAMMELTE WERKE

CHRONOLOGISCH GEORDNET

ZWÖLFTER BAND

WERKE AUS DEN
JAHREN 1917-1920

FISCHER TASCHENBUCH VERLAG

Unter Mitwirkung von Marie Bonaparte,
Prinzessin Georg von Griechenland
herausgegeben von
Anna Freud
E. Bibring   W. Hoffer   E. Kris   O. Isakower

Veröffentlicht im Fischer Taschenbuch Verlag GmbH
Frankfurt am Main 1999, November 1999

© 1940 Imago Publishing Co., Ltd., London
Alle Rechte, insbesondere die der Übersetzung, vorbehalten
durch S. Fischer Verlag, Frankfurt am Main
Druck und Bindung: Clausen & Bosse, Leck
Printed in Germany
ISBN 3-596-50300-0 (Kassette)

EINE SCHWIERIGKEIT DER PSYCHOANALYSE

EINE SCHWIERIGKEIT DER PSYCHOANALYSE

Ich will gleich zum Eingang sagen, daß ich nicht eine intellektuelle Schwierigkeit meine, etwas, was die Psychoanalyse für das Verständnis des Empfängers (Hörers oder Lesers) unzugänglich macht, sondern eine affektive Schwierigkeit: etwas, wodurch sich die Psychoanalyse die Gefühle des Empfängers entfremdet, so daß er weniger geneigt wird, ihr Interesse oder Glauben zu schenken. Wie man merkt, kommen beiderlei Schwierigkeiten auf dasselbe hinaus. Wer für eine Sache nicht genug Sympathie aufbringen kann, wird sie auch nicht so leicht verstehen.

Aus Rücksicht auf den Leser, den ich mir noch als völlig unbeteiligt vorstelle, muß ich etwas weiter ausholen. In der Psychoanalyse hat sich aus einer großen Zahl von Einzelbeobachtungen und Eindrücken endlich etwas wie eine Theorie gestaltet, die unter dem Namen der Libidotheorie bekannt ist. Die Psychoanalyse beschäftigt sich bekanntlich mit der Aufklärung und der Beseitigung der sogenannten nervösen Störungen. Für dieses Problem mußte ein Angriffspunkt gefunden werden, und man entschloß sich, ihn im Triebleben der Seele zu suchen. Annahmen über das menschliche Triebleben wurden also die Grundlage unserer Auffassung der Nervosität.

Die Psychologie, die auf unseren Schulen gelehrt wird, gibt uns nur sehr wenig befriedigende Antworten, wenn wir sie nach den Problemen des Seelenlebens befragen. Auf keinem Gebiet sind aber ihre Auskünfte kümmerlicher als auf dem der Triebe. Es bleibt uns überlassen, wie wir uns hier eine erste Orientierung schaffen wollen. Die populäre Auffassung trennt Hunger und Liebe als Vertreter der Triebe, welche das Einzelwesen zu erhalten, und jener, die es fortzupflanzen streben. Indem wir uns dieser so naheliegenden Sonderung anschließen, unterscheiden wir auch in der Psychoanalyse die Selbsterhaltungs- oder Ich-Triebe von den Sexualtrieben und nennen die Kraft, mit welcher der Sexualtrieb im Seelenleben auftritt, Libido — sexuelles Verlangen — als etwas dem Hunger, dem Machtwillen u. dgl. bei den Ich-Trieben Analoges.

Auf dem Boden dieser Annahme machen wir dann die erste bedeutungsvolle Entdeckung. Wir erfahren, daß für das Verständnis der neurotischen Erkrankungen den Sexualtrieben die weitaus größere Bedeutung zukommt, daß die Neurosen sozusagen die spezifischen Erkrankungen der Sexualfunktion sind. Daß es von der Quantität der Libido und von der Möglichkeit, sie zu befriedigen und durch Befriedigung abzuführen, abhängt, ob ein Mensch überhaupt an einer Neurose erkrankt. Daß die Form der Erkrankung bestimmt wird durch die Art, wie der einzelne den Entwicklungsweg der Sexualfunktion zurückgelegt hat, oder, wie wir sagen, durch die Fixierungen, welche seine Libido im Laufe ihrer Entwicklung erfahren hat. Und daß wir in einer gewissen, nicht sehr einfachen Technik der psychischen Beeinflussung ein Mittel haben, manche Gruppen der Neurosen gleichzeitig aufzuklären und rückgängig zu machen. Den besten Erfolg hat unsere therapeutische Bemühung bei einer gewissen Klasse von Neurosen, die aus dem Konflikt zwischen den Ich-Trieben und den Sexualtrieben hervorgehen. Beim Menschen kommt es nämlich vor, daß die Anforderungen der Sexualtriebe, die ja weit über das Einzelwesen hinausgreifen, dem Ich als Gefahr erscheinen, die seine Selbsterhaltung oder seine Selbstachtung bedrohen. Dann setzt sich das Ich zur Wehr, versagt den Sexualtrieben die gewünschte Befriedigung, nötigt sie zu jenen Umwegen einer Ersatzbefriedigung, die sich als nervöse Symptome kundgeben.

Die psychoanalytische Therapie bringt es dann zustande, den Verdrängungsprozeß einer Revision zu unterziehen und den Konflikt zu einem besseren, mit der Gesundheit verträglichen Ausgang zu leiten. Unverständige Gegnerschaft wirft uns dann unsere Schätzung der Sexualtriebe als einseitig vor: Der Mensch habe noch andere Interessen als die sexuellen. Das haben wir keinen Augenblick lang vergessen oder verleugnet. Unsere Einseitigkeit ist wie die des Chemikers, der alle Konstitutionen auf die Kraft der chemischen Attraktion zurückführt. Er leugnet darum die Schwerkraft nicht, er überläßt ihre Würdigung dem Physiker.

Während der therapeutischen Arbeit müssen wir uns um die Verteilung der Libido bei dem Kranken bekümmern, wir forschen nach, an welche Objektvorstellungen seine Libido gebunden ist, und machen sie frei, um sie dem Ich zur Verfügung zu stellen. Dabei sind wir dazu gekommen, uns ein sehr merkwürdiges Bild von der anfänglichen, der Urverteilung der Libido beim Menschen zu machen. Wir mußten annehmen, daß zu Beginn der individuellen Entwicklung alle Libido (alles erotische Streben, alle Liebesfähigkeit) an die eigene Person geknüpft ist, wie wir sagen, das eigene Ich besetzt. Erst später geschieht es in Anlehnung an die Befriedigung der großen Lebensbedürfnisse, daß die Libido vom Ich auf die äußeren Objekte überfließt, wodurch wir erst in die Lage kommen, die libidinösen Triebe als solche zu erkennen und von den Ich-Trieben zu unterscheiden. Von diesen Objekten kann die Libido wieder abgelöst und ins Ich zurückgezogen werden.

Den Zustand, in dem das Ich die Libido bei sich behält, heißen wir Narzißmus, in Erinnerung der griechischen Sage vom Jüngling Narzissus, der in sein eigenes Spiegelbild verliebt blieb. Wir schreiben also dem Individuum einen Fortschritt zu vom Narzißmus zur Objektliebe. Aber wir glauben nicht, daß jemals die gesamte Libido des Ichs auf die Objekte übergeht. Ein gewisser Betrag von Libido verbleibt immer beim Ich, ein gewisses Maß von Narzißmus bleibt trotz hochentwickelter Objektliebe fortbestehen. Das Ich ist ein großes Reservoir, aus dem die für die Objekte bestimmte Libido ausströmt, und dem sie von den Objekten her wieder zufließt. Die Objektlibido war zuerst Ich-Libido und kann sich wieder in Ich-Libido umsetzen. Es ist für die volle Gesundheit der Person wesentlich, daß ihre Libido die volle Beweglichkeit nicht verliere. Zur Versinnlichung dieses Verhältnisses denken wir an ein Protoplasmatierchen, dessen zähflüssige Substanz Pseudopodien (Scheinfüßchen) aussendet, Fortsetzungen, in welche sich die Leibessubstanz hineinerstreckt, die aber jederzeit wieder eingezogen werden können, so daß die Form des Protoplasmaklümpchens wieder hergestellt wird.

Was ich durch diese Andeutungen zu beschreiben versucht habe, ist die Libidotheorie der Neurosen, auf welche alle unsere Auffassungen vom Wesen dieser krankhaften Zustände und unser therapeutisches Vorgehen gegen dieselben begründet sind. Es ist selbstverständlich, daß wir die Voraussetzungen der Libidotheorie auch für das normale Verhalten geltend machen. Wir sprechen vom Narzißmus des kleinen Kindes und wir schreiben es dem überstarken Narzißmus des primitiven Menschen zu, daß er an die Allmacht seiner Gedanken glaubt und darum den Ablauf der Begebenheiten in der äußeren Welt durch die Technik der Magie beeinflussen will.

Nach dieser Einleitung möchte ich ausführen, daß der allgemeine Narzißmus, die Eigenliebe der Menschheit, bis jetzt drei schwere Kränkungen von seiten der wissenschaftlichen Forschung erfahren hat.

a) Der Mensch glaubte zuerst in den Anfängen seiner Forschung, daß sich sein Wohnsitz, die Erde, ruhend im Mittelpunkte des Weltalls befinde, während Sonne, Mond und Planeten sich in kreisförmigen Bahnen um die Erde bewegen. Er folgte dabei in naiver Weise dem Eindruck seiner Sinneswahrnehmungen, denn eine Bewegung der Erde verspürt er nicht, und wo immer er frei um sich blicken kann, findet er sich im Mittelpunkt eines Kreises, der die äußere Welt umschließt. Die zentrale Stellung der Erde war ihm aber eine Gewähr für ihre herrschende Rolle im Weltall und schien in guter Übereinstimmung mit seiner Neigung, sich als den Herrn dieser Welt zu fühlen. Die Zerstörung dieser narzißtischen Illusion knüpft sich für uns an den Namen und das Werk des Nik. Kopernikus im sechzehnten Jahrhundert. Lange vor ihm hatten die Pythagoräer an der bevorzugten Stellung der Erde gezweifelt, und Aristarch von Samos hatte im dritten vorchristlichen Jahrhundert ausgesprochen, daß die Erde viel kleiner sei als die Sonne und sich um diesen Himmelskörper bewege. Auch die große Entdeckung des Kopernikus war also schon vor ihm gemacht worden. Als sie aber allgemeine Anerkennung fand, hatte die menschliche Eigenliebe ihre erste, die kosmologische Kränkung erfahren.

b) Der Mensch warf sich im Laufe seiner Kulturentwicklung zum Herrn über seine tierischen Mitgeschöpfe auf. Aber mit dieser Vorherrschaft nicht zufrieden, begann er eine Kluft zwischen ihr und sein Wesen zu legen. Er sprach ihnen die Vernunft ab und legte sich eine unsterbliche Seele bei, berief sich auf eine hohe göttliche Abkunft, die das Band der Gemeinschaft mit der Tierwelt zu zerreißen gestattete. Es ist merkwürdig, daß diese Überhebung dem kleinen Kinde wie dem primitiven und dem Urmenschen noch ferne liegt. Sie ist das Ergebnis einer späteren anspruchsvollen Entwicklung. Der Primitive fand es auf der Stufe des Totemismus nicht anstößig, seinen Stamm auf einen tierischen Ahnherrn zurückzuleiten. Der Mythus, welcher den Niederschlag jener alten Denkungsart enthält, läßt die Götter Tiergestalt annehmen, und die Kunst der ersten Zeiten bildet die Götter mit Tierköpfen. Das Kind empfindet keinen Unterschied zwischen dem eigenen Wesen und dem des Tieres; es läßt die Tiere ohne Verwunderung im Märchen denken und sprechen; es verschiebt einen Angstaffekt, der dem menschlichen Vater gilt, auf den Hund oder auf das Pferd, ohne damit eine Herabsetzung des Vaters zu beabsichtigen. Erst wenn es erwachsen ist, wird es sich dem Tiere soweit entfremdet haben, daß es den Menschen mit dem Namen des Tieres beschimpfen kann.

Wir wissen es alle, daß die Forschung Ch. Darwins, seiner Mitarbeiter und Vorgänger, vor wenig mehr als einem halben Jahrhundert dieser Überhebung des Menschen ein Ende bereitet hat. Der Mensch ist nichts anderes und nichts Besseres als die Tiere, er ist selbst aus der Tierreihe hervorgegangen, einigen Arten näher, anderen ferner verwandt. Seine späteren Erwerbungen vermochten es nicht, die Zeugnisse der Gleichwertigkeit zu verwischen, die in seinem Körperbau wie in seinen seelischen Anlagen gegeben sind. Dies ist aber die zweite, die biologische Kränkung des menschlichen Narzißmus.

c) Am empfindlichsten trifft wohl die dritte Kränkung, die psychologischer Natur ist.

Der Mensch, ob auch draußen erniedrigt, fühlt sich souverän in seiner eigenen Seele. Irgendwo im Kern seines Ichs hat er sich ein Aufsichtsorgan geschaffen, welches seine eigenen Regungen und Handlungen überwacht, ob sie mit seinen Anforderungen zusammenstimmen. Tun sie das nicht, so werden sie unerbittlich gehemmt und zurückgezogen. Seine innere Wahrnehmung, das Bewußtsein, gibt dem Ich Kunde von allen bedeutungsvollen Vorgängen im seelischen Getriebe, und der durch diese Nachrichten gelenkte Wille führt aus, was das Ich anordnet, ändert ab, was sich selbständig vollziehen möchte. Denn diese Seele ist nichts Einfaches, vielmehr eine Hierarchie von über- und untergeordneten Instanzen, ein Gewirre von Impulsen, die unabhängig voneinander zur Ausführung drängen, entsprechend der Vielheit von Trieben und von Beziehungen zur Außenwelt, viele davon einander gegensätzlich und miteinander unverträglich. Es ist für die Funktion erforderlich, daß die oberste Instanz von allem Kenntnis erhalte, was sich vorbereitet, und daß ihr Wille überallhin dringen könne, um seinen Einfluß zu üben. Aber das Ich fühlt sich sicher sowohl der Vollständigkeit und Verläßlichkeit der Nachrichten als auch der Wegsamkeit für seine Befehle.

In gewissen Krankheiten, allerdings gerade bei den von uns studierten Neurosen, ist es anders. Das Ich fühlt sich unbehaglich, es stößt auf Grenzen seiner Macht in seinem eigenen Haus, der Seele. Es tauchen plötzlich Gedanken auf, von denen man nicht weiß, woher sie kommen; man kann auch nichts dazu tun, sie zu vertreiben. Diese fremden Gäste scheinen selbst mächtiger zu sein als die dem Ich unterworfenen; sie widerstehen allen sonst so erprobten Machtmitteln des Willens, bleiben unbeirrt durch die logische Widerlegung, unangetastet durch die Gegenaussage der Realität. Oder es kommen Impulse, die wie die eines Fremden sind, so daß das Ich sie verleugnet, aber es muß sich doch vor ihnen fürchten und Vorsichtsmaßnahmen gegen sie treffen. Das Ich sagt sich, das ist eine Krankheit, eine fremde Invasion, es verschärft seine Wachsamkeit, aber es kann nicht verstehen, warum es sich in so seltsamer Weise gelähmt fühlt.

Die Psychiatrie bestreitet zwar für solche Vorfälle, daß sich böse, fremde Geister ins Seelenleben eingedrängt haben, aber sonst sagt sie nur achselzuckend: Degeneration, hereditäre Disposition, konstitutionelle Minderwertigkeit! Die Psychoanalyse unternimmt es, diese unheimlichen Krankheitsfälle aufzuklären, sie stellt sorgfältige und langwierige Untersuchungen an, schafft sich Hilfsbegriffe und wissenschaftliche Konstruktionen und kann dem Ich endlich sagen: „Es ist nichts Fremdes in dich gefahren; ein Teil von deinem eigenen Seelenleben hat sich deiner Kenntnis und der Herrschaft deines Willens entzogen. Darum bist du auch so schwach in der Abwehr; du kämpfst mit einem Teil deiner Kraft gegen den anderen Teil, kannst nicht wie gegen einen äußeren Feind deine ganze Kraft zusammennehmen. Und es ist nicht einmal der schlechteste oder unwichtigste Anteil deiner seelischen Kräfte, der so in Gegensatz zu dir getreten und unabhängig von dir geworden ist. Die Schuld, muß ich sagen, liegt an dir selbst. Du hast deine Kraft überschätzt, wenn du geglaubt hast, du könntest mit deinen Sexualtrieben anstellen, was du willst, und brauchtest auf ihre Absichten nicht die mindeste Rücksicht zu nehmen. Da haben sie sich denn empört und sind ihre eigenen dunklen Wege gegangen, um sich der Unterdrückung zu entziehen, haben sich ihr Recht geschaffen auf eine Weise, die dir nicht mehr recht sein kann. Wie sie das zustande gebracht haben, und welche Wege sie gewandelt sind, das hast du nicht erfahren; nur das Ergebnis dieser Arbeit, das Symptom, das du als Leiden empfindest, ist zu deiner Kenntnis gekommen. Du erkennst es dann nicht als Abkömmling deiner eigenen verstoßenen Triebe und weißt nicht, daß es deren Ersatzbefriedigung ist."

„Der ganze Vorgang wird aber nur durch den einen Umstand möglich, daß du dich auch in einem anderen wichtigen Punkte im Irrtum befindest. Du vertraust darauf, daß du alles erfährst, was in deiner Seele vorgeht, wenn es nur wichtig genug ist, weil dein Bewußtsein es dir dann meldet. Und wenn du von etwas in deiner Seele keine Nachricht bekommen hast, nimmst du zuversichtlich an, es sei nicht in ihr enthalten. Ja, du gehst so weit, daß du ‚seelisch' für identisch hältst mit ‚bewußt', d. h. dir bekannt, trotz der augenscheinlichsten Beweise, daß in deinem Seelenleben beständig viel mehr vor sich gehen muß, als deinem Bewußtsein bekannt werden kann. Laß dich doch in diesem einen Punkt belehren! Das Seelische in dir fällt nicht mit dem dir

Bewußten zusammen; es ist etwas anderes, ob etwas in deiner Seele vorgeht, und ob du es auch erfährst. Für gewöhnlich, ich will es zugeben, reicht der Nachrichtendienst an dein Bewußtsein für deine Bedürfnisse aus. Du darfst dich in der Illusion wiegen, daß du alles Wichtigere erfährst. Aber in manchen Fällen, z. B. in dem eines solchen Triebkonflikts, versagt er und dein Wille reicht dann nicht weiter als dein Wissen. In allen Fällen aber sind diese Nachrichten deines Bewußtseins unvollständig und häufig unzuverlässig; auch trifft es sich oft genug, daß du von den Geschehnissen erst Kunde bekommst, wenn sie bereits vollzogen sind und du nichts mehr an ihnen ändern kannst. Wer kann, selbst wenn du nicht krank bist, ermessen, was sich alles in deiner Seele regt, wovon du nichts erfährst, oder worüber du falsch berichtet wirst. Du benimmst dich wie ein absoluter Herrscher, der es sich an den Informationen seiner obersten Hofämter genügen läßt und nicht zum Volk herabsteigt, um dessen Stimme zu hören. Geh in dich, in deine Tiefen und lerne dich erst kennen, dann wirst du verstehen, warum du krank werden mußt, und vielleicht vermeiden, krank zu werden."

So wollte die Psychoanalyse das Ich belehren. Aber die beiden Aufklärungen, daß das Triebleben der Sexualität in uns nicht voll zu bändigen ist, und daß die seelischen Vorgänge an sich unbewußt sind und nur durch eine unvollständige und unzuverlässige Wahrnehmung dem Ich zugänglich und ihm unterworfen werden, kommen der Behauptung gleich, daß das. Ich nicht Herr sei in seinem eigenen Haus. Sie stellen miteinander die dritte Kränkung der Eigenliebe dar, die ich die psychologische nennen möchte. Kein Wunder daher, daß das Ich der Psychoanalyse nicht seine Gunst zuwendet und ihr hartnäckig den Glauben verweigert.

Die wenigsten Menschen dürften sich klar gemacht haben, einen wie folgenschweren Schritt die Annahme unbewußter seelischer Vorgänge für Wissenschaft und Leben bedeuten würde.

Beeilen wir uns aber hinzuzufügen, daß nicht die Psychoanalyse diesen Schritt zuerst gemacht hat. Es sind namhafte Philosophen als Vorgänger anzuführen, vor allen der große Denker Schopenhauer, dessen unbewußter „Wille" den seelischen Trieben der Psychoanalyse gleichzusetzen ist. Derselbe Denker übrigens, der in Worten von unvergeßlichem Nachdruck die Menschen an die immer noch unterschätzte Bedeutung ihres Sexualstrebens gemahnt hat. Die Psychoanalyse hat nur das eine voraus, daß sie die beiden dem Narzißmus so peinlichen Sätze von der psychischen Bedeutung der Sexualität und von der Unbewußtheit des Seelenlebens nicht abstrakt behauptet, sondern an einem Material erweist, welches jeden einzelnen persönlich angeht und seine Stellungnahme zu diesen Problemen erzwingt. Aber gerade darum lenkt sie die Abneigung und die Widerstände auf sich, welche den großen Namen des Philosophen noch scheu vermeiden.

EINE KINDHEITSERINNERUNG AUS
AUS
»DICHTUNG UND WAHRHEIT«

EINE KINDHEITSERINNERUNG
AUS ›DICHTUNG UND WAHRHEIT‹

„Wenn man sich erinnern will, was uns in der frühesten
Zeit der Kindheit begegnet ist, so kommt man oft in den Fall,
dasjenige, was wir von anderen gehört, mit dem zu verwechseln,
was wir wirklich aus eigener anschauender Erfahrung besitzen."
Diese Bemerkung macht Goethe auf einem der ersten Blätter
der Lebensbeschreibung, die er im Alter von sechzig Jahren auf-
zuzeichnen begann. Vor ihr stehen nur einige Mitteilungen über
seine „am 28. August 1749, mittags mit dem Glockenschlag
zwölf" erfolgte Geburt. Die Konstellation der Gestirne war ihm
günstig und mag wohl Ursache seiner Erhaltung gewesen sein,
denn er kam „für tot" auf die Welt, und nur durch vielfache
Bemühungen brachte man es dahin, daß er das Licht erblickte.
Nach dieser Bemerkung folgt eine kurze Schilderung des Hauses
und der Räumlichkeit, in welcher sich die Kinder — er und
seine jüngere Schwester — am liebsten aufhielten. Dann aber
erzählt Goethe eigentlich nur eine einzige Begebenheit, die man
in die „früheste Zeit der Kindheit" (in die Jahre bis vier?) versetzen kann, und an welche er eine eigene Erinnerung bewahrt
zu haben scheint.

Der Bericht hierüber lautet: „und mich gewannen drei gegenüber wohnende Brüder von Ochsenstein, hinterlassene Söhne des verstorbenen Schultheißen, gar lieb, und beschäftigten und neckten sich mit mir auf mancherlei Weise."

„Die Meinigen erzählten gern allerlei Eulenspiegeleien, zu denen mich jene sonst ernsten und einsamen Männer angereizt. Ich führe nur einen von diesen Streichen an. Es war eben Topfmarkt gewesen und man hatte nicht allein die Küche für die nächste Zeit mit solchen Waren versorgt, sondern auch uns Kindern dergleichen Geschirr im kleinen zu spielender Beschäftigung eingekauft. An einem schönen Nachmittag, da alles ruhig im Hause war, trieb ich im Geräms (der erwähnten gegen die Straße gerichteten Örtlichkeit) mit meinen Schüsseln und Töpfen mein Wesen und da weiter nichts dabei herauskommen wollte, warf ich ein Geschirr auf die Straße und freute mich, daß es so lustig zerbrach. Die von Ochsenstein, welche sahen, wie ich mich daran ergötzte, daß ich so gar fröhlich in die Händchen patschte, riefen: Noch mehr! Ich säumte nicht, sogleich einen Topf und auf immer fortwährendes Rufen: Noch mehr! nach und nach sämtliche Schüsselchen, Tiegelchen, Kännchen gegen das Pflaster zu schleudern. Meine Nachbarn fuhren fort, ihren Beifall zu bezeigen und ich war höchlich froh, ihnen Vergnügen zu machen. Mein Vorrat aber war aufgezehrt, und sie riefen immer: Noch mehr! Ich eilte daher stracks in die Küche und holte die irdenen Teller, welche nun freilich im Zerbrechen ein noch lustigeres Schauspiel gaben; und so lief ich hin und wieder, brachte einen Teller nach dem anderen, wie ich sie auf dem Topfbrett der Reihe nach erreichen konnte, und weil sich jene gar nicht zufrieden gaben, so stürzte ich alles, was ich von Geschirr erschleppen konnte, in gleiches Verderben. Nur später erschien jemand zu hindern und zu wehren. Das Unglück war geschehen, und man hatte für so viel zerbrochene Töpferware wenigstens eine lustige Geschichte, an der sich besonders die schalkischen Urheber bis an ihr Lebensende ergötzten."

Dies konnte man in voranalytischen Zeiten ohne Anlaß zum Verweilen und ohne Anstoß lesen; aber später wurde das analytische Gewissen rege. Man hatte sich ja über Erinnerungen aus der frühesten Kindheit bestimmte Meinungen und Erwartungen gebildet, für die man gerne allgemeine Gültigkeit in Anspruch nahm. Es sollte nicht gleichgültig oder bedeutungslos sein, welche Einzelheit des Kindheitslebens sich dem allgemeinen Vergessen der Kindheit entzogen hatte. Vielmehr durfte man vermuten, daß dies im Gedächtnis Erhaltene auch das Bedeutsamste des ganzen Lebensabschnittes sei, und zwar entweder so, daß es solche Wichtigkeit schon zu seiner Zeit besessen oder anders, daß es sie durch den Einfluß späterer Erlebnisse nachträglich erworben habe.

Allerdings war die hohe Wertigkeit solcher Kindheitserinnerungen nur in seltenen Fällen offensichtlich. Meist erschienen sie gleichgültig, ja nichtig, und es blieb zunächst unverstanden, daß es gerade ihnen gelungen war, der Amnesie zu trotzen; auch wußte derjenige, der sie als sein eigenes Erinnerungsgut seit langen Jahren bewahrt hatte, sie so wenig zu würdigen wie der Fremde, dem er sie erzählte. Um sie in ihrer Bedeutsamkeit zu erkennen, bedurfte es einer gewissen Deutungsarbeit, die entweder nachwies, wie ihr Inhalt durch einen anderen zu ersetzen sei, oder ihre Beziehung zu anderen, unverkennbar wichtigen Erlebnissen aufzeigte, für welche sie als sogenannte Deckerinnerungen eingetreten waren.

In jeder psychoanalytischen Bearbeitung einer Lebensgeschichte gelingt es, die Bedeutung der frühesten Kindheitserinnerungen in solcher Weise aufzuklären. Ja, es ergibt sich in der Regel, daß gerade diejenige Erinnerung, die der Analysierte voranstellt, die er zuerst erzählt, mit der er seine Lebensbeichte einleitet, sich als die wichtigste erweist, als diejenige, welche die Schlüssel zu den Geheimfächern seines Seelenlebens in sich birgt. Aber im Falle jener kleinen Kinderbegebenheit, die in „Dichtung und Wahrheit" erzählt wird, kommt unseren Erwartungen zu wenig entgegen. Die Mittel und Wege, die bei unseren Patienten zur Deutung führen, sind uns hier natürlich unzugänglich; der Vorfall an sich scheint einer aufspürbaren Beziehung zu wichtigen Lebenseindrücken späterer Zeit nicht fähig zu sein. Ein Schabernack zum Schaden der häuslichen Wirtschaft, unter fremdem Einfluß verübt, ist sicherlich keine passende Vignette für all das, was Goethe aus seinem reichen Leben mitzuteilen hat. Der Eindruck der vollen Harmlosigkeit und Beziehungslosigkeit will sich für diese Kindererinnerung behaupten, und wir mögen die Mahnung mitnehmen, die Anforderungen der Psychoanalyse nicht zu überspannen oder am ungeeigneten Orte vorzubringen.

So hatte ich denn das kleine Problem längst aus meinen Gedanken fallen lassen, als mir der Zufall einen Patienten zuführte, bei dem sich eine ähnliche Kindheitserinnerung in durchsichtigerem Zusammenhange ergab. Es war ein siebenundzwanzigjähriger, hochgebildeter und begabter Mann, dessen Gegenwart durch einen Konflikt mit seiner Mutter ausgefüllt war, der sich so ziemlich auf alle Interessen des Lebens erstreckte, unter dessen Wirkung die Entwicklung seiner Liebesfähigkeit und seiner selbständigen Lebensführung schwer gelitten hatte. Dieser Konflikt ging weit in die Kindheit zurück; man kann wohl sagen, bis in sein viertes Lebensjahr. Vorher war er ein sehr schwächliches, immer kränkelndes Kind gewesen, und doch hatten seine Erinnerungen diese üble Zeit zum Paradies verklärt, denn damals besaß er die uneingeschränkte, mit niemandem geteilte Zärtlichkeit der Mutter. Als er noch nicht vier Jahre war, wurde ein — heute noch lebender — Bruder geboren, und in der Reaktion auf diese Störung wandelte er sich zu einem eigensinnigen, unbotmäßigen Jungen, der unausgesetzt die Strenge der Mutter herausforderte. Er kam auch nie mehr in das richtige Geleise.

Als er in meine Behandlung trat — nicht zum mindesten darum, weil die bigotte Mutter die Psychoanalyse verabscheute — war die Eifersucht auf den nachgeborenen Bruder, die sich seinerzeit selbst in einem Attentat auf den Säugling in der Wiege geäußert hatte, längst vergessen. Er behandelte jetzt seinen jüngeren Bruder sehr rücksichtsvoll, aber sonderbare Zufallshandlungen, durch die er sonst geliebte Tiere wie seinen Jagdhund oder sorgsam von ihm gepflegte Vögel plötzlich zu schwerem Schaden brachte, waren wohl als Nachklänge jener feindseligen Impulse gegen den kleinen Bruder zu verstehen.

Dieser Patient berichtete nun, daß er um die Zeit des Attentats gegen das ihm verhaßte Kind einmal alles ihm erreichbare Geschirr aus dem Fenster des Landhauses auf die Straße geworfen. Also dasselbe, was Goethe in Dichtung und Wahrheit aus seiner Kindheit erzählt! Ich bemerke, daß mein Patient von fremder Nationalität und nicht in deutscher Bildung erzogen war; er hatte Goethes Lebensbeschreibung niemals gelesen.

Diese Mitteilung mußte mir den Versuch nahe legen, die Kindheitserinnerung Goethes in dem Sinne zu deuten, der durch die Geschichte meines Patienten unabweisbar geworden war. Aber waren in der Kindheit des Dichters die für solche Auffassung erforderlichen Bedingungen nachzuweisen? Goethe selbst macht zwar die Aneiferung der Herren von Ochsenstein für seinen Kinderstreich verantwortlich. Aber seine Erzählung selbst läßt erkennen, daß die erwachsenen Nachbarn ihn nur zur Fortsetzung seines Treibens aufgemuntert hatten. Den Anfang dazu hatte er spontan gemacht, und die Motivierung, die er für dies Beginnen gibt: „Da weiter nichts dabei (beim Spiele) herauskommen wollte", läßt sich wohl ohne Zwang als Geständnis deuten, daß ihm ein wirksames Motiv seines Handelns zur Zeit der Niederschrift und wahrscheinlich auch lange Jahre vorher nicht bekannt war.

Es ist bekannt, daß Joh. Wolfgang und seine Schwester Cornelia die ältesten Überlebenden einer größeren, recht hinfälligen Kinderreihe waren. Dr. Hanns Sachs war so freundlich, mir die Daten zu verschaffen, die sich auf diese früh verstorbenen Geschwister Goethes beziehen.

Geschwister Goethes:

a) Hermann Jakob, getauft Montag, den 27. November 1752, erreichte ein Alter von sechs Jahren und sechs Wochen, beerdigt 13. Jänner 1759.

b) Katharina Elisabetha, getauft Montag, den 9. September 1754, beerdigt Donnerstag, den 22. Dezember 1755 (ein Jahr, vier Monate alt).

c) Johanna Maria, getauft Dienstag, den 29. März 1757 und beerdigt Samstag, den 11. August 1759 (zwei Jahre, vier Monate alt). (Dies war jedenfalls das von ihrem Bruder gerühmte sehr schöne und angenehme Mädchen).

d) Georg Adolph, getauft Sonntag, den 15. Juni 1760; beerdigt, acht Monate alt, Mittwoch, den 18. Februar 1761.

Goethes nächste Schwester, Cornelia Friederica Christiana, war am 7. Dezember 1750 geboren, als er fünfviertel Jahre alt war. Durch diese geringe Altersdifferenz ist sie als Objekt der Eifersucht so gut wie ausgeschlossen. Man weiß, daß Kinder, wenn ihre Leidenschaften erwachen, niemals so heftige Reaktionen gegen die Geschwister entwickeln, welche sie vorfinden, sondern ihre Abneigung gegen die neu Ankommenden richten. Auch ist die Szene, um deren Deutung wir uns bemühen, mit dem zarten Alter Goethes bei oder bald nach der Geburt Cornelias unvereinbar.

Bei der Geburt des ersten Brüderchens Hermann Jakob war Joh. Wolfgang dreieinviertel Jahre alt. Ungefähr zwei Jahre später, als er etwa fünf Jahre alt war, wurde die zweite Schwester geboren. Beide Altersstufen kommen für die Datierung des Geschirrhinauswerfens in Betracht; die erstere verdient vielleicht den Vorzug, sie würde auch die bessere Übereinstimmung mit dem Falle meines Patienten ergeben, der bei der Geburt seines Bruders etwa dreidreiviertel Jahre zählte.

Der Bruder Hermann Jakob, auf den unser Deutungsversuch in solcher Art hingelenkt wird, war übrigens kein so flüchtiger Gast in der Goetheschen Kinderstube wie die späteren Geschwister.

Man könnte sich verwundern, daß die Lebensgeschichte seines
großen Bruders nicht ein Wörtchen des Gedenkens an ihn bringt.[1]
Er wurde über sechs Jahre alt und Joh. Wolfgang war nahe an
zehn Jahre, als er starb. Dr. Ed. Hitschmann, der so freundlich
war, mir seine Notizen über diesen Stoff zur Verfügung zu stellen,
meint:

„Auch der kleine Goethe hat ein Brüderchen nicht un-
gern sterben gesehen. Wenigstens berichtete seine Mutter nach
Bettina Brentanos Wiedererzählung folgendes: ‚Sonderbar fiel
es der Mutter auf, daß er bei dem Tode seines jüngeren Bruders
Jakob, der sein Spielkamerad war, keine Träne vergoß, er schien
vielmehr eine Art Ärger über die Klagen der Eltern und Geschwister zu haben; da die Mutter nun später den Trotzigen
fragte, ob er den Bruder nicht lieb gehabt habe, lief er in seine
Kammer, brachte unter dem Bett hervor eine Menge Papiere,
die mit Lektionen und Geschichtchen beschrieben waren, er sagte
ihr, daß er dies alles gemacht habe, um es dem Bruder zu lehren.'
Der ältere Bruder hätte also immerhin gern Vater mit dem
Jüngeren gespielt und ihm seine Überlegenheit gezeigt."

Wir könnten uns also die Meinung bilden, das Geschirrhinaus-
werfen sei eine symbolische, oder sagen wir es richtiger: eine
magische Handlung, durch welche das Kind (Goethe sowie
mein Patient) seinen Wunsch nach Beseitigung des störenden Ein-
dringlings zu kräftigem Ausdruck bringt. Wir brauchen das Vergnügen des Kindes beim Zerschellen der Gegenstände nicht zu
bestreiten; wenn eine Handlung bereits an sich lustbringend ist,
so ist dies keine Abhaltung, sondern eher eine Verlockung, sie
auch im Dienste anderer Absichten zu wiederholen. Aber wir

---

1) [*Zusatz 1924:*] Ich bediene mich dieser Gelegenheit, um eine unrichtige Behauptung, die nicht hätte vorfallen sollen, zurückzunehmen. An einer späteren Stelle
dieses ersten Buches wird der jüngere Bruder doch erwähnt und geschildert. Es
geschieht bei der Erinnerung an die lästigen Kinderkrankheiten, unter denen auch
dieser Bruder „nicht wenig litt". „Er war von zarter Natur, still und eigensinnig
und wir hatten niemals ein eigentliches Verhältnis zusammen. Auch überlebte er
kaum die Kinderjahre."

glauben nicht, daß es die Lust am Klirren und Brechen war, welche solchen Kinderstreichen einen dauernden Platz in der Erinnerung des Erwachsenen sichern konnte. Wir sträuben uns auch nicht, die Motivierung der Handlung um einen weiteren Beitrag zu komplizieren. Das Kind, welches das Geschirr zerschlägt, weiß wohl, daß es etwas Schlechtes tut, worüber die Erwachsenen schelten werden, und wenn es sich durch dieses Wissen nicht zurückhalten läßt, so hat es wahrscheinlich einen Groll gegen die Eltern zu befriedigen; es will sich schlimm zeigen.

Der Lust am Zerbrechen und am Zerbrochenen wäre auch Genüge getan, wenn das Kind die gebrechlichen Gegenstände einfach auf den Boden würfe. Die Hinausbeförderung durch das Fenster auf die Straße bliebe dabei ohne Erklärung. Dies „Hinaus" scheint aber ein wesentliches Stück der magischen Handlung zu sein und dem verborgenen Sinn derselben zu entstammen. Das neue Kind soll fortgeschafft werden, durchs Fenster möglicherweise darum, weil es durchs Fenster gekommen ist. Die ganze Handlung wäre dann gleichwertig jener uns bekannt gewordenen wörtlichen Reaktion eines Kindes, als man ihm mitteilte, daß der Storch ein Geschwisterchen gebracht. „Er soll es wieder mitnehmen", lautete sein Bescheid.

Indes, wir verhehlen uns nicht, wie mißlich es — von allen inneren Unsicherheiten abgesehen — bleibt, die Deutung einer Kinderhandlung auf eine einzige Analogie zu begründen. Ich hatte darum auch meine Auffassung der kleinen Szene aus „Dichtung und Wahrheit" durch Jahre zurückgehalten. Da bekam ich eines Tages einen Patienten, der seine Analyse mit folgenden, wortgetreu fixierten Sätzen einleitete:

„Ich bin das älteste von acht oder neun Geschwistern.[1] Eine meiner ersten Erinnerungen ist, daß der Vater, in Nachtkleidung

---

1) Ein flüchtiger Irrtum auffälliger Natur. Es ist nicht abzuweisen, daß er bereits durch die Beseitigungstendenz gegen den Bruder induziert ist. (Vgl. F e r e n c z i : Über passagere Symptombildungen während der Analyse. Zentralbl. f. Psychoanalyse II, 1912.)

auf seinem Bette sitzend, mir lachend erzählt, daß ich einen
Bruder bekommen habe. Ich war damals dreidreiviertel Jahre alt;
so groß ist der Altersunterschied zwischen mir und meinem
nächsten Bruder. Dann weiß ich, daß ich kurze Zeit nachher
(oder war es ein Jahr vorher?)¹ einmal verschiedene Gegenstände,
Bürsten — oder war es nur eine Bürste? — Schuhe und anderes
aus dem Fenster auf die Straße geworfen habe. Ich habe auch
noch eine frühere Erinnerung. Als ich zwei Jahre alt war, über-
nachtete ich mit den Eltern in einem Hotelzimmer in Linz auf
der Reise ins Salzkammergut. Ich war damals so unruhig in der
Nacht und machte ein solches Geschrei, daß mich der Vater
schlagen mußte."

Vor dieser Aussage ließ ich jeden Zweifel fallen. Wenn bei
analytischer Einstellung zwei Dinge unmittelbar nacheinander, wie
in einem Atem vorgebracht werden, so sollen wir diese Annäherung auf Zusammenhang umdeuten. Es war also so, als ob der
Patient gesagt hätte: Weil ich erfahren, daß ich einen Bruder
bekommen habe, habe ich einige Zeit nachher jene Gegenstände
auf die Straße geworfen. Das Hinauswerfen der Bürsten, Schuhe usw.
gibt sich als Reaktion auf die Geburt des Bruders zu erkennen.
Es ist auch nicht unerwünscht, daß die fortgeschafften Gegenstände in diesem Falle nicht Geschirr, sondern andere Dinge
waren, wahrscheinlich solche, wie sie das Kind eben erreichen
konnte . . . Das Hinausbefördern (durchs Fenster auf die Straße)
erweist sich so als das Wesentliche der Handlung, die Lust am
Zerbrechen, am Klirren und die Art der Dinge, an denen „die
Exekution vollzogen wird", als inkonstant und unwesentlich.

Natürlich gilt die Forderung des Zusammenhanges auch für
die dritte Kindheitserinnerung des Patienten, die, obwohl die
früheste, an das Ende der kleinen Reihe gerückt ist. Es ist leicht,
sie zu erfüllen. Wir verstehen, daß das zweijährige Kind darum

---

1) Dieser den wesentlichen Punkt der Mitteilung als Widerstand annagende
Zweifel wurde vom Patienten bald nachher selbständig zurückgezogen.

so unruhig war, weil es das Beisammensein von Vater und Mutter im Bette nicht leiden wollte. Auf der Reise war es wohl nicht anders möglich, als das Kind zum Zeugen dieser Gemeinschaft werden zu lassen. Von den Gefühlen, die sich damals in dem kleinen Eifersüchtigen regten, ist ihm die Erbitterung gegen das Weib verblieben, und diese hat eine dauernde Störung seiner Liebesentwicklung zur Folge gehabt.

Als ich nach diesen beiden Erfahrungen im Kreise der psychoanalytischen Gesellschaft die Erwartung äußerte, Vorkommnisse solcher Art dürften bei kleinen Kindern nicht zu den Seltenheiten gehören, stellte mir Frau Dr. v. Hug-Hellmuth zwei weitere Beobachtungen zur Verfügung, die ich hier folgen lasse:

I

Mit zirka dreieinhalb Jahren hatte der kleine Erich „urplötzlich“ die Gewohnheit angenommen, alles, was ihm nicht paßte, zum Fenster hinauszuwerfen. Aber er tat es auch mit Gegenständen, die ihm nicht im Wege waren und ihn nichts angingen. Gerade am Geburtstag des Vaters — da zählte er drei Jahre viereinhalb Monate — warf er eine schwere Teigwalze, die er flugs aus der Küche ins Zimmer geschleppt hatte, aus einem Fenster der im dritten Stockwerk gelegenen Wohnung auf die Straße. Einige Tage später ließ er den Mörserstößel, dann ein Paar schwerer Bergschuhe des Vaters, die er erst aus dem Kasten nehmen mußte, folgen.[1]

Damals machte die Mutter im siebenten oder achten Monate ihrer Schwangerschaft eine *fausse couche*, nach der das Kind „wie ausgewechselt brav und zärtlich still“ war. Im fünften oder sechsten Monate sagte er wiederholt zur Mutter: „Mutti, ich spring’ dir auf den Bauch“ oder „Mutti, ich drück’ dir den Bauch ein“. Und kurz vor der *fausse couche*, im Oktober: „Wenn ich schon einen Bruder bekommen soll, so wenigstens erst nach dem Christkindl.“

II

Eine junge Dame von neunzehn Jahren gibt spontan als früheste Kindheitserinnerung folgende:

„Ich sehe mich furchtbar ungezogen, zum Hervorkriechen bereit, unter dem Tische im Speisezimmer sitzen. Auf dem Tische steht meine Kaffeeschale — ich sehe noch jetzt deutlich das Muster des Porzellans vor mir, —

---

[1] Immer wählte er schwere Gegenstände.

die ich in dem Augenblick, als Großmama ins Zimmer trat, zum Fenster hinauswerfen wollte.

Es hatte sich nämlich niemand um mich gekümmert, und indessen hatte sich auf dem Kaffee eine „Haut" gebildet, was mir immer fürchterlich war und heute noch ist.

An diesem Tage wurde mein um zweieinhalb Jahre jüngerer Bruder geboren, deshalb hatte niemand Zeit für mich.

Man erzählt mir noch immer, daß ich an diesem Tage unausstehlich war; zu Mittag hatte ich das Lieblingsglas des Papas vom Tische geworfen, tagsüber mehrmals mein Kleidchen beschmutzt und war von früh bis abends übelster Laune. Auch ein Badepüppchen hatte ich in meinem Zorne zertrümmert. "

Diese beiden Fälle bedürfen kaum eines Kommentars. Sie bestätigen ohne weitere analytische Bemühung, daß die Erbitterung des Kindes über das erwartete oder erfolgte Auftreten eines Konkurrenten sich in dem Hinausbefördern von Gegenständen durch das Fenster wie auch durch andere Akte von Schlimmheit und Zerstörungssucht zum Ausdruck bringt. In der ersten Beobachtung symbolisieren wohl die „schweren Gegenstände" die Mutter selbst, gegen welche sich der Zorn des Kindes richtet, solange das neue Kind noch nicht da ist. Der dreieinhalbjährige Knabe weiß um die Schwangerschaft der Mutter und ist nicht im Zweifel darüber, daß sie das Kind in ihrem Leibe beherbergt. Man muß sich hiebei an den „kleinen Hans"[1] erinnern und an seine besondere Angst vor schwer beladenen Wagen.[2] An der zweiten Beobachtung ist das frühe Alter des Kindes, zweieinhalb Jahre, bemerkenswert.

---

1) Analyse der Phobie eines fünfjährigen Knaben [Ges. Werke, Bd. VII].

2) Für diese Symbolik der Schwangerschaft hat mir vor einiger Zeit eine mehr als fünfzigjährige Dame eine weitere Bestätigung erbracht. Es war ihr wiederholt erzählt worden, daß sie als kleines Kind, das kaum sprechen konnte, den Vater aufgeregt zum Fenster zu ziehen pflegte, wenn ein schwerer Möbelwagen auf der Straße vorbeifuhr. Mit Rücksicht auf ihre Wohnungserinnerungen läßt sich feststellen, daß sie damals jünger war als zweidreiviertel Jahre. Um diese Zeit wurde ihr nächster Bruder geboren und infolge dieses Zuwachses die Wohnung gewechselt. Ungefähr gleichzeitig hatte sie oft vor dem Einschlafen die ängstliche Empfindung von etwas unheimlich Großem, das auf sie zukam, und dabei „wurden ihr die Hände so dick".

Wenn wir nun zur Kindheitserinnerung Goethes zurückkehren und an ihrer Stelle in „Dichtung und Wahrheit" einsetzen, was wir aus der Beobachtung anderer Kinder erraten zu haben glauben, so stellt sich ein tadelloser Zusammenhang her, den wir sonst nicht entdeckt hätten. Es heißt dann: Ich bin ein Glückskind gewesen; das Schicksal hat mich am Leben erhalten, obwohl ich für tot zur Welt gekommen bin. Meinen Bruder aber hat es beseitigt, so daß ich die Liebe der Mutter nicht mit ihm zu teilen brauchte. Und dann geht der Gedankenweg weiter, zu einer anderen in jener Frühzeit Verstorbenen, der Großmutter, die wie ein freundlicher, stiller Geist in einem anderen Wohnraum hauste.

Ich habe es aber schon an anderer Stelle ausgesprochen: Wenn man der unbestrittene Liebling der Mutter gewesen ist, so behält man fürs Leben jenes Eroberergefühl, jene Zuversicht des Erfolges, welche nicht selten wirklich den Erfolg nach sich zieht. Und eine Bemerkung solcher Art wie: Meine Stärke wurzelt in meinem Verhältnis zur Mutter, hätte Goethe seiner Lebensgeschichte mit Recht voranstellen dürfen.

AUS DER GESCHICHTE EINER INFANTILEN NEUROSE

I

VORBEMERKUNGEN

Der Krankheitsfall, über welchen ich hier — wiederum nur in fragmentarischer Weise — berichten werde,[1] ist durch eine Anzahl von Eigentümlichkeiten ausgezeichnet, welche zu ihrer Hervorhebung vor der Darstellung auffordern. Er betrifft einen jungen Mann, welcher in seinem achtzehnten Jahr nach einer gonorrhoischen Infektion als krank zusammenbrach und gänzlich abhängig und existenzunfähig war, als er mehrere Jahre später in psychoanalytische Behandlung trat. Das Jahrzehnt seiner Jugend vor dem Zeitpunkt der Erkrankung hatte er in annähernd normaler Weise durchlebt und seine Mittelschulstudien ohne viel Störung erledigt. Aber seine früheren Jahre waren von einer schweren neurotischen Störung beherrscht gewesen, welche knapp vor seinem vierten Geburtstag als Angsthysterie (Tier-

---

1) Diese Krankengeschichte ist kurz nach Abschluß der Behandlung im Winter 1914/1915 niedergeschrieben worden unter dem damals frischen Eindruck der Umdeutungen, welche C. G. Jung und Alf. Adler an den psychoanalytischen Ergebnissen vornehmen wollten. Sie knüpft also an den im „Jahrbuch der Psychoanalyse" VI, 1914 veröffentlichten Aufsatz: „Zur Geschichte der psychoanalytischen Bewegung" [Bd. X. dieser Gesamtausgabe.] an und ergänzt die dort enthaltene, im wesentlichen persönliche Polemik durch objektive Würdigung des analytischen Materials. Sie war ursprünglich für den nächsten Band des Jahrbuches bestimmt, aber da sich das Erscheinen desselben durch die Hemmungen des großen Krieges ins Unbestimmbare verzögerte, entschloß ich mich, sie dieser von einem neuen Verleger veranstalteten Sammlung anzuschließen. Manches, was in ihr zum erstenmal hätte ausgesprochen werden sollen, hatte ich unterdes in meinen 1916/1917 gehaltenen „Vorlesungen zur Einführung in die Psychoanalyse" behandeln müssen. Der Text der ersten Niederschrift hat keine Abänderungen von irgend welchem Belang erfahren; Zusätze sind durch eckige Klammern kenntlich gemacht.

phobie) begann, sich dann in eine Zwangsneurose mit religiösem
Inhalt umsetzte und mit ihren Ausläufern bis in sein zehntes
Jahr hineinreichte.

Nur diese infantile Neurose wird der Gegenstand meiner Mitteilungen sein. Trotz der direkten Aufforderung des Patienten
habe ich es abgelehnt, die vollständige Geschichte seiner Erkrankung, Behandlung und Herstellung zu schreiben, weil ich
diese Aufgabe als technisch undurchführbar und sozial unzulässig
erkannte. Damit fällt auch die Möglichkeit weg, den Zusammenhang zwischen seiner infantilen und seiner späteren definitiven
Erkrankung anfzuzeigen. Ich kann von dieser letzteren nur angeben, daß der Kranke ihretwegen lange Zeit in deutschen
Sanatorien zugebracht hat und damals von der zuständigsten
Stelle als ein Fall von „manisch-depressivem Irresein" klassifiziert
worden ist. Diese Diagnose traf sicherlich für den Vater des
Patienten zu, dessen an Tätigkeit und Interessen reiches Leben
durch wiederholte Anfälle von schwerer Depression gestört worden
war. An dem Sohne selbst habe ich bei mehrjähriger Beobachtung
keinen Stimmungswandel beobachten können, der an Intensität
und nach den Bedingungen seines Auftretens über die ersicht-
liche psychische Situation hinausgegangen wäre. Ich habe mir
die Vorstellung gebildet, daß dieser Fall sowie viele andere, die
von der klinischen Psychiatrie mit mannigfaltigen und wechselnden
Diagnosen belegt werden, als Folgezustand nach einer spontan
abgelaufenen, mit Defekt ausgeheilten Zwangsneurose aufzufassen ist.

Meine Beschreibung wird also von einer infantilen Neurose
handeln, die nicht während ihres Bestandes, sondern erst fünf-
zehn Jahre nach ihrem Ablauf analysiert worden ist. Diese
Situation hat ihre Vorzüge ebensowohl wie ihre Nachteile im
Vergleiche mit der anderen. Die Analyse, die man am neurotischen
Kind selbst vollzieht, wird von vornherein vertrauenswürdiger erscheinen, aber sie kann nicht sehr inhaltsreich sein; man muß

dem Kind zuviel Worte und Gedanken leihen und wird vielleicht doch die tiefsten Schichten undurchdringlich für das Bewußtsein finden. Die Analyse der Kindheitserkrankung durch das Medium der Erinnerung bei dem Erwachsenen und geistig Gereiften ist von diesen Einschränkungen frei; aber man wird die Verzerrung und Zurichtung in Rechnung bringen, welcher die eigene Vergangenheit beim Rückblick aus späterer Zeit unterworfen ist. Der erste Fall gibt vielleicht die überzeugenderen Resultate, der zweite ist der bei weitem lehrreichere.

Auf alle Fälle darf man aber behaupten, daß Analysen von kindlichen Neurosen ein besonders hohes theoretisches Interesse beanspruchen können. Sie leisten für das richtige Verständnis der Neurosen Erwachsener ungefähr soviel wie die Kinderträume für die Träume der Erwachsenen. Nicht etwa, daß sie leichter zu durchschauen oder ärmer an Elementen wären; die Schwierigkeit der Einfühlung ins kindliche Seelenleben macht sie sogar zu einem besonders harten Stück Arbeit für den Arzt. Aber es sind doch in ihnen so viele der späteren Auflagerungen weggefallen, daß das Wesentliche der Neurose unverkennbar hervortritt. Der Widerstand gegen die Ergebnisse der Psychoanalyse hat bekanntlich in der gegenwärtigen Phase des Kampfes um die Psychoanalyse eine neue Form angenommen. Man begnügte sich früher damit, den von der Analyse behaupteten Tatsachen die Wirklichkeit zu bestreiten, wozu eine Vermeidung der Nachprüfung die beste Technik schien. Dies Verfahren scheint sich nun langsam zu erschöpfen; man schlägt jetzt den anderen Weg ein, die Tatsachen anzuerkennen, aber die Folgerungen, die sich aus ihnen ergeben, durch Umdeutungen zu beseitigen, so daß man sich der anstößigen Neuheiten doch wieder erwehrt hat. Das Studium der kindlichen Neurosen erweist die volle Unzulänglichkeit dieser seichten oder gewaltsamen Umdeutungsversuche. Es zeigt den überragenden Anteil der so gern verleugneten libidinösen Triebkräfte an der Gestaltung der Neurose auf und läßt die Abwesenheit fernliegender kultureller Zielstrebungen erkennen, von denen das Kind noch nichts weiß, und die ihm darum nichts bedeuten können.

Ein anderer Zug, welcher die hier mitzuteilende Analyse der Aufmerksamkeit empfiehlt, hängt mit der Schwere der Erkrankung und der Dauer ihrer Behandlung zusammen. Die in kurzer Zeit zu einem günstigen Ausgang führenden Analysen werden für das Selbstgefühl des Therapeuten wertvoll sein und die ärztliche Bedeutung der Psychoanalyse dartun; für die Förderung der wissenschaftlichen Erkenntnis bleiben sie meist belanglos. Man lernt nichts Neues aus ihnen. Sie sind ja nur darum so rasch geglückt, weil man bereits alles wußte, was zu ihrer Erledigung notwendig war. Neues kann man nur aus Analysen erfahren, die besondere Schwierigkeiten bieten, zu deren Überwindung man dann viel Zeit verbraucht. Nur in diesen Fällen erreicht man es, in die tiefsten und primitivsten Schichten der seelischen Entwicklung herabzusteigen und von dort die Lösungen für die Probleme der späteren Gestaltungen zu holen. Man sagt sich dann, daß, streng genommen, erst die Analyse, welche so weit vorgedrungen ist, diesen Namen verdient. Natürlich belehrt ein einzelner Fall nicht über alles, was man wissen möchte. Richtiger gesagt, er könnte alles lehren, wenn man nur im stande wäre, alles aufzufassen und nicht durch die Ungeübtheit der eigenen Wahrnehmung genötigt wäre, sich mit wenigem zu begnügen.

An solchen fruchtbringenden Schwierigkeiten ließ der hier zu beschreibende Krankheitsfall nichts zu wünschen übrig. Die ersten Jahre der Behandlung erzielten kaum eine Änderung. Eine glückliche Konstellation fügte es, daß trotzdem alle äußeren Verhältnisse die Fortsetzung des therapeutischen Versuches ermöglichten. Ich kann mir leicht denken, daß bei weniger günstigen Umständen die Behandlung nach einiger Zeit aufgegeben worden wäre. Für den Standpunkt des Arztes kann ich nur aussagen, daß er sich in solchem Falle ebenso „zeitlos" verhalten muß wie das Unbewußte selbst, wenn er etwas erfahren und erzielen will. Das bringt er schließlich zu stande, wenn er auf kurzsichtigen therapeutischen Ehrgeiz zu verzichten vermag. Das Ausmaß von Geduld, Gefügigkeit, Einsicht und Zutrauen, welches von Seiten des Kranken und seiner Angehörigen erforderlich ist, wird man in wenigen anderen Fällen erwarten dürfen. Der Analytiker darf sich aber sagen, daß die Ergebnisse, welche er an einem Falle in so langer Arbeit gewonnen hat, nun dazu verhelfen werden, die Behandlungsdauer einer nächsten, ebenso schweren Erkrankung wesentlich zu verkürzen und so die Zeitlosigkeit des Unbewußten fortschreitend zu überwinden, nachdem man sich ihr ein erstes Mal unterworfen hat.

Der Patient, mit dem ich mich hier beschäftige, blieb lange Zeit hinter einer Einstellung von gefügiger Teilnahmslosigkeit unangreifbar verschanzt. Er hörte zu, verstand und ließ sich nichts nahe kommen. Seine untadelige Intelligenz war wie abgeschnitten von den triebhaften Kräften, welche sein Benehmen in den wenigen ihm übrig gebliebenen Lebensrelationen beherrschten. Es bedurfte einer langen Erziehung, um ihn zu bewegen, einen selbständigen Anteil an der Arbeit zu nehmen, und als infolge dieser Bemühung die ersten Befreiungen auftraten, stellte er sofort die Arbeit ein, um weitere Veränderungen zu verhüten und sich in der hergestellten Situation behaglich zu erhalten. Seine Scheu vor einer selbständigen Existenz war so groß, daß sie alle Beschwerden des Krankseins aufwog. Es fand sich ein einziger Weg, um sie zu überwinden. Ich mußte warten, bis die Bindung an meine Person stark genug geworden war, um ihr das Gleichgewicht zu halten, dann spielte ich diesen einen Faktor gegen den anderen aus. Ich bestimmte, nicht ohne mich durch gute Anzeichen der Rechtzeitigkeit leiten zu lassen, daß die Behandlung zu einem gewissen Termin abgeschlossen werden müsse, gleichgültig, wie weit sie vorgeschritten sei. Diesen Termin war ich einzuhalten entschlossen; der Patient glaubte endlich an meinen Ernst. Unter dem unerbittlichen Druck dieser Terminsetzung gab sein Widerstand, seine Fixierung aus Kranksein nach, und die Analyse lieferte nun in unverhältnismäßig kurzer Zeit all das Material, welches die Lösung seiner Hemmungen und die Aufhebung seiner Symptome ermöglichte. Aus dieser letzten Zeit der Arbeit, in welcher der Widerstand zeitweise verschwunden war und der Kranke den Eindruck einer sonst nur in der Hypnose erreichbaren Luzidität machte, stammen auch alle die Aufklärungen, welche mir das Verständnis seiner infantilen Neurose gestatteten.

So illustrierte der Verlauf dieser Behandlung den von der analytischen Technik längst gewürdigten Satz, daß die Länge des Weges, welchen die Analyse mit dem Patienten zurückzulegen hat, und die Fülle des Materials, welches auf diesem Wege zu bewältigen ist, nicht in Betracht kommen gegen den Widerstand, den man während der Arbeit antrifft, und nur soweit in Betracht kommen, als sie dem Widerstande notwendigerweise proportional sind. Es ist derselbe Vorgang, wie wenn jetzt eine feindliche Armee Wochen und Monate verbraucht, um eine Strecke Landes zu durchziehen, die sonst in friedlichen Zeiten in wenigen Schnellzugsstunden durchfahren wird, und die von der eigenen Armee kurz vorher in einigen Tagen zurückgelegt wurde.

Eine dritte Eigentümlichkeit der hier zu beschreibenden Analyse hat nur den Entschluß, sie mitzuteilen, weiterhin erschwert. Die Ergebnisse derselben haben sich im ganzen mit unserem bisherigen Wissen befriedigend gedeckt oder guten Anschluß daran gefunden. Manche Einzelheiten sind mir aber selbst so merkwürdig und unglaubwürdig erschienen, daß ich Bedenken trug, bei anderen um Glauben für sie zu werben. Ich habe den Patienten zur strengsten Kritik seiner Erinnerungen aufgefordert, aber er fand nichts Unwahrscheinliches an seinen Aussagen und hielt an ihnen fest. Die Leser mögen wenigstens überzeugt sein, daß ich selbst nur berichte, was mir als unabhängiges Erlebnis, unbeeinflußt durch meine Erwartung, entgegengetreten ist. So blieb mir denn nichts übrig, als mich des weisen Wortes zu erinnern, es gebe mehr Dinge zwischen Himmel und Erde, als unsere Schulweisheit sich träumen läßt. Wer es verstünde, seine mitgebrachten ‹ Überzeugungen noch gründlicher auszuschalten, könnte gewiß noch mehr von solchen Dingen entdecken.

II

ÜBERSICHT DES MILIEUS UND
DER KRANKENGESCHICHTE

Ich kann die Geschichte meines Patienten weder rein historisch noch rein pragmatisch schreiben, kann weder eine Behandlungs- noch eine Krankengeschichte geben, sondern werde mich genötigt sehen, die beiden Darstellungsweisen miteinander zu kombinieren. Es hat sich bekanntlich kein Weg gefunden, um die aus der Analyse resultierende Überzeugung in der Wiedergabe derselben irgendwie unterzubringen. Erschöpfende protokollarische Aufnahmen der Vorgänge in den Analysenstunden würden sicherlich nichts dazu leisten; ihre Anfertigung ist auch durch die Technik der Behandlung ausgeschlossen. Man publiziert also solche Analysen nicht, um Überzeugung bei denen hervorzurufen, die sich bisher abweisend und ungläubig verhalten haben. Man erwartet nur solchen Forschern etwas Neues zu bringen, die sich durch eigene Erfahrungen an Kranken bereits Überzeugungen erworben haben.

Ich werde damit beginnen, die Welt des Kindes zu schildern und von seiner Kindheitsgeschichte mitzuteilen, was ohne Anstrengung zu erfahren war, und mehrere Jahre hindurch nicht vollständiger und nicht durchsichtiger wurde.

Jung verheiratete Eltern, die noch eine glückliche Ehe führen, auf welche bald ihre Erkrankungen die ersten Schatten werfen, die Unterleibskrankheiten der Mutter und die ersten Verstimmungsanfälle des Vaters, die seine Abwesenheit vom Hause zur Folge hatten. Die Krankheit des Vaters lernt der Patient natürlich erst sehr viel später verstehen, die Kränklichkeit der Mutter wird ihm schon in frühen Kinderjahren bekannt. Sie gab sich darum verhältnismäßig wenig mit den Kindern ab. Eines Tages, gewiß vor seinem vierten Jahr, hört er, von der Mutter an der Hand geführt, die Klagen der Mutter an den Arzt mit an, den sie vom Hause weg begleitet, und prägt sich ihre Worte ein, um sie später für sich selbst zu verwenden. Er ist nicht das einzige Kind; vor ihm steht eine um zwei Jahre ältere Schwester, lebhaft, begabt, und voreilig schlimm, der eine große Rolle in seinem Leben zufällt.

Eine Kinderfrau betreut ihn, soweit er sich zurückerinnert, ein ungebildetes altes Weib aus dem Volke, von unermüdlicher Zärtlichkeit für ihn. Er ist ihr der Ersatz für einen eigenen früh verstorbenen Sohn. Die Familie lebt auf einem Landgut, welches im Sommer mit einem anderen vertauscht wird. Die große Stadt ist von beiden Gütern nicht weit. Es ist ein Abschnitt in seiner Kindheit, als die Eltern die Güter verkaufen und in die Stadt ziehen. Nahe Verwandte halten sich oft für lange Zeiten auf diesem oder jenem Gut auf, Brüder des Vaters, Schwestern der Mutter und deren Kinder, die Großeltern von Mutterseite. Im Sommer pflegen die Eltern auf einige Wochen zu verreisen. Eine Deckerinnerung zeigt ihm, wie er mit seiner Kinderfrau dem Wagen nachschaut, der Vater, Mutter und Schwester entführt, und darauf friedlich ins Haus zurückgeht. Er muß damals sehr klein gewesen sein.[1] Im nächsten Sommer wurde die Schwester zu Hause gelassen und eine englische Gouvernante aufgenommen, der die Oberaufsicht über die Kinder zufiel.

In späteren Jahren war ihm viel von seiner Kindheit erzählt worden.[2] Vieles wußte er selbst, aber natürlich ohne zeitlichen

---

1) 2 ½ Jahre. Fast alle Zeiten ließen sich später mit Sicherheit bestimmen.

2) Mitteilungen solcher Art darf man in der Regel als Material von uneingeschränkter Glaubwürdigkeit verwerten. Es läge darum nahe, die Lücken in der

oder inhaltlichen Zusammenhang. Eine dieser Überlieferungen,
die aus Anlaß seiner späteren Erkrankung ungezählte Male vor
ihm wiederholt worden war, macht uns mit dem Problem bekannt, dessen Lösung uns beschäftigen wird. Er soll zuerst ein
sehr sanftes, gefügiges und eher ruhiges Kind gewesen sein, so
daß man zu sagen pflegte, er hätte das Mädchen werden sollen
und die ältere Schwester der Bub. Aber einmal, als die Eltern
von der Sommerreise zurückkamen, fanden sie ihn verwandelt.
Er war unzufrieden, reizbar, heftig geworden, fand sich durch
jeden Anlaß gekränkt, tobte dann und schrie wie ein Wilder, so
daß die Eltern, als der Zustand andauerte, die Besorgnis äußerten,
es werde nicht möglich sein, ihn später einmal in die Schule zu
schicken. Es war der Sommer, in dem die englische Gouvernante
anwesend war, die sich als eine närrische, unverträgliche, übrigens
dem Trunke ergebene Person erwies. Die Mutter war darum
geneigt, die Charakterveränderung des Knaben mit der Einwirkung
dieser Engländerin zusammenzubringen, und nahm an, sie habe
ihn durch ihre Behandlung gereizt. Die scharfsichtige Großmutter,
die den Sommer mit den Kindern geteilt hatte, vertrat die Ansicht, daß die Reizbarkeit des Knaben durch die Zwistigkeiten
zwischen der Engländerin und der Kinderfrau hervorgerufen sei.
Die Engländerin hatte die Kinderfrau wiederholt eine Hexe
geheißen, sie gezwungen, das Zimmer zu verlassen; der Kleine
hatte offen die Partei seiner geliebten „Nanja" genommen und
der Gouvernante seinen Haß bezeigt. Wie dem sein mochte, die
Engländerin wurde bald nach der Rückkehr der Eltern weg-
geschickt, ohne daß sich am unleidlichen Wesen des Kindes
etwas änderte.

Erinnerung des Patienten durch Erkundigungen bei den älteren Familienmitgliedern
mühelos auszufüllen, allein ich kann nicht entschieden genug von solcher Technik
abraten. Was die Angehörigen über Befragen und Aufforderung erzählen, unterliegt
allen kritischen Bedenken, die in Betracht kommen können. Man bedauert es regelmäßig, sich von diesen Auskünften abhängig gemacht zu haben, hat dabei das Vertrauen in die Analyse gestört und eine andere Instanz über sie gesetzt. Was überhaupt
erinnert werden kann, kommt im weiteren Verlauf der Analyse zum Vorschein.

Die Erinnerung an diese schlimme Zeit ist bei dem Patienten erhalten geblieben. Er meint, die erste seiner Szenen habe er gemacht, als er einmal zu Weihnachten nicht doppelt beschenkt wurde, wie ihm gebührt hätte, weil der Weihnachtstag gleichzeitig sein Geburtstag war. Mit seinen Ansprüchen und Empfindlichkeiten verschonte er auch die geliebte Nanja nicht, ja quälte vielleicht sie am unerbittlichsten. Aber diese Phase der Charakterveränderung ist in seiner Erinnerung unlösbar verknüpft mit vielen anderen sonderbaren und krankhaften Erscheinungen, die er zeitlich nicht anzuordnen weiß. Er wirft all das, was jetzt berichtet werden soll, was unmöglich gleichzeitig gewesen sein kann und voll inhaltlichen Widerspruchs ist, in einen und denselben Zeitraum, den er „noch auf dem ersten Gut" benennt. Mit fünf Jahren, glaubt er, hätten sie dieses Gut verlassen. Er weiß also zu erzählen, daß er an einer Angst gelitten, welche sich seine Schwester zu nutze machte, um ihn zu quälen. Es gab ein gewisses Bilderbuch, in dem ein Wolf dargestellt war, aufrecht stehend und ausschreitend. Wenn er dieses Bild zu Gesicht bekam, fing er an wie rasend zu schreien, er fürchtete sich, der Wolf werde kommen und ihn auffressen. Die Schwester wußte es aber immer so einzurichten, daß er dieses Bild sehen mußte, und ergötzte sich an seinem Schrecken. Er fürchtete sich indes auch vor anderen Tieren, großen und kleinen. Einmal jagte er einem schönen großen Schmetterling mit gelb gestreiften Flügeln, die in Zipfel ausliefen, nach, um ihn zu fangen. (Es war wohl ein „Schwalbenschwanz".) Plötzlich faßte ihn entsetzliche Angst vor dem Tier, er gab die Verfolgung schreiend auf. Auch vor Käfern und Raupen hatte er Angst und Abscheu. Doch wußte er sich zu erinnern, daß er um dieselbe Zeit Käfer gequält und Raupen zerschnitten; auch Pferde waren ihm unheimlich. Wenn ein Pferd geschlagen wurde, schrie er auf und mußte deswegen einmal den Zirkus verlassen. Anderemale liebte er es selbst, Pferde zu schlagen. Ob diese entgegengesetzten

Arten des Verhaltens gegen Tiere wirklich gleichzeitig in Kraft gewesen, oder ob sie einander nicht vielmehr abgelöst hatten, dann aber, in welcher Folge und wann, das ließ seine Erinnerung nicht entscheiden. Er konnte auch nicht sagen, ob seine schlimme Zeit durch eine Phase von Krankheit ersetzt worden war oder sich durch diese hindurch fortgesetzt hatte. Jedenfalls war man durch seine nun folgenden Mitteilungen zur Annahme berechtigt, daß er in jenen Kinderjahren eine sehr gut kenntliche Erkrankung an Zwangsneurose durchgemacht hatte. Er erzählte, er sei eine lange Zeit hindurch sehr fromm gewesen. Vor dem Einschlafen mußte er lange beten und eine unendliche Reihe von Kreuzen schlagen. Er pflegte auch abends mit einem Sessel, auf den er stieg, die Runde vor allen Heiligenbildern zu machen, die im Zimmer hingen, und jedes einzelne andächtig zu küssen. Zu diesem frommen Zeremoniell stimmte es dann sehr schlecht — oder vielleicht doch ganz gut, — daß er sich an gotteslästerliche Gedanken erinnerte, die ihm wie eine Eingebung des Teufels in den Sinn kamen. Er mußte denken: Gott—Schwein oder Gott—Kot. Irgend einmal auf einer Reise in einen deutschen Badeort war er von dem Zwang gequält, an die heilige Dreieinigkeit zu denken, wenn er drei Häufchen Pferdemist oder anderen Kot auf der Straße liegen sah. Damals befolgte er auch ein eigentümliches Zeremoniell, wenn er Leute sah, die ihm leid taten, Bettler, Krüppel, Greise. Er mußte geräuschvoll ausatmen, um nicht so zu werden wie sie, unter gewissen anderen Bedingungen auch den Atem kräftig einziehen. Es lag mir natürlich nahe anzunehmen, daß diese deutlich zwangsneurotischen Symptome einer etwas späteren Zeit und Entwicklungsstufe angehörten als die Zeichen von Angst und die grausamen Handlungen gegen Tiere.

Die reiferen Jahre des Patienten waren durch ein sehr ungünstiges Verhältnis zu seinem Vater bestimmt, der damals nach wiederholten Anfällen von Depression die krankhaften Seiten

seines Charakters nicht verbergen konnte. In den ersten Kinderjahren war dies Verhältnis ein sehr zärtliches gewesen, wie die
Erinnerung des Sohnes bewahrt hatte. Der Vater hatte ihn sehr
lieb und spielte gerne mit ihm. Er war von klein auf stolz auf
den Vater und äußerte nur, er wolle so ein Herr werden wie
der. Die Nanja hatte ihm gesagt, die Schwester sei das Kind
der Mutter, er aber das des Vaters, womit er sehr zufrieden
war. Zu Ausgang der Kindheit war eine Entfremdung zwischen
ihm und dem Vater eingetreten. Der Vater zog die Schwester
unzweifelhaft vor, und er war sehr gekränkt darüber. Später
wurde die Angst vor dem Vater dominierend.

Gegen das achte Jahr etwa verschwanden alle die Erscheinungen,
die der Patient der mit der Schlimmheit beginnenden Lebens-
phase zurechnet. Sie verschwanden nicht mit einem Schlage,
sondern kehrten einigemale wieder, wichen aber endlich, wie
der Kranke meint, dem Einfluß der Lehrer und Erzieher, die
dann an die Stelle der weiblichen Pflegepersonen traten. Dies
also sind im knappsten Umriß die Rätsel, deren Lösung der
Analyse aufgegeben wurde: Woher rührte die plötzliche Charakterveränderung des Knaben, was bedeuteten seine Phobie und seine
Perversitäten, wie kam er zu seiner zwanghaften Frömmigkeit
und wie hängen alle diese Phänomene zusammen? Ich erinnere
nochmals daran, daß unsere therapeutische Arbeit einer späteren
rezenten neurotischen Erkrankung galt, und daß Aufschlüsse
über jene früheren Probleme sich nur ergeben konnten, wenn
der Verlauf der Analyse für eine Zeit von der Gegenwart ab-
führte, um uns zu dem Umweg durch die kindliche Urzeit
zu nötigen.

III

DIE VERFÜHRUNG UND IHRE NÄCHSTEN FOLGEN

Die nächste Vermutung richtete sich begreiflicherweise gegen die englische Gouvernante, während deren Anwesenheit die Veränderung des Knaben aufgetreten war. Es waren zwei an sich unverständliche Deckerinnerungen erhalten, die sich auf sie bezogen. Sie hatte einmal, als sie vorausging, zu den Nachkommenden gesagt: Schauen Sie doch auf mein Schwänzchen! Ein andermal war ihr auf einer Fahrt der Hut weggeflogen zur großen Befriedigung der Geschwister. Das deutete auf den Kastrationskomplex hin und gestattete etwa die Konstruktion, eine von ihr an den Knaben gerichtete Drohung hätte zur Entstehung seines abnormen Benehmens viel beigetragen. Es ist ganz ungefährlich, solche Konstruktionen den Analysierten mitzuteilen, sie schaden der Analyse niemals, wenn sie irrig sind, und man spricht sie doch nicht aus, wenn man nicht Aussicht hat, irgend eine Annäherung an die Wirklichkeit durch sie zu erreichen. Als nächste Wirkung dieser Aufstellung traten Träume auf, deren Deutung nicht vollkommen gelang, die aber immer um denselben Inhalt zu spielen schienen. Es handelte sich in ihnen, soweit man sie verstehen konnte, um aggressive Handlungen des Knaben gegen die Schwester oder gegen die Gouvernante und um energische Zurechtweisungen und Züchtigungen dafür. Als hätte er ... nach dem Bad ... die Schwester entblößen ... ihr die Hüllen ... oder Schleier ... abreißen wollen und ähnliches. Es gelang aber nicht, aus der Deutung einen sicheren Inhalt zu gewinnen, und als man den Eindruck empfangen hatte, es werde in diesen Träumen das nämliche Material in immer wieder wechselnder Weise verarbeitet, war die Auffassung dieser angeblichen Reminiszenzen gesichert. Es konnte sich nur um Phantasien handeln, die der Träumer irgend einmal, wahrscheinlich in den Pubertätsjahren, über seine Kindheit gemacht hatte und die jetzt in so schwer kenntlicher Form wieder aufgetaucht waren.

Ihr Verständnis ergab sich mit einem Schlage, als der Patient sich plötzlich der Tatsache besann, die Schwester habe ihn ja, „als er noch sehr klein war, auf dem ersten Gut", zu sexuellen Tätlichkeiten verführt. Zunächst kam die Erinnerung, daß sie auf dem Abort, den die Kinder häufig gemeinsam benützten, die Aufforderung vorgebracht: Wollen wir uns den Popo zeigen, und dem Wort auch die Tat habe folgen lassen. Späterhin stellte sich das Wesentlichere der Verführung mit allen Einzelheiten der Zeit und der Lokalität ein. Es war im Frühjahr, zu einer Zeit, da der Vater abwesend war; die Kinder spielten auf dem Boden in einem Raum, während im benachbarten die Mutter arbeitete. Die Schwester hatte nach seinem Glied gegriffen, damit gespielt und dabei unbegreifliche Dinge über die Nanja wie zur Erklärung gesagt. Die Nanja tue dasselbe mit allen Leuten, z. B. mit dem Gärtner, sie stelle ihn auf den Kopf und greife dann nach seinen Genitalien.

Damit war das Verständnis der vorhin erratenen Phantasien gegeben. Sie sollten die Erinnerung an einen Vorgang, welcher später dem männlichen Selbstgefühl des Patienten anstößig erschien, verlöschen, und erreichten dieses Ziel, indem sie einen Wunschgegensatz an Stelle der historischen Wahrheit setzten. Nach diesen Phantasien hatte nicht er die passive Rolle gegen die Schwester gespielt, sondern im Gegenteile, er war aggressiv gewesen, hatte die Schwester entblößt sehen wollen, war zurückgewiesen und bestraft worden und darum in die Wut geraten,

von der die häusliche Tradition soviel erzählte. Zweckmäßig war
es auch, die Gouvernante in diese Dichtung zu verweben, der
nun einmal von Mutter und Großmutter die Hauptschuld an
seinen Wutanfällen zugeteilt wurde. Diese Phantasien entsprachen
also genau der Sagenbildung, durch welche eine später große
und stolze Nation die Kleinheit und das Mißgeschick ihrer Anfänge zu verhüllen sucht.

In Wirklichkeit konnte die Gouvernante an der Verführung
und ihren Folgen nur einen sehr entlegenen Anteil haben. Die
Szenen mit der Schwester fanden im Frühjahr des nämlichen
Jahres statt, in dessen Hochsommermonaten die Engländerin als
Ersatz der abwesenden Eltern eintrat. Die Feindseligkeit des
Knaben gegen die Gouvernante kam vielmehr auf eine andere
Weise zu stande. Indem sie die Kinderfrau beschimpfte und
als Hexe verleumdete, trat sie bei ihm in die Fußstapfen der
Schwester, die zuerst jene ungeheuerlichen Dinge von der Kinder-
frau erzählt hatte, und gestattete ihm so, an ihr die Abneigung
zum Vorschein zu bringen, die sich infolge der Verführung, wie
wir hören werden, gegen die Schwester entwickelt hatte.

Die Verführung durch die Schwester war aber gewiß keine
Phantasie. Ihre Glaubwürdigkeit wurde durch eine niemals vergessene Mitteilung aus späteren, reifen Jahren erhöht. Ein um
mehr als ein Jahrzehnt älterer Vetter hatte ihm in einem Gespräch über die Schwester gesagt, er erinnere sich sehr wohl
daran, was für ein vorwitzig sinnliches Ding sie gewesen sei. Als
Kind von vier oder fünf Jahren habe sie sich einmal auf seinen
Schoß gesetzt und ihm die Hose geöffnet, um nach seinem Glied
zu greifen.

Ich möchte jetzt die Kindergeschichte meines Patienten unterbrechen, um von dieser Schwester, ihrer Entwicklung, weiteren
Schicksalen und von ihrem Einfluß auf ihn zu sprechen. Sie
war zwei Jahre älter als er und ihm immer voraus geblieben.
Als Kind bubenhaft unbändig, schlug sie dann eine glänzende

intellektuelle Entwicklung ein, zeichnete sich durch scharfen realistischen Verstand aus, bevorzugte die Naturwissenschaften in ihren Studien, produzierte aber auch Gedichte, die. der Vater hoch einschätzte. Ihren zahlreichen ersten Bewerbern war sie geistig sehr überlegen, pflegte sich über sie lustig machen. In den ersten Zwanzigerjahren aber begann sie verstimmt zu werden, klagte, daß sie nicht schön genug sei, und zog sich von allem Umgang zurück. Auf eine Reise in Begleitung einer befreundeten älteren Dame geschickt, erzählte sie nach ihrer Heimkehr ganz unwahrscheinliche Dinge, wie sie von ihrer Begleiterin mißhandelt worden sei, blieb aber an die vorgebliche Peinigerin offenbar fixiert. Auf einer zweiten Reise bald nachher vergiftete sie sich und starb fern vom Hause. Wahrscheinlich entsprach ihre Affektion dem Beginne einer Dementia praecox. Sie war eine der Zeugen für die ansehnliche neuropathische Heredität in der Familie, keineswegs aber die einzige. Ein Onkel, Vaterbruder, starb nach langen Jahren einer Sonderlingsexistenz unter Zeichen, die auf eine schwere Zwangsneurose schließen lassen; eine gute Anzahl von Seitenverwandten war und ist mit leichteren nervösen Störungen behaftet.

Für unseren Patienten war die Schwester in der Kindheit — von der Verführung zunächst abgesehen — ein unbequemer Konkurrent um die Geltung bei den Eltern, dessen schonungslos gezeigte Überlegenheit er sehr drückend empfand. Er neidete ihr dann besonders den Respekt, den der Vater vor ihren geistigen Fähigkeiten und intellektuellen Leistungen bezeugte, während er, seit seiner Zwangsneurose intellektuell gehemmt, sich mit einer geringen Einschätzung begnügen mußte. Von seinem vierzehnten Jahr an begann das Verhältnis der Geschwister sich zu bessern; ähnliche geistige Anlage und gemeinsame Opposition gegen die Eltern führten sie so weit zusammen, daß sie wie die besten Kameraden miteinander verkehrten. In der stürmischen sexuellen Erregtheit seiner Pubertätszeit wagte er es, eine intime körperliche Annäherung bei ihr zu suchen. Als sie ihn ebenso entschieden als geschickt abgewiesen hatte, wandte er sich von ihr sofort zu einem kleinen Bauernmädchen, das im Hause bedienstet war und den gleichen Namen wie die Schwester trug. Er hatte damit einen für seine heterosexuelle Objektwahl bestimmenden Schritt vollzogen, denn alle die Mädchen, in die er sich dann später, oft unter den deutlichsten Anzeichen des Zwanges, verliebte, waren gleichfalls dienende Personen, deren Bildung und Intelligenz weit hinter der seinigen zurückstehen mußten. Waren alle diese Liebesobjekte Ersatzpersonen für die ihm versagte Schwester, so ist nicht abzuweisen, daß eine Tendenz zur Erniedrigung der Schwester, zur Aufhebung ihrer intellektuellen Überlegenheit, die ihn einst so bedrückt hatte, dabei die Entscheidung über seine Objektwahl bekam.

Motiven dieser Art, die dem Willen zur Macht, dem Behauptungstrieb des Individuums entstammen, hat Alf. Adler wie alles andere so auch das sexuelle Verhalten der Menschen untergeordnet. Ich bin, ohne die Geltung solcher Macht- und Vorrechtsmotive je zu leugnen, nie davon überzeugt gewesen, daß sie die ihnen zugeschriebene dominierende und ausschließliche Rolle spielen können. Hätte ich die Analyse meines Patienten nicht bis zu Ende geführt, so hätte ich die Beobachtung dieses Falles zum Anlaß nehmen müssen, um eine Korrektur meines Vorurteils im Sinne von Adler vorzunehmen. Unerwarteterweise brachte der Schluß dieser Analyse neues Material, aus dem sich wiederum ergab, daß diese Machtmotive (in unserem Falle die Erniedrigungstendenz) die Objektwahl nur im Sinne eines Beitrags und einer Rationalisierung bestimmt hatten, während die eigentliche, tiefere Determinierung mir gestattete, an meinen früheren Überzeugungen festzuhalten.[1]

Als die Nachricht vom Tode der Schwester anlangte, erzählte der Patient, empfand er kaum eine Andeutung von Schmerz. Er

1) S. unten S. 127.

zwang sich zu Zeichen von Trauer und konnte sich in aller
Kühle darüber freuen, daß er jetzt der alleinige Erbe des Ver-
mögens geworden sei. Er befand sich schon seit mehreren Jahren
in seiner rezenten Krankheit, als sich dies zutrug. Ich gestehe
aber, daß diese eine Mitteilung mich in der diagnostischen Beurteilung des Falles für eine ganze Weile unsicher machte. Es
war zwar anzunehmen, daß der Schmerz über den Verlust des
geliebtesten Mitglieds seiner Familie eine Ausdruckshemmung
durch die fortwirkende Eifersucht gegen sie und durch die Ein-
mengung der unbewußt gewordenen inzestuösen Verliebtheit erfahren würde, aber auf einen Ersatz für den unterbliebenen
Schmerzausbruch vermochte ich nicht zu verzichten. Ein solcher
fand sich endlich in einer anderen, ihm unverständlich gebliebenen
Gefühlsäußerung. Wenige Monate nach dem Tode der Schwester
machte er selbst eine Reise in die Gegend, wo sie gestorben
war, suchte dort das Grab eines großen Dichters auf, der damals
sein Ideal war, und vergoß heiße Tränen auf diesem Grabe. Dies
war eine auch ihn befremdende Reaktion, denn er wußte, daß
mehr als zwei Menschenalter seit dem Tode des verehrten
Dichters dahingegangen waren. Er verstand sie erst, als er sich
erinnerte, daß der Vater die Gedichte der verstorbenen Schwester
mit denen des großen Poeten in Vergleich zu bringen pflegte.
Einen anderen Hinweis auf die richtige Auffassung dieser scheinbar an den Dichter gerichteten Huldigung hatte er mir durch
einen Irrtum in seiner Erzählung gegeben, den ich an dieser
Stelle hervorziehen konnte. Er hatte vorher wiederholt ange-
geben, daß sich die Schwester erschossen habe, und mußte dann
berichtigen, daß sie Gift genommen hatte. Der Poet aber war
in einem Pistolenduell erschossen worden.

Ich kehre nun zur Geschichte des Bruders zurück, die ich
aber von hier ein Stück weit pragmatisch darstellen muß. Als
das Alter des Knaben zur Zeit, da die Schwester ihre Verführungs-
aktionen begann, stellte sich $3^1/_4$ Jahre heraus. Es geschah, wie

gesagt, im Frühjahr desselben Jahres, in dessen Herbst die Eltern ihn bei ihrer Rückkehr so gründlich verwandelt fanden. Es liegt nun sehr nahe, diese Wandlung mit der unterdes stattgehabten Erweckung seiner Sexualtätigkeit in Zusammenhang zu bringen. Wie reagierte der Knabe auf die Verlockungen der älteren Schwester? Die Antwort lautet: mit Ablehnung, aber die Ablehnung galt der Person, nicht der Sache. Die Schwester war ihm als Sexualobjekt nicht genehm, wahrscheinlich, weil sein Verhältnis zu ihr bereits durch den Wettbewerb um die Liebe der Eltern im feindseligen Sinne bestimmt war. Er wich ihr aus und ihre Werbungen nahmen auch bald ein Ende. Aber er suchte an ihrer Statt eine andere, geliebtere Person zu gewinnen, und Mitteilungen der Schwester selbst, die sich auf das Vorbild der Nanja berufen hatte, lenkten seine Wahl auf diese. Er begann also vor der Nanja mit seinem Glied zu spielen, was, wie in so vielen anderen Fällen, wenn die Kinder die Onanie nicht verbergen, als Verführungsversuch aufgefaßt werden muß. Die Nanja enttäuschte ihn, sie machte ein ernstes Gesicht und erklärte, das sei nicht gut. Kinder, die das täten, bekämen an der Stelle eine „Wunde".

Die Wirkung dieser Mitteilung, die einer Drohung gleichkam, ist nach verschiedenen Richtungen zu verfolgen. Seine Anhänglichkeit an die Nanja wurde dadurch gelockert. Er hätte böse auf sie werden können; später, als seine Wutanfälle einsetzten, zeigte es sich auch, daß er wirklich gegen sie erbittert war. Allein es war für ihn charakteristisch, daß er jede Libidoposition, die er aufgeben sollte, zunächst hartnäckig gegen das Neue verteidigte. Als die Gouvernante auf dem Schauplatz erschien und die Nanja beschimpfte, aus dem Zimmer jagte, ihre Autorität vernichten wollte, übertrieb er vielmehr seine Liebe zu der Bedrohten und benahm sich abweisend und trotzig gegen die angreifende Gouvernante. Nichtsdestoweniger begann er im geheimen ein anderes Sexualobjekt zu suchen. Die Verführung hatte ihm das passive Sexualziel gegeben, an den Genitalien berührt zu werden; wir werden hören, bei wem er dies erreichen wollte, und welche Wege ihn zu dieser Wahl führten.

Es entspricht ganz unseren Erwartungen, wenn wir hören, daß mit seinen ersten genitalen Erregungen seine Sexualforschung einsetzte, und daß er bald auf das Problem der Kastration geriet. Er konnte in dieser Zeit zwei Mädchen, seine Schwester und ihre Freundin, beim Urinieren beobachten. Sein Scharfsinn hätte ihn schon bei diesem Anblicke den Sachverhalt verstehen lassen können, allein er benahm sich dabei, wie wir es von anderen männlichen Kindern wissen. Er lehnte die Idee, daß er hier die von der Nanja angedrohte Wunde bestätigt sehe, ab, und gab sich die Erklärung, das sei der „vordere Popo" der Mädchen. Das Thema der Kastration war mit dieser Entscheidung nicht abgetan; aus allem, was er hörte, entnahm er neue Hindeutungen darauf. Als den Kindern einmal gefärbte Zuckerstangen verteilt wurden, erklärte die Gouvernante, die zu wüsten Phantasien geneigt war, es seien Stücke von zerschnittenen Schlangen. Von da aus erinnerte er sich, daß der Vater einmal auf einem Spazier- weg eine Schlange getroffen und sie mit seinem Stocke in Stücke zerschlagen habe. Er hörte die Geschichte (aus Reineke Fuchs) vorlesen, wie der Wolf im Winter Fische fangen wollte und seinen Schwanz als Köder benützte, wobei der Schwanz im Eis abbrach. Er erfuhr die verschiedenen Namen, mit denen man je nach der Intaktheit ihres Geschlechts die Pferde bezeichnet. Er war also mit dem Gedanken an die Kastration beschäftigt, aber er hatte noch keinen Glauben daran und keine Angst davor. Andere Sexualprobleme erstanden ihm aus den Märchen, die ihm um diese Zeit bekannt wurden. Im „Rotkäppchen" und in den „Sieben Geißlein" wurden die Kinder aus dem Leib des Wolfs herausgeholt. War der Wolf also ein weibliches Wesen oder konnten auch Männer Kinder im Leib haben? Das war um diese Zeit noch nicht entschieden. Übrigens kannte er zur Zeit dieser Forschung noch keine Angst vor dem Wolf.

Eine der Mitteilungen des Patienten wird uns den Weg zum
Verständnis der Charakterveränderung bahnen, die während der
Abwesenheit der Eltern im entferntern Anschluß an die Verführung
bei ihm hervortrat. Er erzählt, daß er nach der Abweisung und
Drohung der Nanja die Onanie sehr bald aufgab. Das be-
ginnende Sexualleben unter der Leitung der Genital-
zone war also einer äußeren Hemmung erlegen und
durch deren Einfluß auf eine frühere Phase prägenitaler
Organisation zurückgeworfen worden. Infolge der Unterdrückung der Onanie nahm das Sexualleben des Knaben sadistisch-
analen Charakter an. Er wurde reizbar, quälerisch, befriedigte sich
in solcher Weise an Tieren und Menschen. Sein Hauptobjekt
war die geliebte Nanja, die er zu peinigen verstand, bis sie in
Tränen ausbrach. So rächte er sich an ihr für die erfahrene
Abweisung und befriedigte gleichzeitig sein sexuelles Gelüste in
der der regressiven Phase entsprechenden Form. Er begann
Grausamkeit gegen kleine Tiere zu üben, Fliegen zu fangen, um
ihnen die Flügel auszureißen, Käfer zu zertreten; in seiner
Phantasie liebte er es, auch große Tiere, Pferde, zu schlagen.
Das waren also durchwegs aktive, sadistische Betätigungen; von
den analen Regungen dieser Zeit wird in einem späteren Zusammen-
hange die Rede sein.

Es ist sehr wertvoll, daß in der Erinnerung des Patienten auch
gleichzeitige Phantasien ganz anderer Art auftauchten, des Inhalts,
daß Knaben gezüchtigt und geschlagen wurden, besonders auf
den Penis geschlagen; und für wen diese anonymen Objekte als
Prügelknaben dienten, läßt sich leicht aus anderen Phantasien
erraten, die sich ausmalten, wie der Thronfolger in einen engen
Raum eingesperrt und geschlagen wird. Der Thronfolger war
offenbar er selbst; der Sadismus hatte sich also in der Phantasie
gegen die eigene Person gewendet und war in Masochismus
umgeschlagen. Das Detail, daß das Geschlechtsglied selbst die
Züchtigung empfing, läßt den Schluß zu, daß bei dieser Um-

wandlung bereits ein Schuldbewußtsein beteiligt war, welches sich auf die Onanie berief.

Es blieb in der Analyse kein Zweifel, daß diese passiven Strebungen gleichzeitig oder sehr bald nach den aktiv-sadistischen aufgetreten waren.[1] Dies entspricht der ungewöhnlich deutlichen, intensiven und anhaltenden Ambivalenz des Kranken, die sich hier zum erstenmal in der gleichmäßigen Ausbildung der gegensätzlichen Partialtriebpaare äußerte. Dieses Verhalten blieb für ihn auch in der Folge ebenso charakteristisch wie der weitere Zug, daß eigentlich keine der jemals geschaffenen Libidopositionen durch eine spätere völlig aufgehoben wurde. Sie blieb vielmehr neben allen anderen bestehen und gestattete ihm ein unausgesetztes Schwanken, welches sich mit dem Erwerb eines fixierten Charakters unvereinbar erwies.

Die masochistischen Strebungen des Knaben leiten zu einem anderen Punkt über, dessen Erwähnung ich mir aufgespart habe, weil er erst durch die Analyse der nächstfolgenden Phase seiner Entwicklung sichergestellt werden kann. Ich erwähnte schon, daß er nach der Abweisung durch die Nanja seine libidinöse Erwartung von ihr löste und eine andere Person als Sexualobjekt in Aussicht nahm. Diese Person war ·der damals abwesende Vater. Zu dieser Wahl wurde er gewiß durch ein Zusammentreffen von Momenten geführt, auch durch zufällige wie die Erinnerung an die Zerstückelung der Schlange; vor allem aber erneuerte er damit seine erste und ursprünglichste Objektwahl, die sich dem Narzißmus des kleinen Kindes entsprechend auf dem Wege der Identifizierung vollzogen hatte. Wir haben schon gehört, daß der Vater sein bewundertes Vorbild gewesen war, daß er, gefragt, was er werden wollte, zu antworten pflegte: ein Herr wie der Vater. Dies Identifizierungsobjekt seiner aktiven Strömung wurde

---

1) Unter passiven Strebungen verstehe ich solche mit passivem Sexualziel, habe aber dabei nicht etwa eine Triebverwandlung, sondern nur eine Zielverwandlung im Auge.

nun das Sexualobjekt einer passiven Strömung in der sadistisch-
analen Phase. Es macht den Eindruck, als hätte ihn die Verführung
durch die Schwester in die passive Rolle gedrängt und ihm ein
passives Sexualziel gegeben. Unter dem fortwirkenden Einfluß
dieses Erlebnisses beschrieb er nun den Weg von der Schwester
über die Nanja zum Vater, von der passiven Einstellung zum
Weib bis zu der zum Manne und hatte dabei doch die
Anknüpfung an seine frühere spontane Entwicklungsphase gefunden. Der Vater war jetzt wieder sein Objekt, die Identifizierung war der höheren Entwicklung entsprechend durch
Objektwahl abgelöst, die Verwandlung der aktiven in eine passive
Einstellung war der Erfolg und das Zeichen der dazwischen vorgefallenen Verführung. Eine aktive Einstellung gegen den über-
mächtigen Vater in der sadistischen Phase wäre natürlich nicht
so leicht durchführbar gewesen. Als der Vater im Spätsommer
oder Herbst zurückkam, bekamen seine Wutanfälle und Tobszenen
eine neue Verwendung. Gegen die Nanja hatten sie aktiv-
sadistischen Zwecken gedient; gegen den Vater verfolgten sie
masochistische Absichten. Er wollte durch die Vorführung seiner
Schlimmheit Züchtigung und Schläge von seiten des Vaters
erzwingen, sich so bei ihm die erwünschte masochistische Sexualbefriedigung holen. Seine Schreianfälle waren also geradezu Ver-
führungsversuche. Der Motivierung des Masochismus entsprechend
hätte er bei solcher Züchtigung auch die Befriedigung seines
Schuldgefühls gefunden. Eine Erinnerung hat ihm aufbewahrt,
wie er während einer solchen Szene von Schlimmheit sein
Schreien verstärkt, sobald der Vater zu ihm kommt. Der Vater
schlägt ihn aber nicht, sondern sucht ihn zu beschwichtigen,
indem er mit den Polstern des Bettchens vor ihm Ball spielt.

Ich weiß nicht, wie oft die Eltern und Erzieher angesichts der
unerklärlichen Schlimmheit des Kindes Anlaß hätten, sich dieses
typischen Zusammenhanges zu erinnern. Das Kind, das sich so
unbändig benimmt, legt ein Geständnis ab und will Strafe

provozieren. Es sucht in der Züchtigung gleichzeitig die Beschwichtigung seines Schuldbewußtseins und die Befriedigung
seiner masochistischen Sexualstrebung.

Die weitere Klärung unseres Krankheitsfalles verdanken wir
nun der mit großer Bestimmtheit auftretenden Erinnerung, daß
alle Angstsymptome erst von einem gewissen Vorfall an zu den
Zeichen der Charakteränderung hinzugetreten seien. Vorher habe
es keine Angst gegeben und unmittelbar nach dem Vorfall habe
sich die Angst in quälender Form geäußert. Der Zeitpunkt dieser
Wandlung läßt sich mit Sicherheit angeben, es war knapp vor
dem vierten Geburtstag. Die Kinderzeit, mit der wir uns beschäftigen wollten, zerlegt sich dank diesem Anhaltspunkte in zwei
Phasen, eine erste der Schlimmheit und Perversität von der Verführung mit $3^{1}/_{4}$ Jahren bis zum vierten Geburtstag, und eine
längere darauffolgende, in der die Zeichen der Neurose vor-
herrschen. Der Vorfall aber, der diese Scheidung gestattet, war
kein äußeres Trauma, sondern ein Traum, aus dem er mit Angst
erwachte.

IV

DER TRAUM UND DIE URSZENE

Ich habe diesen Traum wegen seines Gehaltes an Märchenstoffen bereits an anderer Stelle publiziert[1] und werde zunächst das dort Mitgeteilte wiederholen:

*„Ich habe geträumt, daß es Nacht ist und ich in meinem Bett liege, (mein Bett stand mit dem Fußende gegen das Fenster, vor dem Fenster befand sich eine Reihe alter Nußbäume. Ich weiß, es war Winter, als ich träumte, und Nachtzeit). Plötzlich geht das Fenster von selbst auf, und ich sehe mit großem Schrecken, daß auf dem großen Nußbaum vor dem Fenster ein paar weiße Wölfe sitzen. Es waren sechs oder sieben Stück. Die Wölfe waren ganz weiß und sahen eher aus wie Füchse oder Schäferhunde, denn sie hatten große Schwänze wie Füchse und ihre Ohren waren aufgestellt wie bei den Hunden, wenn sie auf etwas passen. Unter großer Angst, offenbar, von den Wölfen aufgefressen zu werden, schrie ich auf und er*wachte. Meine Kinderfrau eilte zu meinem Bett, um nachzusehen, was mit mir geschehen war. Es dauerte eine ganze Weile, bis ich überzeugt war, es sei nur ein Traum gewesen, so natürlich und deutlich war mir das Bild vorgekommen, wie das Fenster aufgeht und die Wölfe auf dem Baume sitzen. Endlich beruhigte ich mich, fühlte mich wie von einer Gefahr befreit und schlief wieder ein."

---

1) Märchenstoffe in Träumen. Int. Zeitschr. f. ärztl. Psychoanalyse, Bd. I. 1913. [Bd. X. dieser Gesamtausgabe.]

„Die einzige Aktion im Traume war das Aufgehen des Fensters, denn die Wölfe saßen ganz ruhig ohne jede Bewegung auf den Ästen des Baumes, rechts und links vom Stamm und schauten mich an. Es sah so aus, als ob sie ihre ganze Aufmerksamkeit auf mich gerichtet hätten. — Ich glaube, dies war mein erster Angsttraum. Ich war damals drei, vier, höchstens fünf Jahre alt. Bis in mein elftes oder zwölftes Jahr hatte ich von da an immer Angst, etwas Schreckliches im Traume zu sehen."

Er gibt dann noch eine Zeichnung des Baumes mit den Wölfen, die seine Beschreibung bestätigt. Die Analyse des Traumes fördert nachstehendes Material zu Tage.

Er hat diesen Traum immer in Beziehung zu der Erinnerung gebracht, daß er in diesen Jahren der Kindheit eine ganz ungeheuerliche Angst vor dem Bild eines Wolfes in einem Märchenbuche zeigte. Die ältere, ihm recht überlegene Schwester pflegte ihn zu necken, indem sie ihm unter irgend einem Vorwand gerade dieses Bild vorhielt, worauf er entsetzt zu schreien begann. Auf diesem Bild stand der Wolf aufrecht, mit einem Fuß ausschreitend, die Tatzen ausgestreckt und die Ohren aufgestellt. Er meint, dieses Bild habe als Illustration zum Märchen vom Rotkäppchen gehört. Warum sind die Wölfe weiß? Das läßt ihn an die Schafe denken, von denen große Herden in der Nähe des Gutes gehalten wurden. Der Vater nahm ihn gelegentlich mit, diese Herden zu besuchen, und er war dann jedesmal sehr stolz und selig. Später — nach eingezogenen Erkundigungen kann es leicht kurz vor der Zeit dieses Traumes gewesen sein, — brach unter diesen Schafen eine Seuche aus. Der Vater ließ einen Pasteurschüler kommen, der die Tiere impfte, aber sie starben nach der Impfung noch zahlreicher als vorher.

Wie kommen die Wölfe auf den Baum? Dazu fällt ihm eine Geschichte ein, die er den Großvater erzählen gehört. Er kann sich nicht erinnern, ob vor oder nach dem Traum, aber ihr Inhalt spricht entschieden für das erstere. Die Geschichte lautet: Ein Schneider sitzt in seinem Zimmer bei der Arbeit, da öffnet sich das Fenster und ein Wolf springt herein. Der Schneider schlägt mit der Elle nach ihm — nein, verbessert er sich, packt ihn beim Schwanz und reißt ihm diesen aus, so daß der Wolf erschreckt davonrennt. Eine Weile später geht der Schneider in den Wald und sieht plötzlich ein Rudel Wölfe herankommen, vor denen er sich auf einen Baum flüchtet. Die Wölfe sind zunächst ratlos, aber der Verstümmelte, der unter ihnen ist und sich am Schneider rächen will, macht den Vorschlag, daß einer auf den anderen steigen soll, bis der letzte den Schneider erreicht hat. Er selbst — es ist ein kräftiger Alter — will die Basis dieser Pyramide machen. Die Wölfe tun so, aber der Schneider hat den gezüchtigten Besucher erkannt und ruft plötzlich wie damals: Packt den Grauen beim Schwanz. Der schwanzlose Wolf erschrickt bei dieser Erinnerung, läuft davon und die andern purzeln alle herab.

In dieser Erzählung findet sich der Baum vor, auf dem im Traum die Wölfe sitzen. Sie enthält aber auch eine unzweideutige Anknüpfung an den Kastrationskomplex. Der 'alte Wolf ist vom Schneider um den Schwanz gebracht worden. Die Fuchsschwänze der Wölfe im Traum sind wohl Kompensationen dieser Schwanzlosigkeit. Warum sind es sechs oder sieben Wölfe? Diese Frage schien nicht zu beantworten, bis ich den Zweifel aufwarf, ob sich sein Angstbild auf das Rotkäppchenmärchen bezogen haben könne. Dies Märchen gibt nur Anlaß zu zwei Illustrationen, zur Begegnung des Rotkäppchens mit dem Wolf im Walde und zur Szene, wo der Wolf mit der Haube der Großmutter im Bette liegt. Es müsse sich also ein anderes Märchen hinter der Erinnerung an das Bild verbergen. Er fand dann bald, daß es nur die Geschichte vom Wolf und den sieben Geißlein sein könne. Hier findet sich die Siebenzahl, aber auch die Sechs, denn der Wolf frißt nur sechs Geißlein auf, das siebente versteckt sich im Uhrkasten. Auch das Weiß kommt in dieser Geschichte vor, denn der Wolf läßt sich beim Bäcker die Pfote weiß machen, nachdem ihn die Geißlein bei seinem ersten Besuch an der grauen Pfote erkannt haben. Beide Märchen haben übrigens viel Gemeinsames. In beiden findet sich das Auffressen, das Bauchaufschneiden, die Herausbeförderung der gefressenen Personen, deren Ersatz durch schwere Steine, und endlich kommt in beiden der böse Wolf um. Im Märchen von den Geißlein kommt auch noch der Baum vor. Der Wolf legt sich nach der Mahlzeit unter einen Baum und schnarcht.

Ich werde mich mit diesem Traum wegen eines besonderen Umstandes noch an anderer Stelle beschäftigen müssen und ihn dann eingehender deuten und würdigen. Es ist ja ein erster aus der Kindheit erinnerter Angsttraum, dessen Inhalt im Zusammenhang mit anderen Träumen, die bald nachher erfolgten, und mit gewissen Begebenheiten in der Kinderzeit des Träumers ein

Interesse von ganz besonderer Art wachruft. Hier beschränken wir uns auf die Beziehung des Traumes zu zwei Märchen, die viel Gemeinsames haben, zum „Rotkäppchen" und zum „Wolf und die sieben Geißlein". Der Eindruck dieser Märchen äußerte sich bei dem kindlichen Träumer in einer richtigen Tierphobie, die sich von anderen ähnlichen Fällen nur dadurch auszeichnete, daß das Angsttier nicht ein der Wahrnehmung leicht zugängliches Objekt war (wie etwa Pferd und Hund), sondern nur aus Erzählung und Bilderbuch gekannt.

Ich werde ein andermal auseinandersetzen, welche Erklärung diese Tierphobien haben und welche Bedeutung ihnen zukommt. Vorgreifend bemerke ich nur, daß diese Erklärung sehr zu dem Hauptcharakter stimmt, welchen die Neurose des Träumers in späteren Lebenszeiten erkennen ließ. Die Angst vor dem Vater war das stärkste Motiv seiner Erkrankung gewesen, und die ambivalente Einstellung zu jedem Vaterersatz beherrschte sein Leben wie sein Verhalten in der Behandlung.

Wenn der Wolf bei meinem Patienten nur der erste Vaterersatz war, so fragt es sich, ob die Märchen vom Wolf, der die Geißlein auffrißt, und vom Rotkäppchen etwas anderes als die infantile Angst vor dem Vater zum geheimen Inhalt haben.[1] Der Vater meines Patienten hatte übrigens die Eigentümlichkeit des „zärtlichen Schimpfens", die so viele Personen im Umgang mit ihren Kindern zeigen, und die scherzhafte Drohung „ich fress' dich auf" mag in den ersten Jahren, als der später strenge Vater mit dem Söhnlein zu spielen und zu kosen pflegte, mehr als einmal geäußert worden sein. Eine meiner Patientinnen erzählte mir, daß ihre beiden Kinder den Großvater nie lieb gewinnen konnten, weil er sie in seinem zärtlichen Spiel zu schrecken pflegte, er werde ihnen den Bauch aufschneiden.

---

1) Vgl. die von O. Rank hervorgehobene Ähnlichkeit dieser beiden Märchen mit dem Mythus von Kronos (Völkerpsychologische Parallelen zu den infantilen Sexualtheorien. Zentralblatt f. Psychoanalyse, II, 8.)

Lassen wir nun all das beiseite, was in diesem Aufsatze der Verwertung des Traumes vorgreift, und kehren wir zu seiner nächsten Deutung zurück. Ich will bemerken, daß diese Deutung eine Aufgabe war, deren Lösung sich durch mehrere Jahre hinzog. Der Patient hatte den Traum sehr frühzeitig mitgeteilt und sehr bald meine Überzeugung angenommen, daß hinter ihm die Verursachung seiner infantilen Neurose verborgen sei. Wir kamen im Laufe der Behandlung oft auf den Traum zurück, aber erst in den letzten Monaten der Kur gelang es, ihn ganz zu verstehen, und zwar dank der spontanen Arbeit des Patienten. Er hatte immer hervorgehoben, daß zwei Momente des Traumes den größten Eindruck auf ihn gemacht hätten, erstens die völlige Ruhe und Unbeweglichkeit der Wölfe und zweitens die gespannte Aufmerksamkeit, mit der sie alle auf ihn schauten. Auch das nachhaltige Wirklichkeitsgefühl, in das der Traum auslief, erschien ihm beachtenswert.

An dies letztere wollen wir anknüpfen. Wir wissen aus den Erfahrungen der Traumdeutung, daß diesem Wirklichkeitsgefühl eine bestimmte Bedeutung zukommt. Es versichert uns, daß etwas in dem latenten Material des Traumes den Anspruch auf Wirklichkeit in der Erinnerung erhebt, also daß der Traum sich auf eine Begebenheit bezieht, die wirklich vorgefallen und nicht bloß phantasiert worden ist. Natürlich kann es sich nur um die Wirklichkeit von etwas Unbekanntem handeln; die Überzeugung z. B., daß der Großvater wirklich die Geschichte vom Schneider und vom Wolf erzählt, oder daß ihm wirklich die Märchen vom Rotkäppchen und von den sieben Geißlein vorgelesen worden waren, könnte sich niemals durch das den Traum überdauernde Wirklichkeitsgefühl ersetzen. Der Traum schien auf eine Begebenheit hinzudeuten, deren Realität so recht im Gegensatz zur Irrealität der Märchen betont wird.

Wenn eine solche unbekannte, d. h. zur Zeit des Traumes bereits vergessene Szene hinter dem Inhalt des Traumes anzunehmen war, so mußte sie sehr früh vorgefallen sein. Der Träumer sagt ja: ich war, als ich den Traum hatte, drei, vier, höchstens fünf Jahre alt. Wir können hinzufügen: und wurde durch den Traum an etwas erinnert, was einer noch früheren Zeit angehört haben mußte.

Zum Inhalt dieser Szene mußte führen, was der Träumer aus dem manifesten Trauminhalt hervorhob, die Momente des aufmerksamen Schauens und der Bewegungslosigkeit. Wir erwarten natürlich, daß dies Material das unbekannte Material der Szene in irgend einer Entstellung wiederbringt, vielleicht sogar in der Entstellung zur Gegensätzlichkeit.

Aus dem Rohstoff, welchen die erste Analyse mit dem Patienten ergeben hatte, waren gleichfalls mehrere Schlüsse zu ziehen, die in den gesuchten Zusammenhang einzufügen waren. Hinter der Erwähnung der Schafzucht waren die Belege für seine Sexualforschung zu suchen, deren Interessen er bei seinen Besuchen mit dem Vater befriedigen konnte, aber auch Andeutungen von Todesangst mußten dabei sein, denn die Schafe waren ja zum größten Teil an der Seuche gestorben. Was im Traum das Vordringlichste war, die Wölfe auf dem Baume, führte direkt zur Erzählung des Großvaters, an welcher kaum etwas anderes als die Anknüpfung an das Kastrationsthema das Fesselnde und den Traum Anregende gewesen sein konnte.

Wir hatten aus der ersten unvollständigen Analyse des Traumes ferner erschlossen, daß der Wolf ein Vaterersatz sei, so daß dieser erste Angsttraum jene Angst vor dem Vater zum Vorschein gebracht hätte, welche von nun an sein Leben beherrschen sollte. Dieser Schluß selbst war allerdings noch nicht verbindlich. Wenn wir aber als Ergebnis der vorläufigen Analyse zusammenstellen, was sich aus dem vom Träumer gelieferten Material ableitet, so liegen uns etwa folgende Bruchstücke zur Rekonstruktion vor:

Eine wirkliche Begebenheit — aus sehr früher Zeit — Schauen — Unbewegtheit — Sexualprobleme — Kastration — der Vater — etwas Schreckliches.

Eines Tages begann der Patient die Deutung des Traumes fortzusetzen. Die Stelle des Traumes, meinte er, in der es heißt: Plötzlich geht das Fenster von selbst auf, ist durch die Beziehung zum Fenster, an dem der Schneider sitzt, und durch das der Wolf ins Zimmer kommt, nicht ganz aufgeklärt. Es muß die Bedeutung haben: die Augen gehen plötzlich auf. Also ich schlafe und erwache plötzlich, dabei sehe ich etwas: den Baum mit den Wölfen. Dagegen war nichts einzuwenden, aber es ließ weitere Ausnützung zu. Er war erwacht und hatte etwas zu sehen bekommen. Das aufmerksame Schauen, das im Traum den Wölfen zugeschrieben wird, ist vielmehr auf ihn zu schieben. Da hatte an einem entscheidenden Punkte eine Verkehrung stattgefunden, die sich übrigens durch eine andere Verkehrung im manifesten Trauminhalt anzeigt. Es war ja auch eine Verkehrung, wenn die Wölfe auf dem Baum saßen, während sie sich in der Erzählung des Großvaters unten befanden und nicht auf den Baum steigen konnten.

Wenn nun auch das andere vom Träumer betonte Moment durch eine Verkehrung oder Umkehrung entstellt wäre? Dann müßte es anstatt Bewegungslosigkeit (die Wölfe sitzen regungslos da, schauen auf ihn, aber rühren sich nicht) heißen: heftigste Bewegung. Er ist also plötzlich erwacht und hat eine Szene von heftiger Bewegtheit vor sich gesehen, auf die er mit gespannter Aufmerksamkeit schaute. In dem einen Falle bestünde die Entstellung in einer Vertauschung von Subjekt und Objekt, Aktivität und Passivität, angeschaut werden anstatt anschauen, im anderen Falle in einer Verwandlung ins Gegenteil: Ruhe anstatt Bewegtheit.

Einen weiteren Fortschritt im Verständnis des Traumes brachte ein andermal der plötzlich auftauchende Einfall: Der Baum ist der Weihnachtsbaum. Jetzt wußte er, der Traum war kurz vor Weihnachten in der Weihnachtserwartung geträumt worden. Da der Weihnachtstag auch sein Geburtstag war, ließ sich der Zeitpunkt des Traumes und der von ihm ausgehenden Wandlung nun mit Sicherheit feststellen. Es war knapp vor seinem vierten Geburtstag. Er war also eingeschlafen in der gespannten Erwartung des Tages, der ihm eine doppelte Beschenkung bringen sollte. Wir wissen, daß das Kind unter solchen Verhältnissen leicht die Erfüllung seiner Wünsche im Traum antizipiert. Es war also schon Weihnacht im Traume, der Inhalt des Traumes zeigte ihm seine Bescherung, am Baume hingen die für ihn bestimmten Geschenke. Aber anstatt der Geschenke waren es — Wölfe geworden, und der Traum endigte damit, daß er Angst bekam, vom Wolf (wahrscheinlich vom Vater) gefressen zu werden, und seine Zuflucht zur Kinderfrau nahm. Die Kenntnis seiner Sexualentwicklung vor dem Traum macht es uns möglich, die Lücke im Traume auszufüllen und die Verwandlung der Befriedigung in Angst aufzuklären. Unter den traumbildenden Wünschen muß sich, als der stärkste, der nach der sexuellen Befriedigung geregt haben, die er damals vom Vater ersehnte. Der Stärke dieses Wunsches gelang es, die längst vergessene Erinnerungsspur einer Szene aufzufrischen, die ihm zeigen konnte, wie die Sexualbefriedigung durch den Vater aussah, und das Ergebnis war Schreck, Entsetzen vor der Erfüllung dieses Wunsches, Verdrängung der Regung, die sich durch diesen Wunsch dargestellt hatte, und darum Flucht vom Vater weg zur ungefährlicheren Kinderfrau.

Die Bedeutung dieses Weihnachtstermins war in der angeblichen Erinnerung erhalten geblieben, daß er den ersten Wutanfall bekommen, weil er von den Weihnachtsgeschenken unbefriedigt gewesen war. Die Erinnerung zog Richtiges und Falsches zusammen, sie konnte nicht ohne Abänderung Recht haben, denn nach den oft wiederholten Aussagen der Eltern war seine Schlimmheit bereits nach deren Rückkehr im Herbst und nicht erst zu Weihnachten aufgefallen, aber das Wesentliche der Beziehungen zwischen mangelnder Liebesbefriedigung,

Wut und Weihnachtszeit war in der Erinnerung festgehalten worden.

Welches Bild konnte aber die nächtlicherweise wirkende, sexuelle Sehnsucht heraufbeschworen haben, das imstande war, so intensiv von der gewünschten Erfüllung abzuschrecken? Dieses Bild mußte nach dem Material der Analyse eine Bedingung erfüllen, es mußte geeignet sein, die Überzeugung von der Existenz der Kastration zu begründen. Die Kastrationsangst wurde dann der Motor der Affektverwandlung.

Hier kommt nun die Stelle, an der ich die Anlehnung an den Verlauf der Analyse verlassen muß. Ich fürchte, es wird auch die Stelle sein, an der der Glaube der Leser mich verlassen wird.

Was in jener Nacht aus dem Chaos der unbewußten Eindrucksspuren aktiviert wurde, war das Bild eines Koitus zwischen den Eltern unter nicht ganz gewöhnlichen und für die Beobachtung besonders günstigen Umständen. Es gelang allmählich, für alle Fragen, die sich an diese Szene knüpfen konnten, befriedigende Antworten zu erhalten, indem jener erste Traum im Verlauf der Kur in ungezählten Abänderungen und Neuauflagen wiederkehrte, zu denen die Analyse die gewünschten Aufklärungen lieferte. So stellte sich zunächst das Alter des Kindes bei der Beobachtung heraus, etwa 1 1/2 Jahre.[1] Er litt damals an einer Malaria, deren Anfall täglich zu bestimmter Stunde wiederkehrte.[2] Von seinem zehnten Jahr an war er zeitweise Stimmungen von Depression unterworfen, die am Nachmittag einsetzten und um die fünfte Stunde ihre Höhe erreichten. Dieses Symptom bestand noch zur Zeit der analytischen Behandlung. Die wiederkehrende Depression ersetzte den damaligen Fieber-

1) Daneben käme mit weit geringerer Wahrscheinlichkeit, eigentlich kaum haltbar, das Alter von 1/2 Jahr in Betracht.

2) Vgl. die späteren Umbildungen dieses Moments in der Zwangsneurose. In den Träumen während der Kur Ersetzung durch einen heftigen Wind (*aria* = Luft).

oder Mattigkeitsanfall; die fünfte Stunde war entweder die Zeit der Fieberhöhe oder die der Koitusbeobachtung, wenn nicht beide Zeiten zusammenfallen.[1] Er befand sich wahrscheinlich gerade dieses Krankseins wegen im Zimmer der Eltern. Diese auch durch direkte Tradition erhärtete Erkrankung legt uns nahe, den Vorfall in den Sommer zu verlegen und damit für den am Weihnachtstag Geborenen ein Alter von $n + 1\frac{1}{2}$ Jahren anzunehmen. Er hatte also im Zimmer der Eltern in seinem Bettchen geschlafen und erwachte, etwa infolge des steigenden Fiebers, am Nachmittag, vielleicht um die später durch Depression ausgezeichnete fünfte Stunde. Es stimmt zur Annahme eines heißen Sommertages, wenn sich die Eltern halb entkleidet[2] zu einem Nachmittagsschläfchen zurückgezogen hätten. Als er erwachte, wurde er Zeuge eines dreimal wiederholten[3] coitus a tergo, konnte das Genitale der Mutter wie das Glied des Vaters sehen und verstand den Vorgang wie dessen Bedeutung.[4] Endlich störte er den Verkehr der Eltern auf eine Weise, von der späterhin die Rede sein wird.

Im Grunde ist es nichts Außerordentliches, macht nicht den Eindruck des Produkts einer ausschweifenden Phantasie, daß ein junges, erst wenige Jahre verheiratetes Ehepaar an einen Nachmittagsschlaf zu heißer Sommerszeit einen zärtlichen Verkehr anschließt und sich dabei über die Gegenwart des $1\frac{1}{2}$ Jahre alten, in seinem Bettchen schlafenden Knäbleins hinaussetzt. Ich meine

---

1) **Man bringe damit zusammen, daß der Patient zu seinem Traum nur fünf Wölfe gezeichnet hat, obwohl der Text des Traumes von 6 oder 7 spricht.**

2) In weißer Wäsche, die **weißen** Wölfe.

3) **Woher dreimal?** Er stellte plötzlich einmal die Behauptung auf, daß ich dieses Detail durch Deutung eruiert hätte. Das traf nicht zu. Es war ein spontaner, weiterer Kritik entzogener Einfall, den er nach seiner Gewohnheit mir zuschob und ihn durch diese Projektion vertrauenswürdig machte.

4) Ich meine, er verstand ihn zur Zeit des Traumes mit 4 Jahren, nicht zur Zeit der Beobachtung. Mit 1 1/2 Jahren holte er sich die Eindrücke, deren nachträgliches Verständnis ihm zur Zeit des Traumes durch seine Entwicklung, seine sexuelle Erregung und seine Sexualforschung ermöglicht wurde.

vielmehr, es wäre etwas durchaus Banales, Alltägliches, und auch die erschlossene Stellung beim Koitus kann an diesem Urteil nichts ändern. Besonders da aus dem Beweismaterial nicht hervorgeht, daß der Koitus jedesmal in der Stellung von rückwärts vollzogen wurde. Ein einziges Mal hätte ja hingereicht, um dem Zuschauer die Gelegenheit zu Beobachtungen zu geben, die durch eine andere Lage der Liebenden erschwert oder ausgeschlossen wären. Der Inhalt dieser Szene selbst kann also kein Argument gegen ihre Glaubwürdigkeit sein. Das Bedenken der Unwahrscheinlichkeit wird sich gegen drei andere Punkte richten: dagegen, daß ein Kind in dem zarten Alter von $1\frac{1}{2}$ Jahren imstande sein sollte, die Wahrnehmungen eines so komplizierten Vorganges aufzunehmen und sie so getreu in seinem Unbewußten zu bewahren, zweitens dagegen, daß eine nachträgliche zum Verständnis vordringende Bearbeitung der so empfangenen Eindrücke zu 4 Jahren möglich ist, und endlich, daß es durch irgend ein Verfahren gelingen sollte, die Einzelheiten einer solchen Szene, unter solchen Umständen erlebt und verstanden, in zusammenhängender und überzeugender Weise bewußt zu machen.[1]

Ich werde diese und andere Bedenken später sorgfältig prüfen, versichere dem Leser, daß ich nicht weniger kritisch als er gegen die Annahme einer solchen Beobachtung des Kindes eingestellt bin, und bitte ihn, sich mit mir zum vorläufigen Glauben an die Realität dieser Szene zu entschließen. Zunächst wollen wir das Studium der Beziehungen dieser „Urszene" zum Traum, zu den Symptomen und zur Lebensgeschichte des Patienten fort-

---

1) Man kann sich die erste dieser Schwierigkeiten nicht durch die Annahme erleichtern, das Kind sei zur Zeit der Beobachtung doch wahrscheinlich um ein Jahr älter gewesen, also 2 $\frac{1}{2}$ Jahre alt, zu welcher Zeit es eventuell vollkommen sprachfähig sein mag. Für meinen Patienten war eine solche Zeitverschiebung durch alle Nebenumstände seines Falles fast ausgeschlossen. Übrigens wolle man in Betracht ziehen, daß solche Szenen von Beobachtung des elterlichen Koitus in der Analyse keineswegs selten aufgedeckt werden. Ihre Bedingung ist aber gerade, daß sie in die früheste Kinderzeit fallen. Je älter das Kind ist, desto sorgfältiger werden auf einem gewissen sozialen Niveau die Eltern dem Kinde die Gelegenheit zu solcher Beobachtung versagen.

setzen. Wir werden gesondert verfolgen, welche Wirkungen vom wesentlichen Inhalt der Szene und von einem ihrer visuellen Eindrücke ausgegangen sind.

Unter letzterem meine ich die Stellungen, welche er die Eltern einnehmen sah, die aufrechte des Mannes und die tierähnlich gebückte der Frau. Wir haben schon gehört, daß ihn in der Angstzeit die Schwester mit dem Bild im Märchenbuch zu schrecken pflegte, auf dem der Wolf aufrecht dargestellt war, einen Fuß vorgesetzt, die Tatzen ausgestreckt und die Ohren aufgestellt. Er ließ sich während der Kur die Mühe nicht verdrießen, in Antiquarläden nachzuspüren, bis er das Märchenbilderbuch seiner Kindheit wiedergefunden hatte, und erkannte sein Schreckbild in einer Illustration zur Geschichte vom „Wolf und den sieben Geißlein". Er meinte, die Stellung des Wolfes auf diesem Bild hätte ihn an die des Vaters während der konstruierten Urszene erinnern können. Dieses Bild wurde jedenfalls zum Ausgangspunkt weiterer Angstwirkungen. Als er in seinem siebenten oder achten Jahr einmal die Ankündigung erhielt, morgen werde ein neuer Lehrer zu ihm kommen, träumte er in der nächstfolgenden Nacht von diesem Lehrer als Löwen, der sich laut brüllend in der Stellung des Wolfes auf jenem Bilde seinem Bette näherte, und erwachte wiederum mit Angst. Die Wolfsphobie war damals bereits überwunden, er hatte darum die Freiheit, sich ein neues Angsttier zu wählen, und anerkannte in diesem späten Traum den Lehrer als Vaterersatz. Jeder seiner Lehrer spielte in seinen späteren Kinderjahren die gleiche Vaterrolle und wurde mit dem Vatereinfluß zum Guten wie zum Bösen ausgestattet.

Das Schicksal schenkte ihm einen sonderbaren Anlaß, seine Wolfsphobie in der Gymnasialzeit aufzufrischen und die Relation, die ihr zu Grunde lag, zum Ausgang schwerer Hemmungen zu machen. Der Lehrer, der den lateinischen Unterricht seiner Klasse leitete, hieß Wolf. Er war von Anfang an vor ihm eingeschüchtert, zog sich einmal eine schwere Beschimpfung von ihm zu, weil er in einer lateinischen Übersetzung einen dummen Fehler begangen hatte, und wurde von da an eine lähmende Angst vor diesem Lehrer nicht mehr los, die sich bald auf andere Lehrer übertrug. Aber die Gelegenheit, bei der er in der Übersetzung strauchelte, war auch nicht beziehungslos. Er hatte das lateinische Wort *filius* zu übersetzen und tat es mit dem französischen *fils* anstatt mit dem entsprechenden Wort der Muttersprache. Der Wolf war eben noch immer der Vater.[1]

Das erste der „passageren Symptome",[2] welches der Patient in der Behandlung produzierte, ging noch auf die Wolfsphobie und auf das Märchen von den sieben Geißlein zurück. In dem Zimmer, wo die ersten Sitzungen abgehalten wurden, befand sich eine große Wandkastenuhr gegenüber vom Patienten, der abgewandt von mir auf einem Divan lag. Es fiel mir auf, daß er von Zeit zu Zeit das Gesicht zu mir kehrte, mich sehr freundlich, wie begütigend ansah und dann den Blick von mir zur Uhr wendete. Ich meinte damals, er gebe so ein Zeichen seiner Sehnsucht nach Beendigung der Stunde. Lange Zeit später erinnnerte mich der Patient an dieses Gebärdenspiel und gab mir dessen Erklärung, indem er daran erinnerte, daß das jüngste der sieben Geißlein ein Versteck im Kasten der Wanduhr fände, während die sechs Geschwister vom Wolf gefressen würden. Er wollte also damals sagen: Sei gut mit mir. Muß ich mich vor

---

1) Nach dieser Beschimpfung durch den Lehrer-Wolf erfuhr er als die allgemeine Meinung der Kollegen, daß der Lehrer zur Beschwichtigung — Geld von ihm erwarte. Darauf werden wir später zurückkommen. — Ich kann mir vorstellen, welche Erleichterung es für eine rationalistische Betrachtung einer solchen Kindergeschichte bedeuten würde, wenn sich annehmen ließe, die ganze Angst vor dem Wolf sei in Wirklichkeit von dem Lateinlehrer gleichen Namens ausgegangen, in die Kindheit zurückprojiziert worden und hätte in Anlehnung an die Märchenillustration die Phantasie der Urszene verursacht. Allein das ist unhaltbar; die zeitliche Priorität der Wolfsphobie und deren Verlegung in die Kindheitsjahre auf dem ersten Gut ist allzusicher bezeugt. Und der Traum mit 4 Jahren?

2) Ferenczi, Über passagere Symtombildungen während der Analyse. Zentralbl. f. Psychoanalyse, II. 1912 S. 588 ff.

dir fürchten? Wirst du mich auffressen? Soll ich mich wie das
jüngste Geißlein im Wandkasten vor dir verstecken?

Der Wolf, vor dem er sich fürchtete, war unzweifelhaft der
Vater, aber die Wolfsangst war an die Bedingung der aufrechten
Stellung gebunden. Seine Erinnerung behauptete mit großer Be-
stimmheit, daß Bilder vom Wolf, der auf allen Vieren gehe oder
wie im Rotkäppchenmärchen im Bett liege, ihn nicht geschreckt
hätten. Nicht mindere Bedeutung zog die Stellung auf sich, die
er nach unserer Konstruktion der Urszene das Weib hatte einnehmen sehen; diese Bedeutung blieb aber auf das sexuelle Gebiet beschränkt. Die auffälligste Erscheinung seines Liebeslebens
nach der Reife waren Anfälle von zwanghafter sinnlicher Verliebtheit, die in rätselhafter Folge auftraten und wieder verschwanden, eine riesige Energie bei ihm auch in Zeiten sonstiger
Hemmung entfesselten und seiner Beherrschung ganz entzogen
waren. Ich muß die volle Würdigung dieser Zwangslieben wegen
eines besonders wertvollen Zusammenhanges noch aufschieben,
aber ich kann hier anführen, daß sie an eine bestimmte, seinem
Bewußtsein verborgene Bedingung geknüpft waren, die sich erst
in der Kur erkennen ließ. Das Weib mußte die Stellung eingenommen haben, die wir der Mutter in der Urszene zuschreiben.
Große, auffällige Hinterbacken empfand er von der Pubertät an
als den stärksten Reiz des Weibes; ein anderer Koitus als der
von rückwärts bereitete ihm kaum Genuß. Die kritische Erwägung ist zwar berechtigt, hier einzuwenden, daß solche sexuelle
Bevorzugung der hinteren Körperpartien ein allgemeiner Charakter
der zur Zwangsneurose neigenden Personen sei und nicht zur
Ableitung von einem besonderen Eindruck der Kinderzeit be-
rechtige. Sie gehöre in das Gefüge der anal-erotischen Veranlagung und zu jenen archaischen Zügen, welche diese Konstitution
auszeichnen. Man darf die Begattung von rückwärts — more
ferarum — doch wohl als die phylogenetisch ältere Form auffassen. Wir werden auch auf diesen Punkt in späterer Diskussion

zurückkommen, wenn wir das Material für seine unbewußte Liebesbedingung nachgetragen haben.

Setzen wir nun in der Erörterung der Beziehungen zwischen Traum und Urszene fort. Nach unseren bisherigen Erwartungen sollte der Traum dem Kind, das sich auf die Erfüllung seiner Wünsche zu Weihnachten freut, das Bild der Sexualbefriedigung durch den Vater vorführen, wie er es in jener Urszene gesehen hatte, als Vorbild der eigenen Befriedigung, die er vom Vater ersehnt. Anstatt dieses Bildes tritt aber das Material der Geschichte auf, die der Großvater kurz vorher erzählt hatte: Der Baum, die Wölfe, die Schwanzlosigkeit in der Form der Überkompensation in den buschigen Schwänzen der angeblichen Wölfe. Hier fehlt uns ein Zusammenhang, eine Assoziationsbrücke, die von dem Inhalt der Urgeschichte zu dem der Wolfgeschichte hinüberleitet. Diese Verbindung wird wiederum durch die Stellung und nur durch diese gegeben. Der schwanzlose Wolf fordert in der Erzählung des Großvaters die andern auf, auf ihn zu steigen. Durch dieses Detail wurde die Erinnerung an das Bild der Urszene geweckt, auf diesem Weg konnte das Material der Urszene durch das der Wolfsgeschichte vertreten werden, dabei gleichzeitig die Zweizahl der Eltern in erwünschter Weise durch die Mehrzahl der Wölfe ersetzt. Eine nächste Wandlung erfuhr der Trauminhalt, indem das Material der Wolfsgeschichte sich dem Inhalt des Märchens von den sieben Geißlein anpaßte, die Siebenzahl von ihm entlehnte.[1]

Die Materialwandlung: Urszene — Wolfsgeschichte — Märchen von den sieben Geißlein — ist die Spiegelung des Gedankenfortschritts während der Traumbildung: Sehnsucht nach sexueller Befriedigung durch den Vater — Einsicht in die daran geknüpfte Bedingung der Kastration — Angst vor dem Vater. Ich meine,

---

1) 6 oder 7 heißt es im Traum. 6 ist die Anzahl der gefressenen Kinder, das siebente rettet sich in den Uhrkasten. Es bleibt strenges Gesetz der Traumdeutung, daß jede Einzelheit ihre Aufklärung finde.

der Angsttraum des vierjährigen Knaben ist erst jetzt restlos aufgeklärt.[1]

Über die pathogene Wirkung der Urszene und die Veränderung, welche deren Erweckung in seiner Sexualentwicklung hervorruft, kann ich mich nach allem, was bisher schon berührt wurde, kurz fassen. Wir werden nur diejenige Wirkung verfolgen, welcher der Traum Ausdruck gibt. Später werden wir uns klar machen müssen, daß nicht etwa eine einzige Sexualströmung von der

---

[1] Nachdem uns die Synthese dieses Traumes gelungen ist, will ich versuchen, die Beziehungen des manifesten Trauminhaltes zu den latenten Traumgedanken übersichtlich darzustellen.

Es ist Nacht, ich liege in meinem Bette. Das letztere ist der Beginn der Reproduktion der Urszene. „Es ist Nacht" ist Entstellung für: ich hatte geschlafen. Die Bemerkung: Ich weiß, es war Winter, als ich träumte, und Nachtzeit, bezieht sich auf die Erinnerung an den Traum, gehört nicht zu seinem Inhalt. Sie ist richtig, es war eine der Nächte vor dem Geburtstag resp. Weihnachtstag.

Plötzlich geht das Fenster von selbst auf. Zu übersetzen: Plötzlich erwache ich von selbst, Erinnerung der Urszene. Der Einfluß der Wolfsgeschichte, in der der Wolf durchs Fenster hereinspringt, macht sich modifizierend geltend und verwandelt den direkten in einen bildlichen Ausdruck. Gleichzeitig dient die Einführung des Fensters dazu, um den folgenden Trauminhalt in der Gegenwart unterzubringen. Am Weihnachtsabend geht die Türe plötzlich auf, und man sieht den Baum mit den Geschenken vor sich. Hier macht sich also der Einfluß der aktuellen Weihnachtserwartung geltend, welche die sexuelle Befriedigung miteinschließt.

Der große Nußbaum. Vertreter des Christbaumes, also aktuell: überdies der Baum aus der Wolfsgeschichte, auf den sich der verfolgte Schneider flüchtet, unter dem die Wölfe lauern. Der hohe Baum ist auch, wie ich mich oft überzeugen konnte, ein Symbol der Beobachtung, des Voyeurtums. Wenn man auf dem Baume sitzt, kann man alles sehen, was unten vorgeht, und wird selbst nicht gesehen. Vgl. die bekannte Geschichte des Boccaccio und ähnliche Schnurren.

Die Wölfe. Ihre Zahl: sechs oder sieben. In der Wolfsgeschichte ist es ein Rudel ohne angegebene Zahl. Die Zahlbestimmung zeigt den Einfluß des Märchens von den sieben Geißlein, von denen sechs gefressen werden. Die Ersetzung der Zweizahl in der Urszene durch eine Mehrzahl, welche in der Urszene absurd wäre, ist dem Widerstand als Entstellungsmittel willkommen. In der zum Traum gefertigten Zeichnung hat der Träumer die 5 zum Ausdruck gebracht, die wahrscheinlich die Angabe: es war Nacht, korrigiert.

Sie sitzen auf dem Baum. Sie ersetzen zunächst die am Baum hängenden Weihnachtsgeschenke. Sie sind aber auch auf den Baum versetzt, weil das heißen kann, sie schauen. In der Geschichte des Großvaters lagern sie unten um den Baum. Ihr Verhältnis zum Baum ist also im Traum umgekehrt worden, woraus zu schließen ist, daß im Trauminhalt noch andere Umkehrungen des latenten Materials vorkommen.

Sie schauen ihn mit gespannter Aufmerksamkeit an. Dieser Zug ist ganz aus der Urszene, auf Kosten einer totalen Verkehrung in den Traum gekommen.

Sie sind ganz weiß. Dieser an sich unwesentliche, in der Erzählung des Träumers stark betonte Zug verdankt seine Intensität einer ausgiebigen Verschmelzung von

Urszene ausgegangen ist, sondern eine ganze Reihe von solchen, geradezu eine Aufsplitterung der Libido. Ferner werden wir uns vorhalten, daß die Aktivierung dieser Szene (ich vermeide absichtlich das Wort: Erinnerung) dieselbe Wirkung hat, als ob sie ein rezentes Erlebnis wäre. Die Szene wirkt nachträglich und hat unterdes, in dem Intervall zwischen $1\frac{1}{2}$ und 4 Jahren, nichts von ihrer Frische eingebüßt. Vielleicht finden wir im weiteren

Elementen aus allen Schichten des Materials, und vereinigt dann nebensächliche Details der anderen Traumquellen mit einem bedeutsameren Stück der Urszene. Diese letztere Determinierung entstammt wohl der Weiße der Bett- und Leibwäsche der Eltern, dazu das Weiß der Schafherden, der Schäferhunde als Anspielung auf seine Sexualforschungen an Tieren, das Weiß in den Märchen von den sieben Geißlein, in dem die Mutter an der Weiße ihrer Hand erkannt wird. Wir werden später die weiße Wäsche auch als Todesandeutung verstehen. *Sie sitzen regungslos da.* Hiemit wird dem auffälligsten Inhalt der beobachteten Szene widersprochen; der Bewegtheit, welche durch die Stellung, zu der sie führt, die Verbindung zwischen Urszene und Wolfsgeschichte herstellt. *Sie haben Schwänze wie Füchse.* Dies soll einem Ergebnis widersprechen, welches aus der Einwirkung der Urszene auf die Wolfsgeschichte gewonnen wurde und als der wichtigste Schluß der Sexualforschung anzuerkennen ist: Es gibt also wirklich eine Kastration. Der Schreck, mit dem dies Denkergebnis aufgenommen wird, bricht sich endlich im Traume Bahn und erzeugt dessen Schluß. *Die Angst, von den Wölfen aufgefressen zu werden.* Sie erschien dem Träumer als nicht durch den Trauminhalt motiviert. Er sagte, ich hätte mich nicht fürchten müssen, denn die Wölfe sahen eher aus wie Füchse oder Hunde, sie fuhren auch nicht auf mich los, wie um mich zu beißen, sondern waren sehr ruhig und gar nicht schrecklich. Wir erkennen, daß die Traumarbeit sich eine Weile bemüht hat, die peinlichen Inhalte durch Verwandlung ins Gegenteil unschädlich zu machen. (Sie bewegen sich nicht, sie haben ja die schönsten Schwänze.) Bis endlich dieses Mittel versagt und die Angst losbricht. Sie findet ihren Ausdruck mit Hilfe des Märchens, in dem die Geißlein-Kinder vom Wolf-Vater gefressen werden. Möglicherweise hat dieser Märcheninhalt selbst an scherzhafte Drohungen des Vaters, wenn er mit dem Kinde spielte, erinnert, so daß die Angst, vom Wolf gefressen zu werden, ebensowohl Reminiszenz wie Verschiebungsersatz sein könnte.

Die Wunschmotive dieses Traumes sind handgreifliche; zu den oberflächlichen Tageswünschen, Weihnachten mit seinen Geschenken möge schon da sein (Ungeduldstraum), gesellt sich der tiefere, um diese Zeit permanente Wunsch nach der Sexualbefriedigung durch den Vater, der sich zunächst durch den Wunsch, das wiederzusehen, was damals so fesselnd war, ersetzt. Dann verläuft der psychische Vorgang von der Erfüllung dieses Wunsches in der heraufbeschworenen Urszene bis zu der jetzt unvermeidlich gewordenen Ablehnung des Wunsches und der Verdrängung.

Die Breite und Ausführlichkeit der Darstellung, zu der ich durch das Bemühen genötigt bin, dem Leser irgend ein Äquivalent für die Beweiskraft einer selbstdurchgeführten Analyse zu bieten, mag ihn gleichzeitig davon abbringen, die Publikation von Analysen zu verlangen, die sich über mehrere Jahre erstreckt haben.

noch einen Anhaltspunkt dafür, daß sie bestimmte Wirkungen bereits zur Zeit ihrer Wahrnehmung, also von $1\,^1/_2$ Jahren an, geübt hat.

Wenn sich der Patient in die Situation der Urszene vertiefte, förderte er folgende Selbstwahrnehmungen zu Tage: Er habe vorher angenommen, der beobachtete Vorgang sei ein gewalttätiger Akt, allein dazu stimmte das vergnügte Gesicht nicht, das er die Mutter machen sah; er mußte erkennen, daß es sich um eine Befriedigung handle.[1] Das wesentliche Neue, das ihm die Beobachtung des Verkehrs der Eltern brachte, war die Überzeugung von der Wirklichkeit der Kastration, deren Möglichkeit seine Gedanken schon vorher beschäftigt hatte. (Der Anblick der beiden urinierenden Mädchen, die Drohung der Nanja, die Deutung der Gouvernante von den Zuckerstangen, die Erinnerung, daß der Vater eine Schlange in Stücke geschlagen.) Denn jetzt sah er mit eigenen Augen die Wunde, von der die Nanja gesprochen hatte, und verstand, daß ihr Vorhandensein eine Bedingung des Verkehrs mit dem Vater war. Er konnte sie nicht mehr

---

1) Der Aussage des Patienten tragen wir vielleicht am ehesten Rechnung, wenn wir annehmen, daß der Gegenstand seiner Beobachtung zuerst ein Koitus in normaler Stellung gewesen ist, der den Eindruck eines sadistischen Aktes erwecken muß. Erst nach diesem sei die Stellung gewechselt worden, so daß er Gelegenheit zu anderen Beobachtungen und Urteilen gewann. Allein diese Annahme ist nicht gesichert worden, scheint mir auch nicht unentbehrlich. Wir wollen über die abkürzende Darstellung des Textes die wirkliche Situation nicht außer Auge lassen, daß der Analysierte im Alter nach 25 Jahren Eindrücken und Regungen aus seinem vierten Jahr Worte verleiht, die er damals nicht gefunden hätte. Vernachlässigt man diese Bemerkung, so kann man es leicht komisch und unglaubwürdig finden, daß ein vierjähriges Kind solcher fachlicher Urteile und gelehrter Gedanken fähig sein sollte. Es ist dies einfach ein zweiter Fall von Nachträglichkeit. Das Kind empfängt mit 1 1/2 Jahren einen Eindruck, auf den es nicht genügend reagieren kann, versteht ihn erst, wird von ihm ergriffen bei der Wiederbelebung des Eindrucks mit vier Jahren, und kann erst zwei Dezennien später in der Analyse mit bewußter Denktätigkeit erfassen, was damals in ihm vorgegangen. Der Analysierte setzt sich dann mit Recht über die drei Zeitphasen hinweg und setzt sein gegenwärtiges Ich in die längstvergangene Situation ein. Wir folgen ihm darin, denn bei korrekter Selbstbeobachtung und Deutung muß der Effekt so ausfallen, als ob man die Distanz zwischen der zweiten und der dritten Zeitphase vernachlässigen könnte. Auch haben wir kein anderes Mittel, die Vorgänge in der zweiten Phase zu beschreiben.

wie bei der Beobachtung der kleinen Mädchen mit dem Popo verwechseln.[1]

Der Ausgang des Traumes war Angst, von der er sich nicht
eher beruhigte, als bis er seine Nanja bei sich hatte. Er flüchtete
sich also zu ihr vom Vater weg. Die Angst war eine Ablehnung
des Wunsches nach Sexualbefriedigung durch den Vater, welches
Streben ihm den Traum eingegeben hatte. Ihr Ausdruck: vom
Wolf gefressen zu werden, war nur eine — wie wir hören
werden: regressive — Umsetzung des Wunsches, vom Vater
koitiert, d. h. so befriedigt zu werden wie die Mutter. Sein
letztes Sexualziel, die passive Einstellung zum Vater, war einer
Verdrängung erlegen, die Angst vor dem Vater in Gestalt der
Wolfsphobie an ihre Stelle getreten.

Und die treibende Kraft dieser Verdrängung? Dem ganzen
Sachverhalt nach konnte es nur die narzißtische Genitallibido
sein, die sich als Sorge um sein männliches Glied gegen eine
Befriedigung sträubte, für die der Verzicht auf dieses Glied Be-
dingung schien. Aus dem bedrohten Narzißmus schöpfte er die
Männlichkeit, mit der er sich gegen die passive Einstellung zum
Vater wehrte.

Wir werden jetzt darauf aufmerksam, daß wir an diesem Punkte
der Darstellung unsere Terminologie ändern müssen. Er hatte
während des Traumes eine neue Phase seiner Sexualorganisation
erreicht. Die sexuellen Gegensätze waren ihm bisher aktiv und
passiv gewesen. Sein Sexualziel war seit der Verführung ein
passives, am Genitale berührt zu werden, dann wandelte es sich
durch Regression auf die frühere Stufe der sadistisch-analen
Organisation in das masochistische, gezüchtigt, gestraft zu werden.
Es war ihm gleichgültig, ob er dieses Ziel beim Mann oder
Weib erreichen sollte. Er war ohne Rücksicht auf den Geschlechtsunterschied von der Nanja zum Vater gewandert, hatte von der

---

1) Wie er sich mit diesem Anteil des Problems weiter auseinandersetzte, werden
wir später bei der Verfolgung seiner Analerotik erfahren.

Nanja verlangt, am Glied berührt zu werden, vom Vater die Züchtigung provozieren wollen. Das Genitale kam dabei außer Betracht; in der Phantasie, auf den Penis geschlagen zu werden, äußerte sich noch der durch die Regression verdeckte Zusammenhang. Nun führte ihn die Aktivierung der Urszene im Traum zur genitalen Organisation zurück. Er entdeckte die Vagina und die biologische Bedeutung von männlich und weiblich. Er verstand jetzt, aktiv sei gleich männlich, passiv aber weiblich. Sein passives Sexualziel hätte sich jetzt in ein weibliches verwandeln, den Ausdruck annehmen müssen: vom Vater koitiert zu werden, anstatt: von ihm auf das Genitale oder auf den Popo geschlagen zu werden. Dieses feminine Ziel verfiel nun der Verdrängung und mußte sich durch die Angst vor dem Wolf ersetzen lassen

Wir müssen die Diskussion seiner Sexualentwicklung hier unterbrechen, bis aus späteren Stadien seiner Geschichte neues Licht auf diese früheren zurückfällt. Zur Würdigung der Wolfsphobie fügen wir noch hinzu, daß Vater und Mutter, beide, zu Wölfen wurden. Die Mutter spielte ja den kastrierten Wolf, der die anderen auf sich aufsteigen ließ, der Vater den aufsteigenden. Seine Angst bezog sich aber, wie wir ihn versichern gehört haben, nur auf den stehenden Wolf, also auf den Vater. Ferner muß uns auffallen, daß die Angst, in die der Traum ausging, ein Vorbild in der Erzählung des Großvaters hatte. In dieser wird ja der kastrierte Wolf, der die andern auf sich hat steigen lassen, von Angst befallen, sowie er an die Tatsache seiner Schwanzlosigkeit erinnert wird. Es scheint also, daß er sich während des Traumvorganges mit der kastrierten Mutter identifizierte und sich nun gegen dieses Ergebnis sträubte. In hoffentlich zutreffender Übersetzung: Wenn du vom Vater befriedigt werden willst, mußt du dir wie die Mutter die Kastration gefallen lassen; das will ich aber nicht. Also ein deutlicher Protest der Männlichkeit! Machen wir uns übrigens klar, daß die Sexualentwicklung des Falles, den wir hier verfolgen, für unsere Forschung den großen Nachteil hat, daß sie keine ungestörte ist. Sie wird zuerst durch die Verführung entscheidend beeinflußt und nun durch die Szene der Koitusbeobachtung abgelenkt, die nachträglich wie eine zweite Verführung wirkt.

V

EINIGE DISKUSSIONEN

Eisbär und Walfisch, hat man gesagt, können nicht miteinander Krieg führen, weil sie, ein jeder auf sein Element beschränkt, nicht zueinander kommen. Ebenso unmöglich wird es mir, mit Arbeitern auf dem Gebiet der Psychologie oder der Neurotik zu diskutieren, die die Voraussetzungen der Psychoanalyse nicht anerkennen und ihre Ergebnisse für Artefakte halten. Daneben hat sich aber in den letzten Jahren eine Opposition von Anderen entwickelt, die, nach ihrem eigenen Vermeinen wenigstens, auf dem Boden der Analyse stehen, die Technik und Resultate derselben nicht bestreiten und sich nur für berechtigt halten, aus dem nämlichen Material andere Folgerungen abzuleiten und es anderen Auffassungen zu unterziehen. Theoretischer Widerspruch ist aber zumeist unfruchtbar. Sowie man begonnen hat, sich von dem Material, aus dem man schöpfen soll, zu entfernen, läuft man Gefahr, sich an seinen Behauptungen zu berauschen und endlich Meinungen zu vertreten, denen jede Beobachtung widersprochen hätte. Es scheint mir darum ungleich zweckmäßiger, abweichende Auffassungen dadurch zu bekämpfen, daß man sie an einzelnen Fällen und Problemen erprobt.

Ich habe oben (S. 65) ausgeführt, es werde gewiß für unwahrscheinlich gehalten werden, „daß ein Kind in dem zarten Alter von $1\frac{1}{2}$ Jahren imstande sein sollte, die Wahrnehmungen

eines so komplizierten Vorganges in sich aufzunehmen und sie
so getreu in seinem Unbewußten zu bewahren, zweitens, daß
eine nachträglich zum Verständnis vordringende Bearbeitung dieses
Materials zu vier Jahren möglich ist, und endlich, daß es durch
irgend ein Verfahren gelingen sollte, die Einzelheiten einer solchen
Szene, unter solchen Umständen erlebt und verstanden, in zusammenhängender und überzeugender Weise bewußt zu machen".
Die letzte Frage ist eine rein faktische. Wer sich die Mühe
nimmt, die Analyse mittels der vorgezeichneten Technik in solche
Tiefen zu treiben, wird sich überzeugen, daß es sehr wohl möglich ist; wer es unterläßt und in irgend einer höheren Schicht
die Analyse unterbricht, hat sich des Urteils darüber begeben.
Aber die Auffassung des von der Tiefenanalyse Erreichten ist
damit nicht entschieden.

Die beiden anderen Bedenken stützen sich auf eine Geringschätzung der frühinfantilen Eindrücke, denen so nachhaltige
Wirkungen nicht zugetraut werden. Sie wollen die Verursachung
der Neurosen fast ausschließlich in den ernsthaften Konflikten
des späteren Lebens suchen, und nehmen an, die Bedeutsamkeit
der Kindheit werde uns in der Analyse nur durch die Neigung
der Neurotiker vorgespiegelt, ihre gegenwärtigen Interessen in
Reminiszenzen und Symbolen der frühen Vergangenheit auszudrücken. Mit solcher Einschätzung des infantilen Moments fiele
manches weg, was zu den intimsten Eigentümlichkeiten der
Analyse gehört hat, freilich auch vieles, was ihr Widerstände
schafft und das Zutrauen der Außenstehenden entfremdet.

Wir stellen also zur Diskussion die Auffassung ein, solche frühinfantile Szenen, wie sie eine erschöpfende Analyse der Neurosen,
z. B. unseres Falles liefert, seien nicht Reproduktionen realer Begebenheiten, denen man Einfluß auf die Gestaltung des späteren
Lebens und auf die Symptombildung zuschreiben dürfe, sondern
Phantasiebildungen, die der Zeit der Reife ihre Anregung entnehmen, zur gewissermaßen symbolischen Vertretung realer

Wünsche und Interessen bestimmt sind, und die einer regressiven Tendenz, einer Abwendung von den Aufgaben der Gegenwart ihre Entstehung verdanken. Wenn dem so ist, dann kann man sich natürlich alle die befremdenden Zumutungen an das Seelenleben und die intellektuelle Leistung von Kindern im unmündigsten Alter ersparen.

Dieser Auffassung kommt außer dem uns allen gemeinsamen Wunsch nach Rationalisierung und Vereinfachung der schwierigen Aufgabe mancherlei Tatsächliches entgegen. Auch kann man im vorhinein ein Bedenken aus dem Wege räumen, welches sich gerade beim praktischen Analytiker erheben könnte. Man muß zugestehen, wenn die besprochene Auffassung dieser infantilen Szenen die richtige ist, dann wird an der Ausübung der Analyse zunächst nichts geändert. Hat der Neurotiker einmal die üble Eigentümlichkeit, sein Interesse von der Gegenwart abzuwenden und es an solche regressive Ersatzbildungen seiner Phantasie zu heften, so kann man gar nichts anderes tun, als ihm auf seinen Wegen zu folgen und ihm diese unbewußten Produktionen zum Bewußtsein zu bringen, denn sie sind, von ihrem realen Unwert ganz abzusehen, für uns höchst wertvoll als die derzeitigen Träger und Besitzer des Interesses, welches wir frei machen wollen, um es auf die Aufgaben der Gegenwart zu lenken. Die Analyse müßte genau ebenso verlaufen wie jene, die im naiven Zutrauen solche Phantasien für wahr nimmt. Erst am Ende der Analyse, nach der Aufdeckung dieser Phantasien, käme der Unterschied. Man würde dann dem Kranken sagen: „Nun gut; Ihre Neurose ist so verlaufen, als ob Sie in Ihren Kinderjahren solche Eindrücke empfangen und fortgesponnen hätten. Sie sehen wohl ein, daß dies nicht möglich ist. Es waren Produkte Ihrer Phantasietätigkeit zur Ablenkung von realen Aufgaben, die Ihnen bevorstanden. Nun lassen Sie uns nachforschen, welches diese Aufgaben waren, und welche Verbindungswege zwischen diesen und Ihren Phantasien bestanden haben." Ein zweiter, dem realen Leben zugewendeter Abschnitt der Behandlung würde nach dieser Erledigung der infantilen Phantasien einsetzen können.

Eine Abkürzung dieses Weges, also eine Abänderung der bisher geübten psychoanalytischen Kur, wäre technisch unzulässig. Wenn man dem Kranken diese Phantasien nicht in ihrem vollen Umfange bewußt macht, kann man ihm die Verfügung über das an sie gebundene Interesse nicht geben. Wenn man ihn von ihnen ablenkt, sobald man ihre Existenz und allgemeine Umrisse ahnt, unterstützt man nur das Werk der Verdrängung, durch das sie für alle Bemühungen des Kranken unantastbar geworden sind. Wenn man sie ihm frühzeitig entwertet, etwa indem man ihm eröffnet, es werde sich nur um Phantasien handeln, die ja keine reale Bedeutung haben, wird man nie seine Mitwirkung bereit finden, um sie dem Bewußtsein zuzuführen. Die analytische Technik dürfte also bei korrektem Vorgehen keine Änderung erfahren, wie immer man diese Infantilszenen einschätzt.

Ich habe erwähnt, daß die Auffassung dieser Szenen als regressiver Phantasien manche tatsächlichen Momente zu ihrer Unterstützung anrufen kann. Vor allem das eine: Diese Infantilszenen werden in der Kur — soweit meine Erfahrung bis jetzt reicht — nicht als Erinnerungen reproduziert, sie sind Ergebnisse der Konstruktion. Gewiß wird manchem der Streit schon durch dieses eine Zugeständnis entschieden scheinen.

Ich möchte nicht mißverstanden werden. Jeder Analytiker weiß und hat es unzählige Male erfahren, daß in einer gelungenen Kur der Patient eine ganze Anzahl spontaner Erinnerungen aus seinen Kinderjahren mitteilt, an deren Auftauchen — vielleicht erstmaligem Auftauchen — der Arzt sich völlig unschuldig fühlt, indem er durch keinerlei Konstruktionsversuch dem Kranken einen ähnlichen Inhalt nahe gelegt hat. Diese vorher unbewußten Erinnerungen müssen nicht einmal immer wahr sein; sie können es sein, aber sie sind oft gegen die Wahrheit entstellt, mit phantasierten Elementen durchsetzt, ganz ähnlich wie die spontan erhalten gebliebenen sogenannten Deckerinnerungen. Ich will nur sagen: Szenen, wie die bei meinem Patienten, aus so früher Zeit und mit solchem Inhalt, die dann eine so außerordentliche Bedeutung für die Geschichte des Falles beanspruchen, werden in der Regel nicht als Erinnerungen reproduziert, sondern müssen schrittweise und mühselig aus einer Summe von Andeutungen erraten — konstruiert — werden. Es reicht auch für das Argument hin, wenn ich zugebe, daß solche Szenen bei den Fällen von Zwangsneurose nicht als Erinnerung bewußt werden, oder wenn ich die Angabe auf den einen Fall, den wir hier studieren, beschränke.

Ich bin nun nicht der Meinung, daß diese Szenen notwendigerweise Phantasien sein müßten, weil sie nicht als Erinnerungen wiederkommen. Es scheint mir durchaus der Erinnerung gleichwertig, daß sie sich — wie in unserem Falle — durch Träume ersetzen, deren Analyse regelmäßig zu derselben Szene zurückführt, die in unermüdlicher Umarbeitung jedes Stück ihres Inhalts reproduzieren. Träumen ist ja auch ein Erinnern, wenn auch unter den Bedingungen der Nachtzeit und der Traumbildung. Durch diese Wiederkehr in Träumen erkläre ich mir, daß sich bei den Patienten selbst allmählich eine sichere Überzeugung von der Realität dieser Urszenen bildet, eine Überzeugung, die der auf Erinnerung gegründeten in nichts nachsteht.[1]

Die Gegner brauchen freilich den Kampf gegen diese Argumente nicht als aussichtslos aufzugeben. Träume sind bekanntlich lenkbar.[2] Und die Überzeugung des Analysierten kann ein Erfolg der Suggestion sein, für die immer noch eine Rolle im Kräftespiel

---

1) Wie frühzeitig ich mich mit diesem Problem beschäftigt habe, mag eine Stelle aus der ersten Auflage meiner Traumdeutung (1900) beweisen. Dort heißt es S. 126 zur Analyse der in einem Traum vorkommenden Rede: *Das ist nicht mehr zu haben*, diese Rede stammt von mir selbst; ich hatte ihr einige Tage vorher erklärt, „daß die ältesten Kindererlebnisse nicht mehr als solche zu haben sind, sondern durch „Übertragungen" und Träume in der Analyse ersetzt werden." [Ges. Werke, Bd. II/III, S.190.]

2) Der Mechanismus des Traumes kann nicht beeinflußt werden, aber das Traummaterial läßt sich partiell kommandieren.

der analytischen Behandlung gesucht wird. Der Psychotherapeut alten Schlages würde seinem Patienten suggerieren, daß er gesund ist, seine Hemmungen überwunden hat u. dgl.; der Psychoanalytiker aber, daß er als Kind dies oder jenes Erlebnis gehabt hat, das er jetzt erinnern müsse, um gesund zu werden. Das wäre der Unterschied zwischen beiden.

Machen wir uns klar, daß dieser letzte Erklärungsversuch der Gegner auf eine weit gründlichere Erledigung der Infantilszenen hinausläuft, als anfangs angekündigt wurde. Sie sollten nicht Wirklichkeiten sein, sondern Phantasien. Nun wird es offenbar: nicht Phantasien des Kranken, sondern des Analytikers selbst, die er aus irgend welchen persönlichen Komplexen dem Analysierten aufdrängt. Der Analytiker freilich, der diesen Vorwurf hört, wird sich zu seiner Beruhigung vorführen, wie allmählich die Konstruktion dieser angeblich von ihm eingegebenen Phantasie zustande gekommen ist, wie unabhängig sich doch deren Ausgestaltung in vielen Punkten von der ärztlichen Anregung benommen hat, wie von einer gewissen Phase der Behandlung an alles auf sie hin zu konvergieren schien, und wie nun in der Synthese die verschiedensten merkwürdigen Erfolge von ihr ausstrahlen, wie die großen und die kleinsten Probleme und Sonderbarkeiten der Krankengeschichte ihre Lösung in der einen Annahme fänden, und wird geltend machen, daß er sich nicht den Scharfsinn zutraut, eine Begebenheit auszuhecken, welche alle diese Ansprüche in einem erfüllen kann. Aber auch dieses Plaidoyer wird nicht auf den anderen Teil wirken, der die Analyse nicht selbst erlebt hat. Raffinierte Selbsttäuschung — wird es von der einen Seite lauten, Stumpfheit der Beurteilung — von der anderen; eine Entscheidung wird nicht zu fällen sein.

Wenden wir uns zu einem anderen Moment, welches die gegnerische Auffassung der konstruierten Infantilszenen unterstützt. Es ist folgendes: Alle die Prozesse, welche zur Aufklärung dieser fraglichen Bildungen als Phantasien herangezogen worden sind, bestehen wirklich und sind als bedeutungsvoll anzuerkennen. Die Abwendung des Interesses von den Aufgaben des realen Lebens,[1] die Existenz von Phantasien als Ersatzbildungen für die unterlassenen Aktionen, die regressive Tendenz, die sich in diesen Schöpfungen ausspricht, — regressiv in mehr als einem Sinne, insofern gleichzeitig ein Zurückweichen vor dem Leben und ein Zurückgreifen auf die Vergangenheit eintritt, — all das trifft zu und läßt sich regelmäßig durch die Analyse bestätigen. Man sollte meinen, es würde auch hinreichen, die in Rede stehenden angeblichen frühinfantilen Reminiszenzen aufzuklären, und diese Erklärung hätte nach den ökonomischen Prinzipien der Wissenschaft das Vorrecht vor einer anderen, die ohne neue und befremdliche Annahmen nicht ausreichen kann.

Ich gestatte mir, an dieser Stelle darauf aufmerksam zu machen, daß die Widersprüche in der heutigen psychoanalytischen Literatur gewöhnlich nach dem Prinzip des *pars pro toto* angefertigt werden. Man greift aus einem hoch zusammengesetzten Ensemble einen Anteil der wirksamen Faktoren heraus, proklamiert diesen als die Wahrheit und widerspricht nun zu dessen Gunsten dem anderen Anteil und dem Ganzen. Sieht man etwa näher zu, welcher Gruppe dieser Vorzug zugefallen ist, so findet man, es ist die, welche das bereits anderswoher Bekannte enthält oder sich am ehesten ihm anschließt. So bei Jung die Aktualität und die Regression, bei Adler die egoistischen Motive. Zurückgelassen, als Irrtum verworfen, wird aber gerade das, was an der Psychoanalyse neu ist und ihr eigentümlich zukommt. Auf diesem Wege lassen sich die revolutionären Vorstöße der unbequemen Psychoanalyse am leichtesten zurückweisen.

Es ist nicht überflüssig hervorzuheben, daß keines der Momente, welche die gegnerische Auffassung zum Verständnis der Kindheitsszenen heranzieht, von Jung als Neuheit gelehrt zu werden

---

[1] Ich ziehe aus guten Gründen vor zu sagen: Die Abwendung der Libido von den aktuellen Konflikten.

brauchte. Der aktuelle Konflikt, die Abwendung von der Realität, die Ersatzbefriedigung in der Phantasie, die Regression auf Material der Vergangenheit, dies alles hat, und zwar in der nämlichen Zusammenfügung, vielleicht mit geringer Abänderung der Terminologie, von jeher einen integrierenden Bestandteil meiner eigenen Lehre gebildet. Es war nicht das Ganze derselben, nur der Anteil der Verursachung, der von der Realität her zur Neurosenbildung in regressiver Richtung einwirkt. Ich habe daneben noch Raum gelassen für einen zweiten progredienten Einfluß, der von den Kindheitseindrücken her wirkt, der vom Leben zurückweichenden Libido den Weg weist und die sonst unerklärliche Regression auf die Kindheit verstehen läßt. So wirken die beiden Momente nach meiner Auffassung bei der Symptombildung zusammen, aber ein früheres Zusammenwirken scheint mir ebenso bedeutungsvoll. Ich behaupte, daß der **Kindheitseinfluß sich bereits in der Anfangssituation der Neurosenbildung fühlbar macht, indem er in entscheidender Weise mitbestimmt, ob und an welcher Stelle das Individuum in der Bewältigung der realen Probleme des Lebens versagt.**

Im Streit steht also die Bedeutung des infantilen Moments. Die Aufgabe geht dahin, einen Fall zu finden, der diese Bedeutung, jedem Zweifel entzogen, erweisen kann. Ein solcher ist aber der Krankheitsfall, den wir hier so ausführlich behandeln, der durch den Charakter ausgezeichnet ist, daß der Neurose im späteren Leben eine Neurose in frühen Jahren der Kindheit vorhergeht. Gerade darum habe ich ja diesen Fall zur Mitteilung gewählt. Sollte jemand ihn etwa darum ablehnen wollen, weil ihm die Tierphobie nicht wichtig genug erscheint, um als selbständige Neurose anerkannt zu werden, so will ich ihn darauf verweisen, daß ohne Intervall an diese Phobie ein Zwangszeremoniell, Zwangshandlungen und Gedanken anschließen, von denen in den folgenden Abschnitten dieser Schrift die Rede sein wird.

Eine neurotische Erkrankung im vierten und fünften Jahr der Kindheit beweist vor allem, daß die infantilen Erlebnisse für sich allein im stande sind, eine Neurose zu produzieren, ohne daß es dazu der Flucht vor einer im Leben gestellten Aufgabe bedürfte. Man wird einwenden, daß auch an das Kind unausgesetzt Aufgaben herantreten, denen es sich vielleicht entziehen möchte. Das ist richtig, aber das Leben eines Kindes vor der Schulzeit ist leicht zu übersehen, man kann ja untersuchen, ob sich eine die Verursachung der Neurose bestimmende „Aufgabe" darin findet. Man entdeckt aber nichts anderes als Triebregungen, deren Befriedigung dem Kind unmöglich, deren Bewältigung es nicht gewachsen ist, und die Quellen, aus denen diese fließen.

Die enorme Verkürzung des Intervalls zwischen dem Ausbruch der Neurose und der Zeit der in Rede stehenden Kindheitserlebnisse läßt, wie zu erwarten stand, das regressive Stück der Verursachung aufs äußerste einschrumpfen und bringt den progredienten Anteil derselben, den Einfluß früherer Eindrücke, unverdeckt zum Vorschein. Von diesem Verhältnis wird diese Krankengeschichte, wie ich hoffe, ein deutliches Bild geben. Auf die Frage nach der Natur der Urszenen oder frühesten in der Analyse eruierten Kindheitserlebnisse gibt die Kindheitsneurose noch aus anderen Gründen eine entscheidende Antwort.

Nehmen wir als unwidersprochene Voraussetzung an, daß eine solche Urszene technisch richtig entwickelt worden sei, daß sie unerläßlich sei zur zusammenfassenden Lösung aller Rätsel, welche uns die Symptomatik der Kindheitserkrankung aufgibt, daß alle Wirkungen von ihr ausstrahlen, wie alle Fäden der Analyse zu ihr hingeführt haben, so ist es mit Rücksicht auf ihren Inhalt unmöglich, daß sie etwas anderes sei als die Reproduktion einer vom Kinde erlebten Realität. Denn das Kind kann wie auch der Erwachsene Phantasien nur produzieren mit irgendwo erworbenem Material; die Wege dieser Erwerbung sind dem Kinde zum Teil (wie die Lektüre) verschlossen, der für die Erwerbung zu Gebote stehende Zeitraum ist kurz und leicht nach solchen Quellen zu durchforschen.

In unserem Falle enthält die Urszene das Bild des geschlechtlichen Verkehrs zwischen den Eltern in einer für gewisse Beobachtungen besonders günstigen Stellung. Es würde nun gar nichts für die Realität dieser Szene beweisen, wenn wir sie bei einem Kranken fänden, dessen Symptome, also die Wirkungen der Szene, irgendwann in seinem späteren Leben hervorgetreten wären. Ein solcher kann zu den verschiedensten Zeitpunkten des langen Intervalls die Eindrücke, Vorstellungen und Kenntnisse erworben haben, die er dann in ein Phantasiebild verwandelt, in seine Kindheit zurückprojiziert und an seine Eltern heftet. Aber wenn die Wirkungen einer solchen Szene im vierten und fünften Lebensjahr hervortreten, so muß das Kind diese Szene in noch früherem Alter mitangesehen haben. Dann bleiben aber alle die befremdenden Folgerungen aufrecht, die sich uns aus der Analyse der infantilen Neurose ergeben haben. Es sei denn, es wolle jemand annehmen, der Patient habe nicht nur diese Urszene unbewußt phantasiert, sondern ebenso seine Charakterveränderung, seine Wolfsangst und seinen religiösen Zwang konfabuliert, welcher Auskunft aber sein sonstiges nüchternes Wesen und die direkte Tradition in seiner Familie widersprechen würde. Es muß also dabei bleiben, — ich sehe keine andere Möglichkeit, — entweder ist die von seiner Kindheitsneurose ausgehende Analyse überhaupt ein Wahnwitz, oder es ist alles so richtig, wie ich es oben dargestellt habe.

Wir haben an einer früheren Stelle auch an der Zweideutigkeit Anstoß genommen, daß des Patienten Vorliebe für die weiblichen Nates und für den Koitus in derjenigen Stellung, bei der diese besonders hervortreten, eine Ableitung von dem beobachteten Koitus der Eltern zu fordern schien, während doch solche Bevorzugung ein allgemeiner Zug der zur Zwangsneurose disponierten archaischen Konstitutionen ist. Hier bietet sich eine nahe liegende Auskunft, die den Widerspruch als Überdeterminierung löst. Die Person, an welcher er diese Position beim Koitus beobachtet, war doch sein leiblicher Vater, von dem er diese konstitutionelle Vorliebe auch ererbt haben konnte. Weder die spätere Krankheit des Vaters noch die Familiengeschichte sprechen dagegen; ein Vatersbruder ist, wie bereits erwähnt, in einem Zustand gestorben, der als Ausgang eines schweren Zwangsleidens aufgefaßt werden muß.

Wir erinnern uns in diesem Zusammenhange, daß die Schwester bei der Verführung des $3\,^1/_4$ jährigen Knaben gegen die brave alte Kinderfrau die sonderbare Verleumdung ausgesprochen, sie stelle alle Leute auf den Kopf und greife ihnen dann an die Genitalien.[1] Es mußte sich uns da die Idee aufdrängen, daß vielleicht auch die Schwester in ähnlich zartem Alter dieselbe Szene mitangesehen wie später der Bruder und sich daher die Anregung für das Auf-den-Kopf-stellen beim sexuellen Akt geholt hätte. Diese Annahme brächte auch einen Hinweis auf eine Quelle ihrer eigenen sexuellen Voreiligkeit.

[Ich hatte ursprünglich nicht die Absicht, die Diskussion über den Realwert der „Urszenen" an dieser Stelle weiter zu führen, aber da ich unterdes veranlaßt worden bin, dieses Thema in meinen „Vorlesungen zur Einführung in die Psychoanalyse" in breiterem Zusammenhange und nicht mehr in polemischer Absicht zu behandeln, so wäre es irreführend, wollte ich die Anwendung der dort bestimmenden Gesichtspunkte auf den uns hier vorliegenden Fall unterlassen. Ich setze also ergänzend und berichtigend fort: Es ist doch noch eine andere Auffassung der dem Traume zu Grunde liegenden Urszene möglich, welche die vorhin getroffene Entscheidung um ein gutes Stück ablenkt und uns mancher Schwierigkeiten überhebt. Die Lehre, welche die Infantilszenen zu regressiven Symbolen herabdrücken will, wird zwar auch bei dieser Modifikation nichts gewinnen; sie scheint mir

---

1) Vgl. S. 43.

überhaupt durch diese — wie durch jede andere — Analyse einer Kinderneurose endgültig erledigt. Ich meine nämlich, man kann sich den Sachverhalt auch in folgender Art zurechtlegen. Auf die Annahme, daß das Kind einen Koitus beobachtet, durch dessen Anblick es die Überzeugung gewonnen, daß die Kastration mehr sein könne als eine leere Drohung, können wir nicht verzichten; auch läßt uns die Bedeutung, welche späterhin den Stellungen von Mann und Weib für die Angstentwicklung und als Liebesbedingung zukommt, keine andere Wahl, als zu schließen, es müsse ein *coitus a tergo, more ferarum,* gewesen sein. Aber ein anderes Moment ist nicht so unersetzlich und mag fallen gelassen werden. Es war vielleicht nicht ein Koitus der Eltern, sondern ein Tierkoitus, den das Kind beobachtet und dann auf die Eltern geschoben, als ob es erschlossen hätte, die Eltern machten es auch nicht anders.

Dieser Auffassung kommt vor allem zu gute, daß die Wölfe des Traumes ja eigentlich Schäferhunde sind und auch in der Zeichnung als solche erscheinen. Kurz vor dem Traum war der Knabe wiederholt zu den Schafherden mitgenommen worden, wo er solche große weiße Hunde sehen und sie wahrscheinlich auch beim Koitus beobachten konnte. Ich möchte auch die Dreizahl, die der Träumer ohne jede weitere Motivierung hinstellte, hieher beziehen und annehmen, es sei ihm im Gedächtnis geblieben, daß er drei solcher Beobachtungen an den Schäferhunden gemacht. Was in der erwartungsvollen Erregtheit seiner Traumnacht hinzukam, war dann die Übertragung des kürzlich gewonnenen Erinnerungsbildes mit allen seinen Einzelheiten auf die Eltern, wodurch aber erst jene mächtigen Affektwirkungen ermöglicht wurden. Es gab jetzt ein nachträgliches Verständnis jener vielleicht vor wenigen Wochen oder Monaten empfangenen Eindrücke, ein Vorgang, wie ihn vielleicht jeder von uns an sich selbst erlebt haben mag. Die Übertragung von den koitierenden Hunden auf die Eltern vollzog sich nun nicht mittels eines an

Worte gebundenen Schlußverfahrens, sondern indem eine reale
Szene vom Beisammensein der Eltern in der Erinnerung aufgesucht wurde, welche sich mit der Koitussituation verschmelzen
ließ. Alle in der Traumanalyse behaupteten Details der Szene
mochten genau reproduziert sein. Es war wirklich an einem
Sommernachmittag, während das Kind an Malaria litt, die Eltern
waren in weißer Kleidung beide anwesend, als das Kind aus
seinem Schlaf erwachte, aber — die Szene war harmlos. Das
Übrige hatte der spätere Wunsch des Wißbegierigen, auch die
Eltern bei ihrem Liebesverkehr zu belauschen, auf Grund seiner
Erfahrungen an den Hunden hinzugefügt, und nun entfaltete die
so phantasierte Szene alle die Wirkungen, die wir ihr nachgesagt
haben, die nämlichen, als ob sie durchaus real gewesen und nicht
aus zwei Bestandteilen, einem früheren indifferenten und einem
späteren, höchst eindrucksvollen, zusammengekleistert worden wäre.

Es ist sofort ersichtlich, um wieviel das Maß der uns zuge-
muteten Glaubensleistung erleichtert wird. Wir brauchen nicht
mehr anzunehmen, daß die Eltern den Koitus in Gegenwart des,
wenn auch sehr jugendlichen, Kindes vollzogen haben, was für
viele von uns eine unliebsame Vorstellung ist. Der Betrag der
Nachträglichkeit wird sehr herabgesetzt; sie bezieht sich jetzt nur
auf einige Monate des vierten Lebensjahres und greift überhaupt
nicht in die dunkeln ersten Kindheitsjahre zurück. An dem Verhalten des Kindes, welches von den Hunden auf die Eltern überträgt und sich vor dem Wolf anstatt vor dem Vater fürchtet,
bleibt kaum etwas Befremdliches. Es befindet sich ja in der Ent-
wicklungphase seiner Weltanschauung, die in „Totem und Tabu"
als die Wiederkehr des Totemismus gekennzeichnet worden ist.
Die Lehre, welche die Urszenen der Neurosen durch Zurückphantasieren aus späteren Zeiten aufklären will, scheint in unserer
Beobachtung trotz des zarten Alters von vier Jahren bei unserem
Neurotiker eine starke Unterstützung zu finden. So jung er ist,
so hat er es doch zu stande gebracht, einen Eindruck aus dem

vierten Jahr durch ein phantasiertes Trauma mit 1 ½ Jahren zu ersetzen; diese Regression erscheint aber weder rätselhaft noch tendenziös. Die Szene, die herzustellen war, mußte gewisse Bedingungen erfüllen, welche infolge der Lebensumstände des Träumers gerade nur in dieser frühen Zeit zu finden waren, wie z. B. die eine, daß er sich im Schlafzimmer der Eltern im Bette befand.

Für die Richtigkeit der hier vorgeschlagenen Auffassung wird es aber den meisten Lesern geradezu entscheidend scheinen, was ich aus den analytischen Ergebnissen an anderen Fällen hinzugeben kann. Die Szene einer Beobachtung des Sexualverkehrs der Eltern in sehr früher Kindheit — sei sie nun reale Erinnerung oder Phantasie — ist in den Analysen neurotischer Menschenkinder wahrlich keine Seltenheit. Vielleicht findet sie sich ebenso häufig bei den nicht neurotisch Gewordenen. Vielleicht gehört sie zum regelmäßigen Bestand ihres — bewußten oder unbewußten — Erinnerungsschatzes. So oft ich aber eine solche Szene durch Analyse entwickeln konnte, zeigte sie dieselbe Eigentümlichkeit, die uns auch bei unserem Patienten stutzig machte, sie bezog sich auf den *coitus a tergo*, der allein dem Zuschauer die Inspektion der Genitalien ermöglicht. Da braucht man wohl nicht länger zu bezweifeln, daß es sich nur um eine Phantasie handelt, die vielleicht regelmäßig durch die Beobachtung des tierischen Sexualverkehrs angeregt wird. Ja noch mehr; ich habe angedeutet, daß meine Darstellung der „Urszene" unvollständig geblieben ist, indem ich mir für später aufsparte mitzuteilen, auf welche Weise das Kind den Verkehr der Eltern stört. Ich muß jetzt hinzufügen, daß auch die Art dieser Störung in allen Fällen die nämliche ist.

Ich kann mir denken, daß ich mich jetzt schweren Verdächtigungen von Seiten der Leser dieser Krankengeschichte ausgesetzt habe. Wenn mir diese Argumente zu Gunsten einer solchen Auffassung der „Urszene" zu Gebote standen, wie könnte ich es überhaupt verantworten, zuerst eine so absurd erscheinende andere zu vertreten? Oder sollte ich im Intervall zwischen der ersten Niederschrift der Krankengeschichte und diesem Zusatz jene neuen Erfahrungen gemacht haben, die mich zur Abänderung meiner anfänglichen Auffassung genötigt haben, und wollte dies aus irgend welchen Motiven nicht eingestehen? Ich gestehe dafür etwas anderes ein: daß ich die Absicht habe, die Diskussion über den Realwert der Urszene diesmal mit einem *non liquet* zu beschließen. Diese Krankengeschichte ist noch nicht zu Ende; in ihrem weiteren Verlauf wird ein Moment auftauchen, welches die Sicherheit stört, deren wir uns jetzt zu erfreuen glauben. Dann wird wohl nichts anderes übrig bleiben als der Verweis auf die Stellen in meinen „Vorlesungen", in denen ich das Problem der Urphantasien oder Urszenen behandelt habe.]

VI

DIE ZWANGSNEUROSE

Zum drittenmal erfuhr er nun eine Beeinflussung, die seine Entwicklung in entscheidender Weise abänderte. Als er $4^1/_2$ Jahre alt war und sein Zustand von Reizbarkeit und Ängstlichkeit sich noch immer nicht gebessert hatte, entschloß sich die Mutter, ihn mit der biblischen Geschichte bekannt zu machen, in der Hoffnung, ihn so abzulenken und zu erheben. Es gelang ihr auch, die Einführung der Religion machte der bisherigen Phase ein Ende, brachte aber eine Ablösung der Angstsymptome durch Zwangssymptome mit sich. Er hatte bisher nicht leicht einschlafen können, weil er fürchtete, ähnlich schlechte Dinge zu träumen wie in jener Nacht vor Weihnachten: er mußte jetzt vor dem Zubettgehen alle Heiligenbilder im Zimmer küssen, Gebete hersagen und ungezählte Kreuze über seine Person und sein Lager schlagen.

Seine Kindheit gliedert sich uns nun übersichtlich in folgende Epochen: erstens die Vorzeit bis zur Verführung ($3^1/_4$ J.), in welche die Urszene fällt, zweitens die Zeit der Charakterveränderung bis zum Angsttraum (4 J.), drittens die Tierphobie bis zur Einführung in die Religion ($4^1/_2$ J.), und von da an die der Zwangsneurose bis nach dem zehnten Jahr. Eine momentane und glatte Ersetzung einer Phase durch die nächstfolgende liegt weder in der Natur der Verhältnisse, noch in der unseres Patienten, für den im Gegenteil die Erhaltung alles Vorangegangenen und die

Koexistenz der verschiedenartigsten Strömungen charakteristisch waren. Die Schlimmheit schwand nicht, als die Angst auftrat, und setzte sich langsam abnehmend in die Zeit der Frömmigkeit fort. Von der Wolfsphobie ist aber in dieser letzten Phase nicht mehr die Rede. Die Zwangsneurose verlief diskontinuierlich; der erste Anfall war der längste und intensivste, andere traten zu acht und zehn Jahren auf, jedesmal nach Veranlassungen, die in ersichtlicher Beziehung zum Inhalt der Neurose standen. Die Mutter erzählte ihm die heilige Geschichte selbst und ließ ihm außerdem durch die Nanja aus einem Buch, das mit Illustrationen geschmückt war, darüber vorlesen. Das Hauptgewicht bei der Mitteilung fiel natürlich auf die Passionsgeschichte. Die Nanja, die sehr fromm und abergläubisch war, gab ihre Erläuterungen dazu, mußte aber auch alle Einwendungen und Zweifel des kleinen Kritikers anhören. Wenn die Kämpfe, die ihn nun zu erschüttern begannen, schließlich in einen Sieg des Glaubens ausliefen, so war der Einfluß der Nanja nicht unbeteiligt daran.

Was er mir als Erinnerung von seinen Reaktionen auf die Einführung in die Religion mitteilte, traf zunächst auf meinen entschiedenen Unglauben. Das konnten, meinte ich, nicht die Gedanken eines $4^1/_2$—5 jährigen Kindes sein; wahrscheinlich schob er in diese frühe Vergangenheit zurück, was aus dem Nachdenken des bald 30 jährigen Erwachsenen entsprang.[1] Allein der Patient wollte von dieser Korrektur nichts wissen; es gelang nicht, ihn wie bei so vielen anderen Urteilsverschiedenheiten zwischen uns zu überführen; der Zusammenhang seiner erinnerten Gedanken mit seinen berichteten Symptomen sowie deren Einfügung in

---

1) Ich machte auch wiederholt den Versuch, die Geschichte des Kranken wenigstens um ein Jahr vorzuschieben, also die Verführung auf 4 1/4 Jahre, den Traum auf den fünften Geburtstag usw. zu verlegen. An den Intervallen war ja nichts zu gewinnen, allein der Patient blieb auch hierin unbeugsam, ohne mich übrigens vom letzten Zweifel daran befreien zu können. Für den Eindruck, den seine Geschichte macht, und alle daran geknüpften Erörterungen und Folgerungen wäre ein solcher Aufschub um ein Jahr offenbar gleichgültig.

seine sexuelle Entwicklung nötigten mich schließlich, vielmehr
ihm Glauben zu schenken. Ich sagte mir dann auch, daß gerade
die Kritik gegen die Lehren der Religion, die ich dem Kinde
nicht zutrauen wollte, nur von einer verschwindenden Minder-
zahl der Erwachsenen zu stande gebracht wird.

Ich werde nun das Material seiner Erinnerungen vorbringen
und erst dann nach einem Weg suchen, der zum Verständnis
desselben führt.

Der Eindruck, den er von der Erzählung der heiligen Geschichte empfing, war, wie er berichtet, anfangs kein angenehmer.
Er sträubte sich zuerst gegen den Leidenscharakter der Person
Christi, dann gegen den ganzen Zusammenhang seiner Geschichte.
Er richtete seine unzufriedene Kritik gegen Gottvater. Wenn er
allmächtig sei, so sei es seine Schuld, daß die Menschen schlecht
seien und andere quälen, wofür sie dann in die Hölle kommen.
Er hätte sie gut machen sollen; er sei selbst verantwortlich für
alles Schlechte und alle Qualen. Er nahm Anstoß an dem Gebot,
die andere Wange hinzuhalten, wenn man einen Schlag auf die
eine empfangen habe, daran, daß Christus am Kreuz gewünscht
habe, der Kelch solle an ihm vorübergehen, aber auch daran,
daß kein Wunder geschehen sei, um ihn als Gottes Sohn zu erweisen. So war also sein Scharfsinn geweckt und wußte mit un-
erbittlicher Strenge die Schwächen der heiligen Dichtung aus-
zuspüren.

Zu dieser rationalistischen Kritik gesellten sich aber sehr bald
Grübeleien und Zweifel, die uns die Mitarbeit geheimer Regungen
verraten können. Eine der ersten Fragen, die er an die Nanja
richtete, war, ob Christus auch einen Hintern gehabt habe: Die
Nanja gab die Auskunft, er sei ein Gott gewesen und auch ein Mensch.
Als Mensch habe er alles gehabt und getan wie die anderen
Menschen. Das befriedigte ihn nun gar nicht, aber er wußte sich
selbst zu trösten, indem er sich sagte, der Hintere sei ja nur die
Fortsetzung der Beine. Die kaum beschwichtigte Angst, die

heilige Person erniedrigen zu müssen, flammte wieder auf, als ihm die Frage auftauchte, ob Christus auch geschissen habe. Die Frage getraute er sich nicht, der frommen Nanja vorzulegen, aber er fand selbst eine Ausflucht, die sie ihm nicht hätte besser zeigen können. Da Christus Wein aus dem Nichts gemacht, hätte er auch das Essen zu nichts machen und sich so die Defäkation ersparen können.

Wir werden uns dem Verständnis dieser Grübeleien nähern, wenn wir an ein vorhin besprochenes Stück seiner Sexualentwicklung anknüpfen. Wir wissen, daß sich sein Sexualleben seit der Zurückweisung durch die Nanja und die damit verbundene Unterdrückung der beginnenden Genitalbetätigung nach den Richtungen des Sadismus und Masochismus entwickelt hatte. Er quälte, mißhandelte kleine Tiere, phantasierte vom Schlagen der Pferde, anderseits vom Geschlagenwerden des Thronfolgers.[1] Im Sadismus hielt er die uralte Identifizierung mit dem Vater aufrecht, im Masochismus hatte er sich diesen zum Sexualobjekt erkoren. Er befand sich voll in einer Phase der prägenitalen Organisation, in welcher ich die Disposition zur Zwangsneurose erblicke. Durch die Einwirkung jenes Traumes, der ihn unter den Einfluß der Urszene brachte, hätte er den Fortschritt zur genitalen Organisation machen und seinen Masochismus gegen den Vater in feminine Einstellung gegen ihn, in Homosexualität, verwandeln können. Allein dieser Traum brachte den Fortschritt nicht, er ging in Angst aus. Das Verhältnis zum Vater, das von dem Sexualziel, von ihm gezüchtigt zu werden, zum nächsten Ziel hätte führen sollen, vom Vater koitiert zu werden wie ein Weib, wurde durch den Einspruch seiner narzißtischen Männlichkeit auf eine noch primitivere Stufe zurückgeworfen und unter Verschiebung auf einen Vaterersatz als Angst, vom Wolf gefressen zu werden, abgespalten, aber keineswegs auf diese Weise erledigt. Vielmehr können wir dem kompliziert erscheinenden Sachverhalt

---

1) Besonders von Schlägen auf den Penis. S. 50.

nur gerecht werden, wenn wir an der Koexistenz der drei auf den Vater zielenden Sexualstrebungen festhalten. Er war vom Traume an im Unbewußten homosexuell, in der Neurose auf dem Niveau des Kannibalismus; herrschend blieb die frühere masochistische Einstellung. Alle drei Strömungen hatten passive Sexualziele; es war dasselbe Objekt, die nämliche Sexualregung, aber es hatte sich eine Spaltung derselben nach drei verschiedenen Niveaus herausgebildet.

Die Kenntnis der heiligen Geschichte gab ihm nun die Möglichkeit, die vorherrschende masochistische Einstellung zum Vater zu sublimieren. Er wurde Christus, was ihm durch den gleichen Geburtstag besonders erleichtert war. Damit war er etwas Großes geworden und auch — worauf vorläufig noch nicht genug Akzent fiel — ein Mann. In dem Zweifel, ob Christus einen Hintern haben kann, schimmert die verdrängte homosexuelle Einstellung durch, denn die Grübelei konnte nichts anderes bedeuten als die Frage, ob er vom Vater gebraucht werden könne wie ein Weib, wie die Mutter in der Urszene. Wenn wir zur Auflösung der anderen Zwangsideen kommen, werden wir diese Deutung bestätigt finden. Der Verdrängung der passiven Homosexualität entsprach nun das Bedenken, daß es schimpflich sei, die heilige Person mit solchen Zumutungen in Verbindung zu bringen. Man merkt, er bemühte sich, seine neue Sublimierung von dem Zusatz freizuhalten, den sie aus den Quellen des Verdrängten bezog. Aber es gelang ihm nicht.

Wir verstehen es noch nicht, warum er sich nun auch gegen den passiven Charakter Christi und gegen die Mißhandlung durch den Vater sträubte, und damit auch sein bisheriges masochistisches Ideal, selbst in seiner Sublimierung, zu verleugnen begann. Wir dürfen annehmen, daß dieser zweite Konflikt dem Hervortreten der erniedrigenden Zwangsgedanken aus dem ersten Konflikt (zwischen herrschender masochistischer und verdrängter homosexueller Strömung) besonders günstig war, denn es ist nur

natürlich, daß sich in einem seelischen Konflikt alle Gegen-
strebungen, wenn auch aus den verschiedensten Quellen, miteinander summieren. Das Motiv seines Sträubens und somit der
an der Religion geübten Kritik werden wir aus neuen Mitteilungen
kennen lernen.

Aus den Mitteilungen über die heilige Geschichte hatte auch
seine Sexualforschung Gewinn gezogen. Bisher hatte er keinen
Grund zur Annahme gehabt, daß die Kinder nur von der Frau
kommen. Im Gegenteile, die Nanja hatte ihn glauben lassen, er
sei das Kind des Vaters, die Schwester das der Mutter, und diese
nähere Beziehung zum Vater war ihm sehr wertvoll gewesen.
Nun hörte er, daß Maria die Gottesgebärerin hieß. Also kamen
die Kinder von der Frau und die Angabe der Nanja war nicht
mehr zu halten. Ferner wurde er durch die Erzählungen irre
gemacht, wer eigentlich der Vater Christi war. Er war geneigt,
Josef dafür zu halten, denn er hörte ja, daß sie immer mit-
sammen gelebt hatten, aber die Nanja sagte: Josef war nur w i e
sein Vater, der eigentliche Vater sei Gott gewesen. Daraus konnte
er nichts machen. Er verstand nur soviel: wenn man überhaupt
darüber diskutieren konnte, so war das Verhältnis zwischen Vater
und Sohn kein so inniges, wie er sich's immer vorgestellt hatte.

Der Knabe fühlte gewissermaßen die Gefühlsambivalenz gegen
den Vater, die in allen Religionen niedergelegt ist, heraus und
griff seine Religion wegen der Lockerung dieses Vaterverhält-
nisses an. Natürlich hörte seine Opposition bald auf, ein Zweifel
an der Wahrheit der Lehre zu sein, und wandte sich dafür
direkt gegen die Person Gottes. Gott hatte seinen Sohn hart und
grausam behandelt, aber er war nicht besser gegen die Menschen.
Er hatte seinen Sohn geopfert und dasselbe von Abraham gefordert. Er begann Gott zu fürchten.

Wenn er Christus war, so war der Vater Gott. Aber der Gott,
den ihm die Religion aufdrängte, war kein richtiger Ersatz für
den Vater, den er geliebt hatte, und den er sich nicht wollte

rauben lassen. Die Liebe zu diesem Vater schuf ihm seinen kritischen Scharfsinn. Er wehrte sich gegen Gott, um am Vater festhalten zu können, verteidigte dabei eigentlich den alten Vater gegen den neuen. Er hatte da ein schwieriges Stück der Ablösung vom Vater zu vollbringen.

Es war also die alte, in frühester Zeit offenbar gewordene Liebe zu seinem Vater, der er die Energie zur Bekämpfung Gottes und den Scharfsinn zur Kritik der Religion entnahm. Aber anderseits war diese Feindseligkeit gegen den neuen Gott auch kein ursprünglicher Akt, sie hatte ein Vorbild in einer feindseligen Regung gegen den Vater, die unter dem Einfluß des Angsttraumes entstanden war, und war im Grunde nur ein Wiederaufleben derselben. Die beiden gegensätzlichen Gefühlsregungen, die sein ganzes späteres Leben regieren sollten, trafen sich hier zum Ambivalenzkampfe beim Thema der Religion. Was sich aus diesem Kampfe als Symptom ergab, die blasphemischen Ideen, der Zwang, der ihn überfiel, Gott—Dreck, Gott—Schwein zu denken, war darum auch ein richtiges Kompromißergebnis, wie die Analyse dieser Ideen im Zusammenhange der Analerotik uns zeigen wird.

Einige andere Zwangssymptome von minder typischer Art führen ebenso sicher auf den Vater, lassen aber auch den Zusammenhang der Zwangsneurose mit den früheren Zufällen erkennen.

Zu dem Frömmigkeitszeremoniell, mit dem er am Ende seine Gotteslästerungen sühnte, gehörte auch das Gebot, unter gewissen Bedingungen in feierlicher Weise zu atmen. Beim Kreuzeschlagen mußte er jedesmal tief einatmen oder stark aushauchen. Hauch ist in seiner Sprache gleich Geist. Das war also die Rolle des Heiligen Geistes. Er mußte den Heiligen Geist einatmen oder die bösen Geister, von denen er gehört und gelesen hatte,[1] aus-

---

1) Dies Symptom hatte sich, wie wir hören werden, mit dem sechsten Jahr, als er lesen konnte, entwickelt.

atmen. Diesen bösen Geistern schrieb er auch die blasphemischen Gedanken zu, für die er sich soviel Buße auferlegen mußte. Er war aber genötigt auszuhauchen, wenn er Bettler, Krüppel, häßliche, alte, erbarmenswerte Leute sah, und diesen Zwang verstand er nicht, mit den Geistern zusammenzubringen. Er gab sich selbst nur die Rechenschaft, er tue es um nicht zu werden wie diese.

Dann brachte die Analyse im Anschluß an einen Traum die Aufklärung, daß das Ausatmen beim Anblick der bedauernswerten Personen erst nach dem sechsten Jahre begonnen hatte und an den Vater anschloß. Er hatte den Vater lange Monate nicht gesehen, als die Mutter einmal sagte, sie würde mit den Kindern in die Stadt fahren und ihnen etwas zeigen, was sie sehr erfreuen würde. Sie brachte sie dann in ein Sanatorium, in dem sie den Vater wiedersahen; er sah schlecht aus und tat dem Sohne sehr leid. Der Vater war also auch das Urbild all der Krüppel, Bettler und Armen, vor denen er ausatmen mußte, wie er sonst das Urbild der Fratzen ist, die man in Angstzuständen sieht, und der Karikaturen, die man zum Hohne zeichnet. Wir werden noch an anderer Stelle erfahren, daß diese Mitleidseinstellung auf ein besonderes Detail der Urszene zurückgeht, welches so spät in der Zwangsneurose zur Wirkung kam.

Der Vorsatz, nicht zu werden wie diese, der sein Ausatmen vor den Krüppeln motivierte, war also die alte Vateridentifizierung, ins Negativ gewandelt. Doch kopierte er dabei den Vater auch im positiven Sinne, denn das starke Atmen war eine Nachahmung des Geräusches, das er beim Koitus vom Vater ausgehend gehört hatte.[1] Der Heilige Geist dankte seinen Ursprung diesem Zeichen der sinnlichen Erregung des Mannes. Durch die Verdrängung wurde dies Atmen zum bösen Geist, für den noch eine andere Genealogie bestand, die Malaria nämlich, an der er zur Zeit der Urszene gelitten hatte.

---

[1] Die reale Natur der Urszene vorausgesetzt!

Die Ablehnung dieser bösen Geister entsprach einem unverkennbar asketischen Zug, der sich noch in anderen Reaktionen äußerte. Als er hörte, daß Christus einmal böse Geister in Säue gebannt hatte, die dann in einen Abgrund stürzten, dachte er daran, daß die Schwester in ihren ersten Kinderjahren vor seiner Erinnerung vom Klippenweg des Hafens an den Strand herabgerollt war. Sie war auch so ein böser Geist und eine Sau; von hier führte ein kurzer Weg zu Gott—Schwein. Der Vater selbst hatte sich als ebenso von Sinnlichkeit beherrscht erwiesen. Als er die Geschichte der ersten Menschen erfuhr, fiel ihm die Ähnlichkeit seines Schicksals mit dem Adams auf. Er wunderte sich heuchlerischerweise im Gespräch mit der Nanja, daß Adam sich durch ein Weib hatte ins Unglück stürzen lassen, und versprach der Nanja, er werde nie heiraten. Eine Verfeindung mit dem Weibe wegen der Verführung durch die Schwester schaffte sich um diese Zeit starken Ausdruck. Sie sollte ihn in seinem späteren Liebesleben noch oft genug stören. Die Schwester wurde ihm zur dauernden Verkörperung der Versuchung und der Sünde. Wenn er gebeichtet hatte, kam er sich rein und sündenfrei vor. Dann schien es ihm aber, als ob die Schwester darauf lauerte, ihn wieder in Sünde zu stürzen, und ehe er sich's versah, hatte er eine Streitszene mit der Schwester provoziert, durch die er wieder sündig wurde. So war er genötigt, die Tatsache der Verführung immer wieder von Neuem zu reproduzieren. Seine blasphemischen Gedanken hatte er übrigens, so sehr sie ihn drückten, niemals in der Beichte preisgegeben.

Wir sind unversehens in die Symptomatik der späteren Jahre der Zwangsneurose geraten und wollen darum mit Hinwegsetzung über soviel, was dazwischen liegt, über ihren Ausgang berichten. Wir wissen schon, daß sie, von ihrem permanenten Bestand abgesehen, zeitweise Verstärkungen erfuhr, das eine Mal, was uns noch nicht durchsichtig sein kann, als ein Knabe in derselben Straße starb, mit dem er sich identifizieren konnte. Als er zehn

Jahre alt war, bekam er einen deutschen Hofmeister, der sehr
bald großen Einfluß auf ihn gewann. Es ist sehr lehrreich, daß
seine ganze schwere Frömmigkeit dahinschwand, um nie wieder
aufzuleben, nachdem er gemerkt und in belehrenden Gesprächen
mit dem Lehrer erfahren hatte, daß dieser Vaterersatz keinen
Wert auf Frömmigkeit legte und nichts von der Wahrheit der
Religion hielt. Die Frömmigkeit fiel mit der Abhängigkeit vom
Vater, der nun von einem neuen, umgänglicheren Vater abgelöst
wurde. Dies geschah allerdings nicht ohne ein letztes Aufflackern
der Zwangsneurose, von dem der Zwang besonders erinnert
wurde, an die Heilige Dreieinigkeit zu denken, so oft er auf der
Straße drei Häufchen Kot beisammenliegen sah. Er gab eben nie
einer Anregung nach, ohne noch einen Versuch zu machen, das
Entwertete festzuhalten. Als der Lehrer ihm von den Grausam-
keiten gegen die kleinen Tiere abredete, machte er auch diesen
Untaten ein Ende, aber nicht, ohne sich vorher noch einmal im
Zerschneiden von Raupen gründlich genug getan zu haben. Er
benahm sich noch in der analytischen Behandlung ebenso, indem
er eine passagere „negative Reaktion" entwickelte; nach jeder
einschneidenden Lösung versuchte er für eine kurze Weile, deren
Wirkung durch eine Verschlechterung des gelösten Symptoms
zu negieren. Man weiß, daß Kinder sich ganz allgemein ähnlich gegen Verbote benehmen. Wenn man sie angefahren hat,
weil sie z. B. ein unleidliches Geräusch produzieren, so wiederholen sie es nach dem Verbot noch einmal, ehe sie damit aufhören. Sie haben dabei erreicht, daß sie anscheinend freiwillig
aufgehört und dem Verbot getrotzt haben.

Unter dem Einfluß des deutschen Lehrers entstand eine neue
und bessere Sublimierung seines Sadismus, der entsprechend der
nahen Pubertät damals die Oberhand über den Masochismus gewonnen hatte. Er begann fürs Soldatenwesen zu schwärmen, für
Uniformen, Waffen und Pferde, und nährte damit kontinuier-
liche Tagträume. So war er unter dem Einfluß eines Mannes

von seinen passiven Einstellungen losgekommen und befand sich zunächst in ziemlich normalen Bahnen. Eine Nachwirkung der Anhänglichkeit an den Lehrer, der ihn bald darauf verließ, war es, daß er in seinem späteren Leben das deutsche Element (Ärzte, Anstalten, Frauen) gegen das heimische (Vertretung des Vaters) bevorzugte, woraus noch die Übertragung in der Kur großen Vorteil zog.

In die Zeit vor der Befreiung durch den Lehrer fällt noch ein Traum, den ich erwähne, weil er bis zu seinem Auftauchen in der Kur vergessen war. Er sah sich auf einem Pferd reitend von einer riesigen Raupe verfolgt. Er erkannte in dem Traum eine Anspielung auf einen früheren aus der Zeit vor dem Lehrer, den wir längst gedeutet hatten. In diesem früheren Traum sah er den Teufel im schwarzen Gewand und in der aufrechten Stellung, die ihn seinerzeit am Wolf und am Löwen so sehr erschreckt hatte. Mit dem ausgestreckten Finger wies er auf eine riesige Schnecke hin. Er hatte bald erraten, daß dieser Teufel der Dämon aus einer bekannten Dichtung, der Traum selbst die Umarbeitung eines sehr verbreiteten Bildes sei, das den Dämon in einer Liebesszene mit einem Mädchen darstellte. Die Schnecke war an der Stelle des Weibes als exquisit weibliches Sexualsymbol. Durch die zeigende Gebärde des Dämons geleitet, konnten wir bald als den Sinn des Traumes angeben, daß er sich nach jemand sehne, der ihm die letzten noch fehlenden Belehrungen über die Rätsel des Geschlechtsverkehrs geben sollte, wie seinerzeit der Vater in der Urszene die ersten.

Zu dem späteren Traum, in dem das weibliche Symbol durch das männliche ersetzt war, erinnerte er ein bestimmtes Erlebnis kurz vorher. Er ritt eines Tages auf dem Landgut an einem schlafenden Bauern vorüber, neben dem sein Junge lag. Dieser weckte den Vater und sagte ihm etwas, worauf der Vater den Reitenden zu beschimpfen und zu verfolgen begann, so daß er sich rasch auf seinem Pferd entfernte. Dazu die zweite

Erinnerung, daß es auf demselben Gut Bäume gab, die ganz weiß, ganz von Raupen umsponnen waren. Wir verstehen, daß er auch vor der Realisierung der Phantasie die Flucht ergriff, daß der Sohn beim Vater schlafe, und daß er die weißen Bäume heranzog, um eine Anspielung an den Angsttraum von den weißen Wölfen auf dem Nußbaum herzustellen. Es war also ein direkter Ausbruch der Angst vor jener femininen Einstellung zum Mann, gegen die er sich zuerst durch die religiöse Sublimierung geschützt hatte und bald durch die militärische noch wirksamer schützen sollte.

Es wäre aber ein großer Irrtum anzunehmen, daß nach der Aufhebung der Zwangssymptome keine permanenten Wirkungen der Zwangsneurose übrig geblieben wären. Der Prozeß hatte zu einem Sieg des frommen Glaubens über die kritisch forschende Auflehnung geführt und hatte die Verdrängung der homosexuellen Einstellung zur Voraussetzung gehabt. Aus beiden Faktoren ergaben sich dauernde Nachteile. Die intellektuelle Betätigung blieb seit dieser ersten großen Niederlage schwer geschädigt. Es entwickelte sich kein Lerneifer, es zeigte sich nichts mehr von dem Scharfsinn, der seinerzeit im zarten Alter von fünf Jahren die Lehren der Religion kritisch zersetzt hatte. Die während jenes Angsttraumes erfolgte Verdrängung der überstarken Homosexualität reservierte diese bedeutungsvolle Regung für das Unbewußte, erhielt sie so bei der ursprünglichen Zieleinstellung und entzog sie all den Sublimierungen, zu denen sie sich sonst bietet. Es fehlten dem Patienten darum alle die sozialen Interessen, welche dem Leben Inhalt geben. Erst als in der analytischen Kur die Lösung dieser Fesselung der Homosexualität gelang, konnte sich der Sachverhalt zum Besseren wenden, und es war sehr merkwürdig mitzuerleben, wie — ohne direkte Mahnung des Arztes — jedes befreite Stück der homosexuellen Libido eine Anwendung im Leben und eine Anheftung an die großen gemeinsamen Geschäfte der Menschheit suchte.

VII

ANALEROTIK UND KASTRATIONSKOMPLEX

Ich bitte den Leser sich zu erinnern, daß ich diese Geschichte einer infantilen Neurose sozusagen als Nebenprodukt während der Analyse einer Erkrankung im reiferen Alter gewonnen habe. Ich mußte sie also aus noch kleineren Brocken zusammensetzen, als sonst der Synthese zu Gebote stehen. Diese sonst nicht schwierige Arbeit findet eine natürliche Grenze, wo es sich darum handelt, ein vieldimensionales Gebilde in die Ebene der Deskription zu bannen. Ich muß mich also damit begnügen, Gliederstücke vorzulegen, die der Leser zum lebenden Ganzen zusammenfügen mag. Die geschilderte Zwangsneurose entstand, wie wiederholt betont, auf dem Boden einer sadistisch-analen Konstitution. Es war aber bisher nur von dem einen Hauptfaktor, dem Sadismus und seinen Umwandlungen, die Rede. Alles, was die Analerotik betrifft, ist mit Absicht beiseite gelassen worden und soll hier gesammelt nachgetragen werden.

Die Analytiker sind längst einig darüber, daß den vielfachen Triebregungen, die man als Analerotik zusammenfaßt, eine außerordentliche, gar nicht zu überschätzende Bedeutung für den Aufbau des Sexuallebens und der seelischen Tätigkeit überhaupt zukommt. Ebenso, daß eine der wichtigsten Äußerungen der umgebildeten Erotik aus dieser Quelle in der Behandlung des Geldes vorliegt, welcher wertvolle Stoff im Laufe des Lebens das psychische Interesse an sich gezogen hat, das ursprünglich dem Kot, dem Produkt der Analzone, gebührte. Wir haben uns gewöhnt, das Interesse am Gelde, soweit es libidinöser und nicht rationeller Natur ist, auf Exkrementallust zurückzuführen und vom normalen Menschen zu verlangen, daß er sein Verhältnis zum Gelde durchaus von libidinösen Einflüssen frei halte und es nach realen Rücksichten regle.

Bei unserem Patienten war zur Zeit seiner späteren Erkrankung dies Verhältnis in besonders argem Maße gestört, und dies war nicht das Geringste an seiner Unselbständigkeit und Lebensuntüchtigkeit. Er war durch Erbschaft von Vater und Onkel sehr reich geworden, legte manifesterweise viel Wert darauf, für reich zu gelten, und konnte sich sehr kränken, wenn man ihn darin unterschätzte. Aber er wußte nicht, wieviel er besaß, was er verausgabte, was er übrig behielt. Es war schwer zu sagen, ob man ihn geizig oder verschwenderisch heißen sollte. Er benahm sich bald so, bald anders, niemals in einer Art, die auf eine konsequente Absicht hindeuten konnte. Nach einigen auffälligen Zügen, die ich weiter unten anführen werde, konnte man ihn für einen verstockten Geldprotzen halten, der in dem Reichtum den größten Vorzug seiner Person erblickt und Gefühlsinteressen neben Geldinteressen nicht einmal in Betracht ziehen läßt. Aber er schätzte andere nicht nach ihrem Reichtum ein und zeigte sich bei vielen Gelegenheiten vielmehr bescheiden, hilfsbereit und mitleidig. Das Geld war eben seiner bewußten Verfügung entzogen und bedeutete für ihn irgend etwas anderes. Ich habe schon erwähnt (S. 47), daß ich die Art sehr bedenklich fand, wie er sich über den Verlust der Schwester, die in den letzten Jahren sein bester Kamerad geworden war, mit der Überlegung tröstete: Jetzt brauche er die Erbschaft von den Eltern nicht mit ihr zu teilen. Auffälliger vielleicht war noch die Ruhe, mit welcher er dies erzählen konnte, als hätte er kein Verständnis für die so eingestandene Gefühlsroheit. Die Analyse rehabilitierte ihn zwar, indem sie zeigte, daß der Schmerz um die Schwester nur eine Verschiebung erfahren hatte, aber es wurde nun erst recht unverständlich, daß er in der Bereicherung einen Ersatz für die Schwester hatte finden wollen. Sein Benehmen in einem anderen Falle erschien ihm selbst rätselhaft. Nach dem Tode des Vaters wurde das hinterlassene Vermögen zwischen ihm und der Mutter aufgeteilt. Die Mutter verwaltete es und kam seinen Geldansprüchen, wie er selbst zugab, in tadelloser, freigebiger Weise entgegen. Dennoch pflegte jede Besprechung über Geldangelegenheiten zwischen ihnen mit den heftigsten Vorwürfen von seiner Seite zu endigen, daß sie ihn nicht liebe, daß sie daran denke, an ihm zu sparen, und daß sie ihn wahrscheinlich am liebsten tot sehen möchte, um allein über das Geld zu verfügen. Die Mutter beteuerte dann weinend ihre Uneigennützigkeit, er schämte sich und konnte mit Recht versichern, daß er das gar nicht von ihr denke, aber er war sicher, dieselbe Szene bei nächster Gelegenheit zu wiederholen.

Daß der Kot für ihn lange Zeit vor der Analyse Geldbedeutung gehabt hat, geht aus vielen Zufällen hervor, von denen ich zwei mitteilen will. In einer Zeit, da der Darm noch unbeteiligt an seinem Leiden war, besuchte er einmal in einer großen Stadt einen armen Vetter. Als er wegging, machte er sich Vorwürfe, daß er diesen Verwandten nicht mit Geld unterstütze, und bekam unmittelbar darauf den „vielleicht stärksten Stuhldrang seines Lebens". Zwei Jahre später setzte er wirklich diesem Vetter eine Rente aus. Der andere Fall: Mit 18 Jahren während der Vorbereitung zur Maturitätsprüfung besuchte er einen Kollegen und verabredete mit ihm, was die gemeinsame Angst, bei der Prüfung durchzufallen, ratsam erscheinen ließ.[1] Man hatte beschlossen, den Schuldiener zu bestechen, und sein Anteil an der aufzubringenden Summe war natürlicherweise der größte. Auf dem Heimwege dachte er, er wolle gern noch mehr geben,

---

1) Der Patient teilte mit, daß seine Muttersprache die im Deutschen bekannte Verwendung des Wortes „Durchfall" zur Bezeichnung von Darmstörungen nicht kennt.

wenn er nur durchkomme, wenn ihm bei der Prüfung nur nichts passiere, und wirklich passierte ihm ein anderes Malheur, ehe er noch bei seiner Haustüre war.[1]

Wir sind darauf vorbereitet zu hören, daß er in seiner späteren Erkrankung an sehr hartnäckigen, wenn auch mit verschiedenen Anlässen schwankenden Störungen der Darmfunktion litt. Als er in meine Behandlung trat, hatte er sich an Lavements gewöhnt, die ihm ein Begleiter machte; spontane Entleerungen kamen Monate hindurch nicht vor, wenn nicht eine plötzliche Erregung von einer bestimmten Seite her dazukam, in deren Folge sich normale Darmtätigkeit für einige Tage herstellen konnte. Seine Hauptklage war, daß die Welt für ihn in einen Schleier gehüllt sei, oder er durch einen Schleier von der Welt getrennt sei. Dieser Schleier zerriß nur in dem einen Moment, wenn beim Lavement der Darminhalt den Darm verließ, und dann fühlte er sich auch wieder gesund und normal.[2]

Der Kollege, an den ich den Patienten zur Begutachtung seines Darmzustandes wies, war einsichtsvoll genug, denselben für einen funktionellen oder selbst psychisch bedingten zu erklären, und sich eingreifender Medikation zu enthalten. Übrigens nützte weder diese noch die angeordnete Diät. In den Jahren der analytischen Behandlung gab es keinen spontanen Stuhlgang (von jenen plötzlichen Beeinflussungen abgesehen). Der Kranke ließ sich überzeugen, daß jede intensivere Bearbeitung des störrischen Organs den Zustand noch verschlimmern würde, und gab sich damit zufrieden, ein- oder zweimal in der Woche durch ein Lavement oder ein Abführmittel eine Darmentleerung zu erzwingen.

Ich habe bei der Besprechung der Darmstörungen dem späteren Krankheitszustand des Patienten einen breiteren Raum gelassen,

---

1) Diese Redensart ist in der Muttersprache des Patienten gleichsinnig wie im Deutschen.

2) Dieselbe Wirkung, ob er das Lavement von einem anderen machen ließ oder es selbst besorgte.

als es sonst im Plane dieser mit seiner Kindheitsneurose beschäftigten Arbeit liegt. Dafür waren zwei Gründe maßgebend, erstens, daß die Darmsymptomatik sich eigentlich wenig verändert aus der Kinderneurose in die spätere fortgesetzt hatte, und zweitens, daß ihr bei der Beendigung der Behandlung eine Hauptrolle zufiel. Man weiß, welche Bedeutung der Zweifel für den Arzt hat, der eine Zwangsneurose analysiert. Er ist die stärkste Waffe des Kranken, das bevorzugte Mittel seines Widerstandes. Dank diesem Zweifel konnte auch unser Patient, hinter einer respektvollen Indifferenz verschanzt, Jahre hindurch die Bemühungen der Kur von sich abgleiten lassen. Es änderte sich nichts, und es fand sich kein Weg, ihn zu überzeugen. Endlich erkannte ich die Bedeutung der Darmstörung für meine Absichten; sie repräsentierte das Stückchen Hysterie, welches regelmäßig zu Grunde einer Zwangsneurose gefunden wird. Ich versprach dem Patienten die völlige Herstellung seiner Darmtätigkeit, machte seinen Unglauben durch diese Zusage offenkundig, und hatte dann die Befriedigung, seinen Zweifel schwinden zu sehen, als der Darm wie ein hysterisch affiziertes Organ bei der Arbeit „mitzusprechen" begann, und im Laufe weniger Wochen seine normale, so lange beeinträchtigte Funktion wiedergefunden hatte.

Ich kehre nun zur Kindheit des Patienten zurück, in eine Zeit, zu welcher der Kot unmöglich Geldbedeutung für ihn gehabt haben kann.

Darmstörungen sind sehr frühzeitig bei ihm aufgetreten, vor allem die häufigste und für das Kind normalste, die Inkontinenz. Wir haben aber gewiß recht, wenn wir für diese frühesten Vorfälle eine pathologische Erklärung ablehnen und in ihnen nur einen Beweis für die Absicht sehen, sich in der an die Entleerungsfunktion geknüpften Lust nicht stören oder aufhalten zu lassen. Ein starkes Vergnügen an analen Witzen und Schaustellungen, wie es sonst der natürlichen Derbheit mancher Gesellschaftsklassen entspricht, hatte sich bei ihm über den Beginn der späteren Erkrankung erhalten.

Zur Zeit der englischen Gouvernante traf es sich wiederholt, daß er und die Nanja das Schlafzimmer der Verhaßten teilen mußten. Die Nanja konstatierte dann mit Verständnis, daß er gerade in diesen Nächten ins Bett gemacht hatte, was sonst nicht mehr der Fall gewesen war. Er schämte sich dessen gar nicht; es war eine Äußerung des Trotzes gegen die Gouvernante.

Ein Jahr später (zu 4.$^1/_2$ Jahren), in der Angstzeit, passierte es ihm, daß er bei Tage die Hose schmutzig machte. Er schämte sich entsetzlich, und jammerte, als er gereinigt wurde: er könne so nicht mehr leben. Dazwischen hatte sich also etwas verändert, auf dessen Spur wir durch die Verfolgung seiner Klage geführt wurden. Es stellte sich heraus, daß er die Worte: so könne er nicht mehr leben, jemand anderem nachgeredet hatte. Irgend einmal[1] hatte ihn die Mutter mitgenommen, während sie den Arzt, der sie besucht hatte, zur Bahnstation begleitete. Sie klagte während dieses Weges über ihre Schmerzen und Blutungen und brach in die nämlichen Worte aus: So kann ich nicht mehr leben, ohne zu erwarten, daß das an der Hand geführte Kind sie im Gedächtnis behalten werde. Die Klage, die er übrigens in seiner späteren Krankheit ungezählte Male wiederholen sollte, bedeutete also eine — Identifizierung mit der Mutter.

Ein der Zeit und dem Inhalt nach fehlendes Mittelglied zwischen beiden Vorfällen stellte sich bald in der Erinnerung ein. Es geschah einmal zu Beginn seiner Angstzeit, daß die besorgte Mutter Warnungen ausgehen ließ, die Kinder vor der Dysenterie zu behüten, die in der Nähe des Gutes aufgetreten war. Er erkundigte sich, was das sei, und als er gehört hatte, bei der Dysenterie finde man Blut im Stuhl, wurde er sehr ängstlich und behauptete, daß auch in seinem Stuhlgang Blut sei; er fürchtete, an der Dysenterie zu sterben, ließ sich aber durch die Untersuchung überzeugen, daß er sich geirrt habe und nichts zu

---

1) Es ist nicht näher bestimmt worden, wann es war, aber jedenfalls vor dem Angsttraum mit vier Jahren, wahrscheinlich vor der Reise der Eltern.

fürchten brauche. Wir verstehen, daß sich in dieser Angst die Identifizierung mit der Mutter durchsetzen wollte, von deren Blutungen er im Gespräch mit dem Arzt gehört hatte. Bei seinem späteren Identifizierungsversuch (mit $4^{1}/_{2}$ Jahren) hatte er das Blut fallen gelassen; er verstand sich nicht mehr, vermeinte sich zu schämen und wußte nicht, daß er von Todesangst geschüttelt wurde, die sich in seiner Klage aber unzweideutig verriet.

Die unterleibsleidende Mutter war damals überhaupt ängstlich für sich und die Kinder; es ist durchaus wahrscheinlich, daß seine Ängstlichkeit sich neben ihren eigenen Motiven auf die Identifizierung mit der Mutter stützte.

Was sollte nun die Identifizierung mit der Mutter bedeuten?

Zwischen der kecken Verwendung der Inkontinenz mit $3^{1}/_{2}$ Jahren und dem Entsetzen vor ihr mit $4^{1}/_{2}$ Jahren liegt der Traum, mit dem seine Angstzeit begann, der ihm nachträgliches Verständnis der mit $1^{1}/_{2}$ Jahren erlebten Szene[1] und Aufklärung über die Rolle der Frau beim Geschlechtsakt brachte. Es liegt nahe, auch die Wandlung in seinem Verhalten gegen die Defäkation mit dieser großen Umwälzung zusammenzubringen. Dysenterie war ihm offenbar der Name der Krankheit, über die er die Mutter klagen gehört hatte, mit der man nicht leben könne; die Mutter galt ihm nicht als unterleibs-, sondern als darmkrank. Unter dem Einfluß der Urszene erschloß sich ihm der Zusammenhang, daß die Mutter durch das, was der Vater mit ihr vorgenommen,[2] krank geworden sei, und seine Angst, Blut im Stuhle zu haben, ebenso krank zu sein wie die Mutter, war die Ablehnung der Identifizierung mit der Mutter in jener sexuellen Szene, dieselbe Ablehnung, mit der er aus dem Traum erwacht war. Die Angst war aber auch der Beweis, daß er in der späteren Bearbeitung der Urszene sich an die Stelle der Mutter gesetzt, ihr diese Beziehung zum Vater geneidet hatte. Das Organ, an dem sich die

---

1) Siehe vorhin Seite 72.
2) Wobei er ja wahrscheinlich nicht irre ging.

Identifizierung mit dem Weibe, die passiv homosexuelle Einstellung zum Manne äußern konnte, war die Analzone. Die Störungen in der Funktion dieser Zone hatten nun die Bedeutung von femininen Zärtlichkeitsregungen bekommen und behielten sie auch während der späteren Erkrankung bei.

An dieser Stelle müssen wir nun einen Einwand anhören, dessen Diskussion viel zur Klärung der scheinbar verworrenen Sachlage beitragen kann. Wir haben ja annehmen müssen, daß er während des Traumvorganges verstanden, das Weib sei kastriert, habe anstatt des männlichen Gliedes eine Wunde, die dem Geschlechtsverkehr diene, die Kastration sei die Bedingung der Weiblichkeit, und dieses drohenden Verlustes wegen habe er die feminine Einstellung zum Manne verdrängt und sei mit Angst aus der homosexuellen Schwärmerei erwacht. Wie verträgt sich dies Verständnis des Geschlechtsverkehrs, diese Anerkennung der Vagina, mit der Auswahl des Darmes zur Identifizierung mit dem Weib? Ruhen die Darmsymptome nicht auf der wahrscheinlich älteren, der Kastrationsangst voll widersprechenden Auffassung, daß der Darmausgang die Stelle des sexuellen Verkehrs sei?

Gewiß, dieser Widerspruch besteht, und die beiden Auffassungen vertragen sich gar nicht miteinander. Die Frage ist nur, ob sie sich zu vertragen brauchen. Unser Befremden rührt daher, daß wir immer geneigt sind, die unbewußten seelischen Vorgänge wie die bewußten zu behandeln und an die tiefgehenden Verschiedenheiten der beiden psychischen Systeme zu vergessen.

Als die erregte Erwartung des Weihnachtstraumes ihm das Bild des einst beobachteten (oder konstruierten) Geschlechtsverkehres der Eltern vorzauberte, trat gewiß zuerst die alte Auffassung desselben auf, derzufolge die das Glied aufnehmende Körperstelle des Weibes der Darmausgang war. Was konnte er auch anderes geglaubt haben, als er mit $1^{1}/_{2}$ Jahren Zuschauer dieser Szene war?[1] Aber nun kam das, was sich mit vier Jahren

---

1) Oder solange er den Koitus der Hunde nicht verstand.

neu ereignete. Seine seitherigen Erfahrungen, die vernommenen Andeutungen der Kastration, wachten auf und warfen einen Zweifel auf die „Kloakentheorie", legten ihm die Erkenntnis des Geschlechtsunterschiedes und der sexuellen Rolle des Weibes nahe. Er benahm sich dabei, wie sich überhaupt Kinder benehmen, denen man eine unerwünschte Aufklärung — eine sexuelle oder andersartige — gibt. Er verwarf das Neue — in unserem Falle aus Motiven der Kastrationsangst — und hielt am Alten fest. Er entschied sich für den Darm gegen die Vagina in derselben Weise und aus ähnlichen Motiven, wie er später gegen Gott für den Vater Partei nahm. Die neue Aufklärung wurde abgewiesen, die alte Theorie festgehalten; die letztere durfte das Material für die Identifizierung mit dem Weib abgeben, die später als Angst vor dem Darmtod auftrat, und für die ersten religiösen Skrupel, ob Christus einen Hintern gehabt habe u. dgl. Nicht als ob die neue Einsicht wirkungslos geblieben wäre; ganz im Gegenteile, sie entfaltete eine außerordentlich starke Wirkung, indem sie zum Motiv wurde, den ganzen Traumvorgang in der Verdrängung zu erhalten und von späterer bewußter Verarbeitung auszuschließen. Aber damit war ihre Wirkung erschöpft; auf die Entscheidung des sexuellen Problems nahm sie keinen Einfluß. Es war freilich ein Widerspruch, daß von da an Kastrationsangst bestehen konnte neben der Identifizierung mit dem Weib mittels des Darmes, aber doch nur ein logischer Widerspruch, was nicht viel besagt. Der ganze Vorgang ist vielmehr jetzt charakteristisch dafür, wie das Unbewußte arbeitet. Eine Verdrängung ist etwas anderes als eine Verwerfung.

Als wir die Genese der Wolfsphobie studierten, verfolgten wir die Wirkung der neuen Einsicht in den geschlechtlichen Akt; jetzt, wo wir die Störungen der Darmtätigkeit untersuchen, befinden wir uns auf dem Boden der alten Kloakentheorie. Die beiden Standpunkte bleiben durch eine Verdrängungsstufe voneinander getrennt. Die durch den Verdrängungsakt abgewiesene weibliche Einstellung zum Manne zieht sich gleichsam in die Darmsymptomatik zurück und äußert sich in den häufig auftretenden Diarrhöen, Obstipationen und Darmschmerzen der Kinderjahre. Die späteren sexuellen Phantasien, die auf der Grundlage richtiger Sexualerkenntnis aufgebaut sind, können sich nun in regressiver Weise als Darmstörungen äußern. Wir verstehen dieselben aber nicht, ehe wir den Bedeutungswandel des Kotes seit den ersten Kindheitstagen aufgedeckt haben.[1]

Ich habe an einer früheren Stelle erraten lassen, daß vom Inhalt der Urszene ein Stück zurückgehalten ist, das ich nun nachtragen kann. Das Kind unterbrach endlich das Beisammensein der Eltern durch eine Stuhlentleerung, die sein Geschrei motivieren konnte. Für die Kritik dieses Zusatzes gilt alles das, was ich vorhin von dem anderen Inhalt derselben Szene in Diskussion gezogen habe. Der Patient akzeptierte diesen von mir konstruierten Schlußakt und schien ihn durch „passagere Symptombildung“ zu bestätigen. Ein weiterer Zusatz, den ich vorgeschlagen hatte, daß der Vater über die Störung unzufrieden seinem Unmut durch Schimpfen Luft gemacht hatte, mußte wegfallen. Das Material der Analyse reagierte nicht darauf.

Das Detail, das ich jetzt hinzugefügt habe, darf natürlich mit dem anderen Inhalt der Szene nicht in eine Linie gestellt werden. Es handelt sich bei ihm nicht um einen Eindruck von außen, dessen Wiederkehr man in soviel späteren Zeichen zu erwarten hat, sondern um eine eigene Reaktion des Kindes. Es würde sich an der ganzen Geschichte nichts ändern, wenn diese Äußerung damals unterblieben oder wenn sie von später her in den Vorgang der Szene eingesetzt wäre. Ihre Auffassung ist aber nicht zweifelhaft. Sie bedeutet eine Erregtheit der Analzone (im weitesten Sinne). In anderen Fällen ähnlicher Art hat eine solche Beobachtung des Sexualverkehrs mit einer Harnentleerung geendigt; ein erwachsener Mann würde unter den gleichen Ver-

---

1) Vgl.: Über Triebumsetzungen usw. [Bd. X. der Gesamtausgabe.]

hältnissen eine Erektion verspüren. Daß unser Knäblein als Zeichen seiner sexuellen Erregung eine Darmentleerung produziert, ist als Charakter seiner mitgebrachten Sexualkonstitution zu beurteilen. Er stellt sich sofort passiv ein, zeigt mehr Neigung zur späteren Identifizierung mit dem Weibe als mit dem Manne. Er verwendet dabei den Darminhalt wie jedes andere Kind in einer seiner ersten und ursprünglichsten Bedeutungen. Der Kot ist das erste Geschenk, das erste Zärtlichkeitsopfer des Kindes, ein Teil des eigenen Leibes, dessen man sich entäußert, aber auch nur zu Gunsten einer geliebten Person.[1] Die Verwendung zum Trotz wie in unserem Falle mit $3^{1}/_{2}$ Jahren gegen die Gouvernante ist nur die negative Wendung dieser früheren Geschenkbedeutung. Der *grumus merdae,* den die Einbrecher am Tatorte hinterlassen, scheint beides zu bedeuten: den Hohn und die regressiv ausgedrückte Entschädigung. Immer, wenn eine höhere Stufe erreicht ist, kann die frühere noch im negativ erniedrigten Sinne Verwendung finden. Die Verdrängung findet ihren Ausdruck in der Gegensätzlichkeit.[2]

Auf einer späteren Stufe der Sexualentwicklung nimmt der Kot die Bedeutung des Kindes an. Das Kind wird ja durch den After geboren wie der Stuhlgang. Die Geschenkbedeutung des Kotes läßt diese Wandlung leicht zu. Das Kind wird im Sprachgebrauch als ein „Geschenk" bezeichnet; es wird häufiger vom Weibe ausgesagt, daß sie dem Manne „ein Kind geschenkt" hat,

---

1) Ich glaube, es läßt sich leicht bestätigen, daß Säuglinge nur die Personen, die von ihnen gekannt und˜geliebt werden, mit ihren Exkrementen beschmutzen; Fremde würdigen sie dieser Auszeichnung nicht. In den „Drei Abhandlungen zur Sexualtheorie" habe ich die allererste Verwendung des Kotes zur autoerotischen Reizung der Darmschleimhaut erwähnt; als Fortschritt schließt sich nun an, daß die Rücksicht auf ein Objekt für die Defäkation maßgebend wird, dem das Kind dabei gehorsam oder gefällig ist. Diese Relation setzt sich dann fort, indem sich auch das ältere Kind nur von gewissen bevorzugten Personen auf den Topf setzen, beim Urinieren helfen läßt, wobei aber auch andere Befriedigungsabsichten in Betracht kommen.

2) Es gibt im Unbewußten bekanntlich kein „Nein"; Gegensätze fallen zusammen. Die Negation wird erst durch den Vorgang der Verdrängung eingeführt.

aber im Gebrauch des Unbewußten wird mit Recht die andere
Seite des Verhältnisses, daß das Weib das Kind vom Manne als
Geschenk „empfangen" hat, ebenso berücksichtigt.

Die Geldbedeutung des Kotes zweigt nach einer anderen
Richtung von der Geschenkbedeutung ab.

Die frühe Deckerinnerung unseres Kranken, daß er einen
ersten Wutanfall produziert, weil er zu Weihnachten nicht genug
Geschenke bekommen habe, enthüllt nun ihren tieferen Sinn.
Was er vermißte, war die Sexualbefriedigung, die er anal gefaßt
hatte. Seine Sexualforschung war vor dem Traum darauf vorbereitet und hatte es während des Traumvorganges begriffen,
daß der Sexualakt das Rätsel der Herkunft der kleinen Kinder
löse. Er hatte die kleinen Kinder schon vor dem Traum nicht
gemocht. Einmal fand er einen kleinen, noch nackten Vogel, der
aus dem Nest gefallen war, hielt ihn für einen kleinen Menschen
und grauste sich vor ihm. Die Analyse wies nach, daß all die
kleinen Tiere, Raupen, Insekten, gegen die er wütete, ihm kleine
Kinder bedeutet hatten.[1] Sein Verhältnis zur älteren Schwester
hatte ihm Anlaß gegeben, viel über die Beziehung der älteren
Kinder zu den jüngeren nachzudenken; als ihm die Nanja einmal gesagt hatte, die Mutter habe ihn so lieb, weil er der jüngste
sei, hatte er ein begreifliches Motiv bekommen zu wünschen,
daß ihm kein jüngeres Kind nachfolgen möge. Die Angst vor
diesem jüngsten wurde dann unter dem Einfluß des Traumes,
der ihm den Verkehr der Eltern vorführte, neu belebt.

Wir sollen also zu den uns bereits bekannten eine neue
Sexualströmung hinzufügen, die wie die anderen von der im
Traum reproduzierten Urszene ausgeht. In der Identifizierung
mit dem Weibe (der Mutter) ist er bereit, dem Vater ein Kind
zu schenken, und eifersüchtig auf die Mutter, die das schon getan hat und vielleicht wieder tun wird.

---

[1] Ebenso das Ungeziefer, das in Träumen und Phobien häufig für die kleinen
Kinder steht.

Auf dem Umweg über den gemeinsamen Ausgang der Geschenkbedeutung kann nun das Geld die Kindbedeutung an sich ziehen und solcher Art den Ausdruck der femininen (homosexuellen) Befriedigung übernehmen. Dieser Vorgang vollzog sich bei unserem Patienten, als er einmal zur Zeit, da beide Geschwister in einem deutschen Sanatorium weilten, sah, daß der Vater der Schwester zwei große Geldnoten gab. Er hatte den Vater in seiner Phantasie immer mit der Schwester verdächtigt; nun erwachte seine Eifersucht, er stürzte sich auf die Schwester, als sie allein waren, und forderte mit solchem Ungestüm und mit solchen Vorwürfen seinen Anteil am Gelde, daß ihm die Schwester weinend das Ganze hinwarf. Es war nicht allein das reale Geld gewesen, das ihn gereizt hatte, viel mehr noch das Kind, die anale Sexualbefriedigung vom Vater. Mit dieser konnte er sich dann trösten, als — zu Lebzeiten des Vaters — die Schwester gestorben war. Sein empörender Gedanke bei der Nachricht ihres Todes bedeutete eigentlich nichts anderes als: Jetzt bin ich das einzige Kind, jetzt muß der Vater mich allein lieb haben. Aber der homosexuelle Hintergrund dieser durchaus bewußtseinsfähigen Erwägung war so unerträglich, daß ihre Verkleidung in schmutzige Habsucht wohl als große Erleichterung ermöglicht wurde.

Ähnlich wenn er nach dem Tode des Vaters der Mutter jene ungerechten Vorwürfe machte, daß sie ihn ums Geld betrügen wolle, daß sie das Geld lieber habe als ihn. Die alte Eifersucht, daß sie noch ein anderes Kind als ihn geliebt, die Möglichkeit, daß sie sich noch nach ihm ein anderes Kind gewünscht, zwangen ihn zu Beschuldigungen, deren Haltlosigkeit er selbst erkannte.

Durch diese Analyse der Kotbedeutung wird uns nun klargelegt, daß die Zwangsgedanken, die Gott in Verbindung mit Kot bringen mußten, noch etwas anderes bedeuteten als die Schmähung, für die er sie erkannte. Sie waren vielmehr echte Kompromißergebnisse, an denen eine zärtliche, hingebende Strömung

ebenso Anteil hatte wie eine feindselig beschimpfende. „Gott—Kot"
war wahrscheinlich eine Abkürzung für ein Anerbieten, wie man
es im Leben auch in ungekürzter Form zu hören bekommt. „Auf
Gott scheißen", „Gott etwas scheißen" heißt auch, ihm ein Kind
schenken, sich von ihm ein Kind schenken lassen. Die alte negativ
erniedrigte Geschenkbedeutung und die später aus ihr entwickelte
Kindbedeutung sind in den Zwangsworten miteinander vereinigt.
In der letzteren kommt eine feminine Zärtlichkeit zum Ausdruck,
die Bereitwilligkeit, auf seine Männlichkeit zu verzichten, wenn
man dafür als Weib geliebt werden kann. Also gerade jene Regung
gegen Gott, die in dem Wahnsystem des paranoischen Senats-
präsidenten Schreber[1] in unzweideutigen Worten ausgesprochen
wird.

　　Wenn ich später von der letzten Symptomlösung bei meinem
Patienten berichten werde, wird sich noch einmal zeigen lassen,
wie die Darmstörung sich in den Dienst der homosexuellen
Strömung gestellt und die feminine Einstellung zum Vater aus-
gedrückt hatte. Eine neue Bedeutung des Kotes soll uns jetzt den
Weg zur Besprechung des Kastrationskomplexes bahnen.

　　Indem die Kotsäule die erogene Darmschleimhaut reizt, spielt
sie die Rolle eines aktiven Organs für dieselbe, benimmt sie sich
wie der Penis gegen die Vaginalschleimhaut und wird gleichsam
zum Vorläufer desselben in der Epoche der Kloake. Das Hergeben
des Kotes zu Gunsten (aus Liebe zu) einer anderen Person wird
seinerseits zum Vorbild der Kastration, es ist der erste Fall des
Verzichts auf ein Stück des eigenen Körpers,[2] um die Gunst eines
geliebten Anderen zu gewinnen. Die sonst narzißtische Liebe zu
seinem Penis entbehrt also nicht eines Beitrages von seiten der
Analerotik. Der Kot, das Kind, der Penis ergeben also eine Einheit, einen unbewußten Begriff — sit venia verbo —, den des
vom Körper abtrennbaren Kleinen. Auf diesen Verbindungswegen

---

1) S. Bd. VIII. S. 239 ff.
2) Als welches der Kot durchaus vom Kinde behandelt wird.

können sich Verschiebungen und Verstärkungen der Libido-
besetzung vollziehen, die für die Pathologie von Bedeutung sind
und von der Analyse aufgedeckt werden. Die anfängliche Stellungnahme unseres Patienten gegen das
Problem der Kastration ist uns bekannt geworden. Er verwarf
sie und blieb auf dem Standpunkt des Verkehrs im After. Wenn
ich gesagt habe, daß er sie verwarf, so ist die nächste Bedeutung
dieses Ausdrucks, daß er von ihr nichts wissen wollte im Sinne
der Verdrängung. Damit war eigentlich kein Urteil über ihre
Existenz gefällt, aber es war so gut, als ob sie nicht existierte.
Diese Einstellung kann aber nicht die definitive, nicht einmal
für die Jahre seiner Kindheitsneurose geblieben sein. Späterhin
finden sich gute. Beweise dafür, daß er die Kastration als Tatsache anerkannt hatte. Er hatte sich auch in diesem Punkte benommen, wie es für sein Wesen kennzeichnend war, was uns
allerdings die Darstellung wie die Einfühlung so außerordentlich
erschwert. Er hatte sich zuerst gesträubt und dann nachgegeben,
aber die eine Reaktion hatte die andere nicht aufgehoben. Am
Ende bestanden bei ihm zwei gegensätzliche Strömungen nebeneinander, von denen die eine die Kastration verabscheute, die
andere bereit war, sie anzunehmen und sich mit der Weiblichkeit als Ersatz zu trösten. Die dritte, älteste und tiefste, welche
die Kastration einfach verworfen hatte, wobei das Urteil über
ihre Realität noch nicht in Frage kam, war gewiß auch noch
aktivierbar. Ich habe von eben diesem Patienten an anderer
Stelle[1] eine Halluzination aus seinem fünften Jahr erzählt, zu
der ich hier nur einen kurzen Kommentar hinzuzufügen habe:

„Als ich fünf Jahre alt war, spielte ich im Garten neben
meiner Kinderfrau und schnitzelte mit meinem Taschenmesser
an der Rinde eines jener Nußbäume, die auch in meinem Traum[2]

---

1) Über fausse reconnaissance („déjà raconté") während der psychoanalytischen Arbeit.
Intern. Zschr. f. ärztliche Psychoanalyse. I, 1913. [Bd. X. dieser Gesamtausgabe.]
2) Vgl. Märchenstoffe in Träumen. Intern. Zeitschrift für ärztliche Psychoanalyse.
I, 2. Heft. [Bd. X. dieser Gesamtausgabe.]

eine Rolle spielen.[1] Plötzlich bemerkte ich mit unaussprechlichem
Schrecken, daß ich mir den kleinen Finger der (rechten oder
linken?) Hand so durchgeschnitten hatte, daß er nur noch an
der Haut hing. Schmerz spürte ich keinen, aber eine große
Angst. Ich getraute mich nicht, der wenige Schritte entfernten
Kinderfrau etwas zu sagen, sank auf die nächste Bank und blieb
da sitzen, unfähig, noch einen Blick auf den Finger zu werfen.
Endlich wurde ich ruhig, faßte den Finger ins Auge, und siehe
da, er war ganz unverletzt."

Wir wissen, daß mit $4^{1}/_{2}$ Jahren nach der Mitteilung der
heiligen Geschichte bei ihm jene intensive Denkarbeit einsetzte,
die in die Zwangsfrömmigkeit auslief. Wir dürfen also annehmen,
daß diese Halluzination in die Zeit fällt, in der er sich zur Anerkennung der Realität der Kastration entschloß, und daß sie
vielleicht gerade diesen Schritt markieren sollte. Auch die kleine
Korrektur des Patienten ist nicht ohne Interesse. Wenn er dasselbe schaurige Erlebnis halluzinierte, das Tasso im „Befreiten
Jerusalem" von seinem Helden Tancred berichtet, so ist wohl
die Deutung gerechtfertigt, daß auch für meinen kleinen Patienten
der Baum ein Weib bedeutete. Er spielte also dabei den Vater
und brachte die ihm bekannten Blutungen der Mutter mit der
von ihm erkannten Kastration der Frauen, „der Wunde", in
Beziehung.

Die Anregung zur Halluzination vom abgeschnittenen Finger
gab ihm, wie er später berichtete, die Erzählung, daß einer Verwandten, die mit sechs Zehen geboren wurde, dieses überzählige
Glied gleich nachher mit einem Beil abgehackt wurde. Die
Frauen hatten also keinen Penis, weil er ihnen bei der Geburt
abgenommen worden war. Auf diesem Wege akzeptierte er zur Zeit

---

[1] Korrektur bei späterer Erzählung: „Ich glaube, ich schnitt nicht in den Baum.
Das ist eine Verschmelzung mit einer anderen Erinnerung, die auch halluzinatorisch
gefälscht sein muß, daß ich in einen Baum einen Schnitt mit dem Messer machte,
und daß dabei Blut aus dem Baume kam."

der Zwangsneurose, was er schon während des Traumvorganges erfahren und damals durch Verdrängung von sich gewiesen hatte. Auch die rituelle Beschneidung Christi, wie der Juden überhaupt, konnte ihm während der Lektüre der heiligen Geschichte und der Gespräche über sie nicht unbekannt bleiben.

Es ist ganz unzweifelhaft, daß ihm um diese Zeit der Vater zu jener Schreckensperson wurde, von der die Kastration droht. Der grausame Gott, mit dem er damals rang, der die Menschen schuldig werden läßt, um sie dann zu bestrafen, der seinen Sohn und die Söhne der Menschen opfert, warf seinen Charakter auf den Vater zurück, den er anderseits gegen diesen Gott zu verteidigen suchte. Der Knabe hat hier ein phylogenetisches Schema zu erfüllen und bringt es zu stande, wenngleich seine persönlichen Erlebnisse nicht dazu stimmen mögen. Die Kastrationsdrohungen oder Andeutungen, die er erfahren hatte, waren vielmehr von Frauen ausgegangen,[1] aber das konnte das Endergebnis nicht für lange aufhalten. Am Ende wurde es doch der Vater, von dem er die Kastration befürchtete. In diesem Punkte siegte die Heredität über das akzidentelle Erleben; in der Vorgeschichte der Menschheit ist es gewiß der Vater gewesen, der die Kastration als Strafe übte und sie dann zur Beschneidung ermäßigte. Je weiter er auch im Verlauf des Prozesses der Zwangsneurose in der Verdrängung der Sinnlichkeit kam,[2] desto natürlicher mußte es ihm werden, den Vater, den eigentlichen Vertreter der sinnlichen Betätigung, mit solchen bösen Absichten auszustatten.

Die Identifizierung des Vaters mit dem Kastrator[3] wurde bedeutungsvoll als die Quelle einer intensiven, bis zum Todeswunsch

---

1) Wir wissen es von der Nanja und werden es von einer anderen Frau noch erfahren.

2) Siehe die Belege dafür S. 99.

3) Zu den quälendsten, aber auch groteskesten Symptomen seines späteren Leidens gehörte sein Verhältnis zu jedem — Schneider, bei dem er ein Kleidungsstück bestellt hatte, sein Respekt und seine Schüchternheit vor dieser hohen Person, seine Versuche, sie durch unmäßige Trinkgelder für sich einzunehmen, und seine Verzweiflung über den Erfolg der Arbeit, wie immer sie ausgefallen sein mochte.

gesteigerten, unbewußten Feindseligkeit gegen ihn und der darauf reagierenden Schuldgefühle. Soweit benahm er sich aber normal, d. h. wie jeder Neurotiker, der von einem positiven Ödipuskomplex besessen ist. Das Merkwürdige war dann, daß auch hiefür bei ihm eine Gegenströmung existierte, bei der der Vater vielmehr der Kastrierte war und als solcher sein Mitleid herausforderte.

Ich habe bei der Analyse des Atemzeremoniells beim Anblick von Krüppeln, Bettlern usw. zeigen können, daß auch dieses Symptom auf den Vater zurückging, der ihm als Kranker bei dem Besuch in der Anstalt leid getan hatte. Die Analyse gestattete, diesen Faden noch weiter zurückzuverfolgen. Es gab in sehr früher Zeit, wahrscheinlich noch vor der Verführung (3¹/₄ Jahre) auf dem Gute einen armen Taglöhner, der das Wasser ins Haus zu tragen hatte. Er konnte nicht sprechen, angeblich weil man ihm die Zunge abgeschnitten hatte. Wahrscheinlich war es ein Taubstummer. Der Kleine liebte ihn sehr und bedauerte ihn von Herzen. Als er gestorben war, suchte er ihn am Himmel.[1] Das war also der erste von ihm bemitleidete Krüppel; nach dem Zusammenhang und der Anreihung in der Analyse unzweifelhaft ein Vaterersatz.

Die Analyse schloß an ihn die Erinnerung an andere ihm sympathische Diener an, von denen er hervorhob, daß sie kränklich oder Juden (Beschneidung!) gewesen waren. Auch der Lakai, der ihn bei seinem Malheur mit 4¹/₂ Jahren reinigen half, war ein Jude und schwindsüchtig und genoß sein Mitleid. Alle diese Personen fallen in die Zeit vor dem Besuch des Vaters im Sanatorium, also vor die Symptombildung, die vielmehr durch das Ausatmen eine Identifizierung mit den Bedauerten fernhalten sollte. Dann wandte sich die Analyse plötzlich im Anschluß an

---

[1] Ich erwähne in diesem Zusammenhange Träume, die später als der Angsttraum, aber noch auf dem ersten Gut vorfielen und die Koitusszene als Vorgang zwischen Himmelskörpern darstellten.

einen Traum in die Vorzeit zurück und ließ ihn die Behauptung aufstellen, daß er bei dem Koitus der Urszene das Ver-
schwinden des Penis beobachtet, den Vater darum bemitleidet
und sich über das Wiedererscheinen des verloren Geglaubten
gefreut habe. Also eine neue Gefühlsregung, die wiederum von
dieser Szene ausgeht. Der narzißtische Ursprung des Mitleids,
für den das Wort selbst spricht, ist hier übrigens ganz unverkennbar.

VIII

NACHTRÄGE AUS DER URZEIT — LÖSUNG

In vielen Analysen geht es so zu, daß, wenn man sich dem Ende nähert, plötzlich neues Erinnerungsmaterial auftaucht, welches bisher sorgfältig verborgen gehalten wurde. Oder es wird einmal eine unscheinbare Bemerkung hingeworfen, in gleichgültigem Ton, als wäre es etwas Überflüssiges, zu dieser kommt ein andermal etwas hinzu, was den Arzt bereits aufhorchen läßt, und endlich erkennt man in jenem geringgeschätzten Brocken Erinnerung den Schlüssel zu den wichtigsten Geheimnissen, welche die Neurose des Kranken umkleidete.

Frühzeitig hatte mein Patient eine Erinnerung aus der Zeit erzählt, da seine Schlimmheit in Angst umzuschlagen pflegte. Er verfolgte einen schönen großen Schmetterling mit gelben Streifen, dessen große Flügel in spitze Fortsätze ausliefen, — also einen Schwalbenschwanz. Plötzlich erfaßte ihn, als der Schmetterling sich auf eine Blume gesetzt hatte, eine schreckliche Angst vor dem Tier und er lief schreiend davon.

Diese Erinnerung kehrte von Zeit zu Zeit in der Analyse wieder und forderte ihre Erklärung, die sie lange nicht erhielt. Es war doch von vornherein anzunehmen, daß ein solches Detail nicht seinetwegen selbst einen Platz im Gedächtnis behalten hatte, sondern als Deckerinnerung Wichtigeres vertrat, womit es irgendwie verknüpft war. Er sagte eines Tages, ein Schmetterling heiße in seiner Sprache: Babuschka, altes Mütterchen; überhaupt seien ihm die Schmetterlinge wie Frauen und Mädchen, die Käfer und Raupen wie Knaben erschienen. Also mußte wohl die Erinnerung an ein weibliches Wesen bei jener Angstszene wach geworden sein. Ich will nicht verschweigen, daß ich damals die Möglichkeit vorschlug, die gelben Streifen des Schmetterlings hätten an die ähnliche Streifung eines Kleidungsstückes, das eine Frau trug, gemahnt. Ich tue das nur, um an einem Beispiel zu zeigen, wie unzureichend in der Regel die Kombination des Arztes zur Lösung der aufgeworfenen Fragen ist, wie sehr man Unrecht tut, die Phantasie und die Suggestion des Arztes für die Ergebnisse der Analyse verantwortlich zu machen.

In einem ganz anderen Zusammenhange, viele Monate später, machte dann der Patient die Bemerkung, das Öffnen und Schließen der Flügel, als der Schmetterling saß, hätte den unheimlichen Eindruck auf ihn gemacht. Dies wäre so gewesen, wie wenn eine Frau die Beine öffnet, und die Beine ergäben dann die Figur einer römischen V, bekanntlich die Stunde, um welche schon in seinen Knabenjahren, aber auch jetzt noch, eine Verdüsterung seiner Stimmung einzutreten pflegte.

Das war ein Einfall, auf den ich nie gekommen wäre, dessen Schätzung aber durch die Erwägung gewann, daß der darin bloßgelegte Assoziationsvorgang so recht infantilen Charakter hatte. Die Aufmerksamkeit der Kinder, habe ich oft bemerkt, wird durch Bewegungen weit mehr angezogen als durch ruhende Formen, und sie stellen oft Assoziationen auf Grund von ähnlicher Bewegung her, die von uns Erwachsenen vernachlässigt oder unterlassen werden.

Dann ruhte das kleine Problem wieder für lange Zeit. Ich will noch die wohlfeile Vermutung erwähnen, daß die spitzen oder stangenartigen Fortsätze der Schmetterlingsflügel eine Bedeutung als Genitalsymbole gehabt haben könnten.

Eines Tages tauchte schüchtern und undeutlich eine Art von Erinnerung auf, es müßte sehr frühe, noch vor der Kinderfrau, ein Kindermädchen gegeben haben, das ihn sehr lieb hatte. Sie hatte denselben Namen wie die Mutter. Gewiß erwiderte er ihre Zärtlichkeit. Also eine verschollene erste Liebe. Wir einigten uns aber, irgend etwas müßte da vorgefallen sein, was später von Wichtigkeit wurde.

Dann korrigierte er ein anderes Mal seine Erinnerung. Sie könne nicht so geheißen haben wie die Mutter, das war ein Irrtum von ihm, der natürlich bewies, daß sie ihm in der Erinnerung mit der Mutter zusammengeflossen war. Ihr richtiger Name sei ihm auch auf einem Umwege eingefallen. Er habe plötzlich an einen Lagerraum auf dem ersten Gute denken müssen, in dem das abgenommene Obst aufbewahrt wurde, und an eine gewisse Sorte Birnen von ausgezeichnetem Geschmack, große Birnen mit gelben Streifen auf ihrer Schale. Birne heißt in seiner Sprache Gruscha, und dies war auch der Name des Kindermädchens.

Also wurde es klar, daß sich hinter der Deckerinnerung des gejagten Schmetterlings das Gedächtnis des Kindermädchens verbarg. Die gelben Streifen saßen aber nicht auf ihrem Kleid, sondern auf dem der Birne, die so hieß wie sie selbst. Aber woher die Angst bei der Aktivierung der Erinnerung an sie? Die nächste plumpe Kombination hätte lauten können, bei diesem Mädchen habe er als kleines Kind zuerst die Bewegungen der Beine gesehen, die er sich mit dem Zeichen der römischen V fixiert hatte, Bewegungen, die das Genitale zugänglich machen. Wir ersparten uns diese Kombination und warteten auf weiteres Material.

Sehr bald kam nun die Erinnerung an eine Szene, unvollständig, aber soweit sie erhalten war, bestimmt. Gruscha lag auf dem Boden, neben ihr ein Kübel und ein aus Ruten gebundener kurzer Besen; er war dabei und sie neckte ihn oder machte ihn aus.

Was daran fehlte, war von anderen Stellen her leicht einzusetzen. Er hatte in den ersten Monaten der Kur von einer zwang-

haft aufgetretenen Verliebtheit in ein Bauernmädchen erzählt,
bei der er sich mit 18 Jahren den Anlaß zu seiner späteren
Erkrankung geholt hatte. Damals hatte er sich in der auffälligsten
Weise gesträubt, den Namen des Mädchens mitzuteilen. Es war
ein ganz vereinzelter Widerstand; er war der analytischen Grund-
regel sonst ohne Rückhalt gehorsam. Aber er behauptete, er
müsse sich so sehr schämen, diesen Namen auszusprechen, weil
er rein bäuerlich sei; ein vornehmeres Mädchen würde ihn nie
tragen. Der Name, den man endlich erfuhr, war Matrona. Er
hatte mütterlichen Klang. Das Schämen war offenbar deplaciert.
Der Tatsache selbst, daß diese Verliebtheiten ausschließlich die
niedrigsten Mädchen betrafen, schämte er sich nicht, nur des
Namens. Wenn das Abenteuer mit der Matrona etwas Gemeinsames mit der Gruschaszene haben konnte, dann war das Schämen
in diese frühe Begebenheit zurückzuversetzen.

Er hatte ein anderes Mal erzählt, als er die Geschichte von
Johannes Huß erfuhr, wurde er von ihr sehr ergriffen, und
seine Aufmerksamkeit blieb an den Bündeln von Reisig hängen,
die man zu seinem Scheiterhaufen schleppte. Die Sympathie für
Huß erweckt nun einen ganz bestimmten Verdacht; ich habe
sie bei jugendlichen Patienten oft gefunden und immer auf dieselbe Weise aufklären können. Einer derselben hatte sogar
eine dramatische Bearbeitung der Schicksale des Huß geliefert;
er begann sein Drama an dem Tage zu schreiben, der ihm
das Objekt seiner geheim gehaltenen Verliebtheit entzog. Huß
stirbt den Feuertod, er wird wie andere, welche die gleiche
Bedingung erfüllen, der Held der ehemaligen Enuretiker. Die
Reisigbündel beim Scheiterhaufen des Huß stellte mein Patient
selbst mit dem Besen (Rutenbündel) des Kindermädchens zusammen.

Dieses Material fügte sich zwanglos zusammen, um die Lücke
in der Erinnerung der Szene mit der Gruscha auszufüllen. Er
hatte, als er dem Mädchen beim Aufwaschen des Bodens zusah,

ins Zimmer uriniert und sie darauf eine gewiß scherzhafte
Kastrationsdrohung ausgesprochen.[1]

Ich weiß nicht, ob die Leser schon erraten können, warum
ich diese frühinfantile Episode so ausführlich mitgeteilt habe.[2]
Sie stellt eine wichtige Verbindung her zwischen der Urszene
und dem späteren Liebeszwang, der so entscheidend für sein
Schicksal geworden ist und führt überdies eine Liebesbedingung
ein, welche diesen Zwang aufklärt.

Als er das Mädchen auf dem Boden liegen sah, mit dem Aufwaschen desselben beschäftigt, kniend, die Nates vorgestreckt,
den Rücken horizontal gehalten, fand er an ihr die Stellung
wieder, welche die Mutter in der Koitusszene eingenommen
hatte. Sie wurde ihm zur Mutter, die sexuelle Erregung infolge
der Aktivierung jenes Bildes[3] ergriff ihn, und er benahm sich
männlich gegen sie wie der Vater, dessen Aktion er damals ja
nur als ein Urinieren verstanden haben konnte. Sein auf den
Boden Urinieren war eigentlich ein Verführungsversuch und das
Mädchen antwortete darauf mit einer Kastrationsdrohung, als ob
sie ihn verstanden hätte.

Der von der Urszene ausgehende Zwang übertrug sich auf
diese Szene mit der Gruscha und wirkte durch sie fort. Die
Liebesbedingung erfuhr aber eine Abänderung, welche den Einfluß der zweiten Szene bezeugt; sie übertrug sich von der Position
des Weibes auf dessen Tätigkeit in solcher Position. Dies wurde
z. B. in dem Erlebnis mit der Matrona evident. Er machte einen

---

1) Es ist sehr merkwürdig, daß die Reaktion der Beschämung so innig mit der
unfreiwilligen (täglichen wie nächtlichen) Harnentleerung verbunden ist und nicht,
wie man erwarten sollte, ebenso mit der Stuhlinkontinenz. Die Erfahrung läßt
hierüber gar keinen Zweifel bestehen. Auch die regelmäßige Beziehung der Harn-
inkontinenz zum Feuer gibt zu denken. Es ist möglich, daß in diesen Reaktionen
und Zusammenhängen Niederschläge aus der Kulturgeschichte der Menschheit vorliegen, die tiefer hinab reichen als alles, was uns durch seine Spuren im Mythus und
im Folklore erhalten ist.

2) Sie fällt etwa in die Zeit um 2 1/2 Jahre, zwischen der angeblichen Koitusbeobachtung und der Verführung.

3) Vor dem Traume!

Spaziergang durch das Dorf, welches zu dem (späteren) Gut gehörte, und sah am Rand des Teiches ein kniendes Bauernmädchen, damit beschäftigt, Wäsche im Teich zu waschen. Er verliebte sich in die Wäscherin augenblicklich und mit unwiderstehlicher Heftigkeit, obwohl er ihr Gesicht noch gar nicht sehen konnte. Sie war ihm durch Lage und Tätigkeit an die Stelle der Gruscha getreten. Wir verstehen nun, wie sich das Schämen, das dem Inhalt der Szene mit der Gruscha galt, an den Namen der Matrona knüpfen konnte.

Den zwingenden Einfluß der Gruschaszene zeigt noch deutlicher ein anderer Anfall von Verliebtheit, einige Jahre vorher. Ein junges Bauernmädchen, das im Hause Dienste leistete, hatte ihm schon lange gefallen, aber er hatte es über sich vermocht, sich ihr nicht zu nähern. Eines Tages packte ihn die Verliebtheit, als er sie allein im Zimmer traf. Er fand sie auf dem Boden liegend, mit Aufwaschen beschäftigt, Kübel und Besen neben sich, also ganz wie das Mädchen in seiner Kindheit.

Selbst seine definitive Objektwahl, die für sein Leben so bedeutungsvoll wurde, erweist sich durch ihre näheren Umstände, die hier nicht anzuführen sind, als abhängig von der gleichen Liebesbedingung, als ein Ausläufer des Zwanges, der von der Urszene aus über die Szene mit Gruscha seine Liebeswahl beherrschte. Ich habe an früherer Stelle bemerkt, daß ich das Bestreben zur Erniedrigung des Liebesobjekts bei dem Patienten wohl anerkenne. Es ist auf Reaktion gegen den Druck der ihm überlegenen Schwester zurückzuführen. Aber ich versprach damals zu zeigen, daß dies Motiv (S. 46) selbstherrlicher Natur nicht das einzig bestimmende gewesen ist, sondern eine tiefere Determinierung durch rein erotische Motive verdeckt. Die Erinnerung an das den Boden aufwaschende, allerdings in seiner Position erniedrigte, Kindermädchen brachte diese Motivierung zum Vorschein. Alle späteren Liebesobjekte waren Ersatzpersonen dieser einen, die selbst durch den Zufall der Situation zum ersten

Mutterersatz geworden war. Der erste Einfall des Patienten zum Problem der Angst vor dem Schmetterling läßt sich nachträglich leicht als fernliegende Anspielung an die Urszene erkennen (die fünfte Stunde). Die Beziehung der Gruschaszene zur Kastrationsdrohung bestätigte er durch einen besonders sinnreichen Traum, den er auch selbst zu übersetzen verstand. Er sagte: Ich habe geträumt, *ein Mann reißt einer Espe die Flügel aus.* Espe? mußte ich fragen, was meinen Sie damit? — Nun, das Insekt mit den gelben Streifen am Leib, das stechen kann. Es muß eine Anspielung an die Gruscha, die gelbgestreifte Birne, sein. — *Wespe,* meinen Sie also, konnte ich korrigieren. — Heißt es Wespe? Ich habe wirklich geglaubt, es heißt Espe. (Er bediente sich wie so viele andere seiner Fremdsprachigkeit zur Deckung von Symptomhandlungen.) Aber Espe, das bin ja ich, S. P. (die Initialen seines Namens). Die Espe ist natürlich eine verstümmelte Wespe. Der Traum sagt klar, er räche sich an der Gruscha für ihre Kastrationsandrohung.

Die Aktion des 2½jährigen in der Szene mit Gruscha ist die erste uns bekanntgewordene Wirkung der Urszene, sie stellt ihn als Kopie des Vaters dar und läßt uns eine Entwicklungstendenz in der Richtung erkennen, die später den Namen der männlichen verdienen wird. Durch die Verführung wird er in eine Passivität gedrängt, die allerdings auch schon durch sein Benehmen als Zuschauer beim elterlichen Verkehr vorbereitet ist.

Ich muß aus der Behandlungsgeschichte noch hervorheben, daß man den Eindruck empfing, mit der Bewältigung der Gruschaszene, des ersten Erlebnisses, das er wirklich erinnern konnte und ohne mein Vermuten und Dazutun erinnerte, sei die Aufgabe der Kur gelöst gewesen. Es gab von da an keine Widerstände mehr, man brauchte nur noch zu sammeln und zusammenzusetzen. Die alte Traumatheorie, die ja auf Eindrücke aus der psychoanalytischen Therapie aufgebaut war, kam mit einem Male wieder zur Geltung. Aus kritischem Interesse machte ich noch einmal den Versuch, dem Patienten eine andere Auffassung seiner Geschichte aufzudrängen, die dem nüchternen Verstand willkommener wäre. An der Szene mit Gruscha sei ja nicht zu zweifeln, aber sie bedeute an und für sich nichts und sei hinterher verstärkt worden durch Regression von den Ereig·· nissen seiner Objektwahl, die sich infolge der Erniedrigungstendenz von der Schwester weg auf die Dienstmädchen geworfen hätte. Die Koitusbeobachtung aber sei eine Phantasie seiner späteren Jahre, deren historischer Kern die Beobachtung oder das Erlebnis etwa eines harmlosen Lavements gewesen sein könnte. Vielleicht meinen manche Leser, erst mit diesen Annahmen hätte ich mich dem Verständnis des Falles genähert; der Patient sah mich verständnislos und etwas verächtlich an, als ich ihm diese Auffassung vortrug, und reagierte niemals wieder auf dieselbe. Meine eigenen Argumente gegen solche Rationalisierung habe ich oben im Zusammenhange entwickelt.

[Die Gruschaszene enthält aber nicht nur die für das Leben des Patienten entscheidenden Bedingungen der Objektwahl und behütet uns so vor dem Irrtum, die Bedeutung der Erniedrigungstendenz gegen das Weib zu überschätzen. Sie vermag mich auch zu rechtfertigen, wenn ich es vorhin abgelehnt habe, die Zurückführung der Urszene auf eine kurz vor dem Traum angestellte Tierbeobachtung ohne jedes Bedenken als die einzig mögliche Lösung zu vertreten (S. 90). Sie war in der Erinnerung des Patienten spontan und ohne mein Dazutun aufgetaucht. Die auf sie zurückgehende Angst vor dem gelbgestreiften Schmetterling bewies, daß sie einen bedeutungsvollen Inhalt gehabt hatte, oder daß es möglich geworden war, ihrem Inhalt nachträglich solche Bedeutung zu verleihen. Dies Bedeutungsvolle, was in der Erinnerung fehlte, war durch die sie begleitenden Einfälle und die daran zu knüpfenden Schlüsse mit Sicherheit zu ergänzen. Es ergab sich dann, daß die Schmetterlingsangst durchaus analog war der Wolfsangst, in beiden Fällen Angst vor der Kastration,

zunächst bezogen auf die Person, welche die Kastrationsdrohung
zuerst ausgesprochen hatte, sodann auf die andere verlegt, an der
sie nach dem phylogenetischen Vorbild Anheftung finden mußte.
Die Szene mit Gruscha war mit $2^1/_2$ Jahren vorgefallen, das
Angsterlebnis mit dem gelben Schmetterling aber sicherlich
nach dem Angsttraum. Es ließ sich leicht verstehen, daß das
spätere Verständnis für die Möglichkeit der Kastration nachträglich
aus der Szene mit Gruscha die Angst entwickelt hatte; aber diese
Szene selbst enthielt nichts Anstößiges oder Unwahrscheinliches,
vielmehr durchaus banale Einzelheiten, an denen zu zweifeln man
keinen Grund hatte. Nichts forderte dazu auf, sie auf eine Phantasie
des Kindes zurückzuführen; es erscheint auch kaum möglich.

Es entsteht nun die Frage, sind wir berechtigt, in dem Urinieren
des stehenden Knaben, während das auf den Knien liegende
Mädchen den Boden aufwäscht, einen Beweis seiner sexuellen Erregtheit zu sehen? Dann würde diese Erregung den Einfluß eines
früheren Eindrucks bezeugen, der ebensowohl die Tatsächlichkeit
der Urszene, wie eine vor $2^1/_2$ Jahren gemachte Beobachtung an
Tieren sein könnte. Oder war jene Situation durchaus harmlos,
die Harnentleerung des Kindes eine rein zufällige, und die ganze
Szene wurde erst später in der Erinnerung sexualisiert, nachdem
ähnliche Situationen als bedeutungsvoll erkannt worden waren?

Hier getraue ich mich nun zu keiner Entscheidung. Ich muß
sagen, ich rechne es der Psychoanalyse bereits hoch an, daß
sie zu solchen Fragestellungen gekommen ist. Aber ich kann es
nicht verleugnen, daß die Szene mit Gruscha, die Rolle, die
ihr in der Analyse zufiel, und die Wirkungen, die im Leben
von ihr ausgingen, sich doch am ungezwungensten und voll-
ständigsten erklären, wenn man die Urszene, die andere Male
eine Phantasie sein mag, hier als Realität gelten läßt. Sie behauptet im Grunde nichts Unmögliches; die Annahme ihrer Realität
verträgt sich auch ganz mit dem anregenden Einfluß der Tierbeobach-
tungen, auf welche die Schäferhunde des Traumbildes hindeuten.

Von diesem unbefriedigenden Abschluß wende ich mich zur Behandlung der Frage, die ich in den „Vorlesungen zur Einführung in die Psychoanalyse" versucht habe. Ich möchte selbst gerne wissen, ob die Urszene bei meinem Patienten Phantasie oder reales Erlebnis war, aber mit Rücksicht auf andere ähnliche Fälle muß man sagen, es sei eigentlich nicht sehr wichtig, dies zu entscheiden. Die Szenen von Beobachtung des elterlichen Sexualverkehrs, von Verführung in der Kindheit und von Kastrationsandrohung sind unzweifelhafter ererbter Besitz, phylogenetische Erbschaft, aber sie können ebensowohl Erwerb persönlichen Erlebens sein. Bei meinem Patienten war die Verführung durch die ältere Schwester eine unbestreitbare Realität; warum nicht auch die Beobachtung des elterlichen Koitus?

Wir sehen nur in der Urgeschichte der Neurose, daß das Kind zu diesem phylogenetischen Erleben greift, wo sein eigenes Erleben nicht ausreicht. Es füllt die Lücken der individuellen Wahrheit mit prähistorischer Wahrheit aus, setzt die Erfahrung der Vorahnen an die Stelle der eigenen Erfahrung ein. In der Anerkennung dieser phylogenetischen Erbschaft stimme ich mit Jung (Die Psychologie der unbewußten Prozesse, 1917, eine Schrift, die meine „Vorlesungen" nicht mehr beeinflussen konnte) völlig zusammen; aber ich halte es für methodisch unrichtig, zur Erklärung aus der Phylogenese zu greifen, ehe man die Möglichkeiten der Ontogenese erschöpft hat; ich sehe nicht ein, warum man der kindheitlichen Vorzeit hartnäckig eine Bedeutung bestreiten will, die man der Ahnenvorzeit bereitwillig zugesteht; ich kann nicht verkennen, daß die phylogenetischen Motive und Produktionen selbst der Aufklärung bedürftig sind, die ihnen in einer ganzen Reihe von Fällen aus der individuellen Kindheit zu teil werden kann, und zum Schlusse verwundere ich mich nicht darüber, wenn die Erhaltung der nämlichen Bedingungen beim einzelnen organisch wiedererstehen läßt, was diese einst in Vorzeiten geschaffen und als Disposition zum Wiedererwerb vererbt haben.]

In die Zwischenzeit zwischen Urszene und Verführung ($1^1/_2$ — 3 $^1/_4$ Jahre) ist noch der stumme Wasserträger einzuschieben, der für ihn Vaterersatz war wie die Gruscha Mutterersatz. Ich glaube, es ist unberechtigt, hier von einer Erniedrigungstendenz zu reden, wiewohl sich beide Eltern durch dienende Personen vertreten finden. Das Kind setzt sich über die sozialen Unterschiede hinweg, die ihm noch wenig bedeuten, und reiht auch geringere Leute an die Eltern an, wenn sie ihm ähnlich wie die Eltern Liebe entgegenbringen. Ebensowenig Bedeutung hat diese Tendenz für die Ersetzung der Eltern durch Tiere, deren Geringschätzung dem Kinde ganz ferne liegt. Ohne Rücksicht auf solche Erniedrigung werden Onkel und Tanten zum Elternersatz herangezogen, wie auch für unseren Patienten durch mehrfache Erinnerungen bezeugt ist.

In dieselbe Zeit gehört noch eine dunkle Kunde von einer Phase, in der er nichts essen wollte außer Süßigkeiten, so daß man Sorge für sein Fortkommen hatte. Man erzählte ihm von einem Onkel, der ebenso das Essen verweigert hatte und dann jung an der Auszehrung starb. Er hörte auch, daß er im Alter von drei Monaten so schwer krank gewesen war (an einer Lungenentzündung?), daß man schon das Totenhemd für ihn bereit gemacht hatte. Es gelang, ihn ängstlich zu machen, so daß er wieder aß; in späteren Kindheitsjahren übertrieb er sogar diese Verpflichtung, wie um sich gegen den angedrohten Tod zu schützen. Die Todesangst, die man damals zu seinem Schutz wachgerufen hatte, zeigte sich später wieder, als die Mutter vor der Dysenteriegefahr warnte; sie provozierte noch später einen Anfall der Zwangsneurose (S. 99). Wir wollen versuchen, ihren Ursprüngen und Bedeutungen an späterer Stelle nachzugehen.

Für die Eßstörung möchte ich die Bedeutung einer allerersten neurotischen Erkrankung in Anspruch nehmen; so daß Eßstörung, Wolfsphobie, Zwangsfrömmigkeit die vollständige Reihe der infantilen Erkrankungen ergeben, welche die Disposition für den neurotischen Zusammenbruch in den Jahren nach der Pubertät mit sich bringen. Man wird mir entgegenhalten, daß wenige Kinder solchen Störungen wie einer vorübergehenden Eßunlust oder einer Tierphobie entgehen. Aber dies Argument ist mir sehr willkommen. Ich bin bereit zu behaupten, daß jede Neurose eines Erwachsenen sich über seiner Kinderneurose aufbaut, die aber nicht immer intensiv genug ist, um aufzufallen und als solche erkannt zu werden. Die theoretische Bedeutung der infantilen Neurosen für die Auffassung der Erkrankungen, die wir als Neurosen behandeln und nur von den Einwirkungen des späteren Lebens ableiten wollen, wird durch jenen Einwand nur gehoben. Hätte unser Patient nicht zu seiner Eßstörung und seiner Tierphobie noch die Zwangsfrömmigkeit hinzubekommen, so würde sich seine Geschichte von der anderer Menschenkinder nicht auffällig unterscheiden, und wir wären um wertvolle Materialien, die uns vor naheliegenden Irrtümern bewahren können, ärmer.

Die Analyse wäre unbefriedigend, wenn sie nicht das Verständnis jener Klage brächte, in die der Patient sein Leiden zusammenfaßte. Sie lautete, daß ihm die Welt durch einen Schleier verhüllt sei, und die psychoanalytische Schulung weist die Erwartung ab, daß diese Worte bedeutungslos und wie zufällig gewählt sein sollten. Der Schleier zerriß — merkwürdigerweise — nur in einer Situation, nämlich, wenn infolge eines Lavements der Stuhlgang den After passierte. Dann fühlte er sich wieder wohl und sah die Welt für eine ganz kurze Weile klar. Mit der Deutung dieses „Schleiers" ging es ähnlich schwierig wie bei der Schmetterlingsangst. Auch hielt er nicht an dem Schleier fest, dieser verflüchtigte sich ihm weiter zu einem Gefühl von Dämmerung, „*ténèbres*", und anderen ungreifbaren Dingen.

Erst kurz vor dem Abschied von der Kur besann er sich, er habe gehört, daß er in einer „Glückshaube" zur Welt gekommen sei. Darum habe er sich immer für ein besonderes Glückskind gehalten, dem nichts Böses widerfahren könne. Erst dann verließ ihn diese Zuversicht, als er die gonorrhoische Erkrankung als schwere Beschädigung an seinem Körper anerkennen mußte. Vor dieser Kränkung seines Narzißmus brach er zusammen. Wir werden sagen, er wiederholte damit einen Mechanismus, der schon einmal bei ihm gespielt hatte. Auch seine Wolfsphobie brach aus, als er vor die Tatsache, daß eine Kastration möglich sei, gestellt wurde, und die Gonorrhöe reihte er offenbar der Kastration an.

Die Glückshaube ist also der Schleier, der ihn vor der Welt und ihm die Welt verhüllte. Seine Klage ist eigentlich eine erfüllte Wunschphantasie, sie zeigt ihn wieder in den Mutterleib zurückgekehrt, allerdings die Wunschphantasie der Weltflucht. Sie ist zu übersetzen: Ich bin so unglücklich im Leben, ich muß wieder in den Mutterschoß zurück.

Was soll es aber bedeuten, daß dieser symbolische, einmal real gewesene, Schleier in dem Moment der Stuhlentleerung nach dem Klysma zerreißt, daß seine Krankheit unter dieser Bedingung von ihm weicht? Der Zusammenhang gestattet uns zu antworten: Wenn der Geburtsschleier zerreißt, so erblickt er die Welt und wird wiedergeboren. Der Stuhlgang ist das Kind, als welches er zum zweitenmal zu einem glücklicheren Leben geboren wird. Das wäre also die Wiedergeburtsphantasie, auf die Jung kürzlich die Aufmerksamkeit gelenkt und der er eine so dominierende Stellung im Wunschleben der Neurotiker eingeräumt hat.

Das wäre schön, wenn es vollständig wäre. Gewisse Einzelheiten der Situation und die Rücksicht auf den erforderlichen Zusammenhang mit der speziellen Lebensgeschichte nötigen uns, die Deutung weiter zu führen. Die Bedingung der Wiedergeburt ist, daß ihm ein Mann ein Klysma verabreicht (diesen Mann hat er erst später notgedrungen selbst ersetzt). Das kann nur heißen, er hat sich mit der Mutter identifiziert, der Mann spielt den Vater, das Klysma wiederholt den Begattungsakt, als dessen Frucht das Kotkind — wiederum er — geboren wird. Die

Wiedergeburtsphantasie ist also eng mit der Bedingung der sexuellen Befriedigung durch den Mann verknüpft. Die Übersetzung lautet jetzt also: Nur wenn er sich dem Weib substituieren, die Mutter ersetzen darf, um sich vom Vater befriedigen zu lassen und ihm ein Kind zu gebären, dann ist seine Krankheit von ihm gewichen. Die Wiedergeburtsphantasie war also hier nur eine verstümmelte, zensurierte Wiedergabe der homosexuellen Wunschphantasie.

Sehen wir näher zu, so müssen wir eigentlich bemerken, daß der Kranke in dieser Bedingung seiner Heilung nur die Situation der sogenannten Urszene wiederholt: Damals wollte er sich der Mutter unterschieben; das Kotkind hat er, wie wir längst vorher angenommen hatten, in jener Szene selbst produziert. Er ist noch immer fixiert, wie gebannt, an die Szene, die für sein Sexualleben entscheidend wurde, deren Wiederkehr in jener Traumnacht sein Kranksein eröffnete. Das Zerreißen des Schleiers ist analog dem Öffnen der Augen, dem Aufgehen der Fenster. Die Urszene ist zur Heilbedingung umgebildet worden.

Das, was durch die Klage, und was durch die Ausnahme dargestellt ist, kann man leicht zu einer Einheit zusammenziehen, die dann ihren ganzen Sinn offenbart. Er wünscht sich in den Mutterleib zurück, nicht um dann einfach wiedergeboren zu werden, sondern um dort beim Koitus vom Vater getroffen zu werden, von ihm die Befriedigung zu bekommen, ihm ein Kind zu gebären.

Vom Vater geboren worden zu sein, wie er anfänglich gemeint hatte, von ihm sexuell befriedigt zu werden, ihm ein Kind zu schenken, dies unter Preisgebung seiner Männlichkeit, und in der Sprache der Analerotik ausgedrückt: mit diesen Wünschen ist der Kreis der Fixierung an den Vater geschlossen, hiemit hat die Homosexualität ihren höchsten und intimsten Ausdruck gefunden.[1]

---

1) Der mögliche Nebensinn, daß der Schleier das Hymen darstellt, welches beim Verkehr mit dem Manne zerreißt, trifft nicht genau mit der Heilbedingung zusammen und hat keine Beziehung zum Leben des Patienten, für den die Virginität keine Bedeutung hatte.

Ich meine, von diesem Beispiel her fällt auch ein Licht auf Sinn und Ursprung der Mutterleibs- wie der Wiedergeburtsphantasie. Die erstere ist häufig so wie in unserem Falle aus der Bindung an den Vater hervorgegangen. Man wünscht sich in den Leib der Mutter, um sich ihr beim Koitus zu substituieren, ihre Stelle beim Vater einzunehmen. Die Wiedergeburtsphantasie ist wahrscheinlich regelmäßig eine Milderung, sozusagen ein Euphemismus, für die Phantasie des inzestuösen Verkehrs mit der Mutter, eine anagogische Abkürzung derselben, um den Ausdruck von H. Silberer zu gebrauchen. Man wünscht sich in die Situation zurück, in der man sich in den Genitalien der Mutter befand, wobei sich der Mann mit seinem Penis identifiziert, durch ihn vertreten läßt. Dann enthüllen sich die beiden Phantasien als Gegenstücke, die je nach der männlichen oder weiblichen Einstellung des Betreffenden dem Wunsch nach dem Sexualverkehr mit dem Vater oder der Mutter Ausdruck geben. Es ist die Möglichkeit nicht abzuweisen, daß in der Klage und Heilbedingung unseres Patienten beide Phantasien, also auch beide Inzestwünsche, vereinigt sind.

Ich will noch einmal den Versuch machen, die letzten Ergebnisse der Analyse nach dem gegnerischen Vorbild umzudeuten: Der Patient beklagt seine Weltflucht in einer typischen Mutterleibsphantasie, erblickt seine Heilung allein in einer typischgefaßten Wiedergeburt. Diese letztere drückt er in analen Symptomen entsprechend seiner vorwiegenden Veranlagung aus. Nach dem Vorbild der analen Wiedergeburtsphantasie hat er sich eine Kinderszene zurechtgemacht, die seine Wünsche in archaisch symbolischen Ausdrucksmitteln wiederholt. Seine Symptome verketten sich dann, als ob sie von einer solchen Urszene ausgingen. Zu diesem ganzen Rückweg mußte er sich entschließen, weil er auf eine Lebensaufgabe stieß, für deren Lösung er zu faul war, oder weil er allen Grund hatte, seinen Minderwertigkeiten zu mißtrauen und sich durch solche Veranstaltungen am besten vor Zurücksetzung zu schützen meinte.

Das wäre alles gut und schön, wenn der Unglückliche nur nicht schon mit vier Jahren einen Traum gehabt hätte, mit dem seine Neurose begann, der durch die Erzählung des Großvaters vom Schneider und vom Wolf angeregt wurde, und dessen Deutung die Annahme einer solchen Urszene notwendig macht. An diesen kleinlichen, aber unantastbaren Tatsachen scheitern leider die Erleichterungen, die uns die Theorien von Jung und Adler verschaffen wollen. Wie die Sachen liegen, scheint mir die Wiedergeburtsphantasie eher ein Abkömmling der Urszene, als umgekehrt die Urszene eine Spiegelung der Wiedergeburtsphantasie zu sein. Vielleicht darf man auch annehmen, der Patient sei damals, vier Jahre nach seiner Geburt, doch zu jung gewesen, um sich bereits eine Wiedergeburt zu wünschen. Aber dieses letztere Argument muß ich doch zurückziehen; meine eigenen Beobachtungen beweisen, daß man die Kinder unterschätzt hat, und daß man nicht mehr weiß, was man ihnen zutrauen darf.[1]

---

1) Ich gebe zu, daß diese Frage die heikelste der ganzen analytischen Lehre ist. Ich habe nicht der Mitteilungen von Adler oder Jung bedurft, um mich mit der Möglichkeit kritisch zu beschäftigen, daß die von der Analyse behaupteten, vergessenen Kindheitserlebnisse — in unwahrscheinlich früher Kindheit erlebt! — vielmehr auf Phantasien beruhen, die bei späten Anlässen geschaffen werden, und daß man überall dort die Äußerung eines konstitutionellen Moments oder einer phylogenetisch erhaltenen Disposition anzunehmen habe, wo man die Nachwirkung eines solchen infantilen Eindrucks in den Analysen zu finden glaubt. Im Gegenteile, kein Zweifel hat mich mehr in Anspruch genommen, keine andere Unsicherheit 'entschiedener von Publikationen zurückgehalten. Sowohl die Rolle der Phantasien für die Symptombildung als auch das „Zurückphantasieren" von späten Anregungen her in die Kindheit und das nachträgliche Sexualisieren derselben habe ich als erster kennen gelehrt, worauf keiner der Gegner hingewiesen hat. (Siehe Traumdeutung, I. Auflage, S. 49, [Bd. II/III dieser Gesamtausgabe] und Bemerkungen über einen Fall von Zwangsneurose‘ 1908 [Bd. VII, S. 381]). Wenn ich dennoch die schwierigere und unwahrscheinlichere Auffassung als die meinige festgehalten habe, so geschah es mit Argumenten, wie sie der hier beschriebene Fall oder jede andere infantile Neurose dem Untersucher aufdrängen und die ich jetzt neuerdings den Lesern zur Entscheidung vorlege.

IX

ZUSAMMENFASSUNGEN UND PROBLEME

Ich weiß nicht, ob es dem Leser des vorstehenden Analysen-
berichtes gelungen ist, sich ein deutliches Bild von der Entstehung
und Entwicklung des Krankseins bei meinem Patienten zu machen.
Vielmehr ich fürchte, es ist nicht der Fall gewesen. Aber, so
wenig ich sonst für die Kunst meiner Darstellung Partei genommen
habe, diesmal möchte ich doch auf mildernde Umstände plaidieren.
Es ist eine Aufgabe gewesen, die noch niemals zuvor in Angriff
genommen wurde, in die Beschreibung so frühe Phasen und so
tiefe Schichten des Seelenlebens einzuführen, und es ist besser,
man löst sie schlecht, als man ergreift vor ihr die Flucht, was
ja überdies mit gewissen Gefahren für den Verzagten verbunden
sein soll. Man zeigt also lieber kühnlich, daß man sich durch
das Bewußtsein seiner Minderwertigkeiten nicht hat abhalten
lassen. Der Fall selbst war nicht besonders günstig. Was den Reichtum
der Auskünfte über die Kindheit ermöglichte, daß man das Kind
durch das Medium des Erwachsenen studieren konnte, mußte
mit den ärgsten Zerstückelungen der Analyse und den entsprechenden
Unvollständigkeiten in der Darstellung erkauft werden. Persönliche
Eigentümlichkeiten, ein dem unsrigen fremder Nationalcharakter,
machten die Einfühlung mühsam. Der Abstand zwischen der
liebenswürdig entgegenkommenden Persönlichkeit des Kranken,
seiner scharfen Intelligenz, vornehmen Denkungsart und seinem

völlig ungebändigten Triebleben machte eine überlange Vor-
bereitungs- und Erziehungsarbeit notwendig, durch welche die
Übersicht erschwert wurde. An dem Charakter des Falles, welcher
der Beschreibung die härtesten Aufgaben stellte, ist der Patient
selbst aber völlig unschuldig. Wir haben es in der Psychologie
des Erwachsenen glücklich dahin gebracht, die seelischen Vorgänge
in bewußte und unbewußte zu scheiden und beide in klaren
Worten zu beschreiben. Beim Kinde läßt diese Unterscheidung
uns beinahe im Stiche. Man ist oft in Verlegenheit anzugeben,
was man als bewußt und was man als unbewußt bezeichnen
möchte. Vorgänge, die die herrschenden geworden sind, und die
nach ihrem späteren Verhalten den bewußten gleichgestellt werden
müssen, sind beim Kinde dennoch nicht bewußt gewesen. Man
kann leicht verstehen, warum; das Bewußte hat beim Kinde noch
nicht alle seine Charaktere gewonnen, es ist noch in der Entwicklung begriffen und besitzt nicht recht die Fähigkeit, sich in
Sprachvorstellungen umzusetzen. Die Verwechslung, deren wir uns
sonst regelmäßig schuldig machen, zwischen dem Phänomen, als
Wahrnehmung im Bewußtsein aufzutreten, und der Zugehörigkeit
zu einem angenommenen psychischen System, das wir irgendwie
konventionell benennen sollten, das wir aber gleichfalls Bewußtsein (System *Bw*) heißen, diese Verwechslung ist harmlos bei der
psychologischen Beschreibung des Erwachsenen, aber irreführend
für die des kleinen Kindes. Auch die Einführung des „Vorbewußten" nützt hier nicht viel, denn das Vorbewußte des
Kindes braucht sich mit dem des Erwachsenen ebensowenig zu
decken. Man begnügt sich also damit, die Dunkelheit klar erkannt
zu haben.

Es ist selbstverständlich, daß ein Fall wie der hier beschriebene
Anlaß geben könnte, alle Ergebnisse und Probleme der Psychoanalyse in Diskussion zu ziehen. Es wäre eine unendliche und
eine ungerechtfertigte Arbeit. Man muß sich sagen, daß man aus
einem einzigen Fall nicht alles erfahren, an ihm nicht alles ent-

scheiden kann, und sich darum begnügen, ihn für das zu verwerten, was er am deutlichsten zeigt. Die Erklärungsaufgabe in der
Psychoanalyse ist überhaupt enge begrenzt. Zu erklären sind die
auffälligen Symptombildungen durch Aufdeckung ihrer Genese;
die psychischen Mechanismen und Triebvorgänge, zu denen man
so geführt wird, sind nicht zu erklären, sondern zu beschreiben.
Um aus den Feststellungen über diese beiden letzteren Punkte
neue Allgemeinheiten zu gewinnen, sind zahlreiche solche gut
und tief analysierte Fälle erforderlich. Sie sind nicht leicht zu
haben, jeder einzelne verbraucht jahrelange Arbeit. Der Fortschritt
in diesen Gebieten kann sich also nur langsam vollziehen. Die
Versuchung liegt freilich sehr nahe, sich damit zu begnügen, daß
man bei einer Anzahl von Personen die psychische Oberfläche
„ankratzt", und das Unterlassene dann durch Spekulation ersetzt,
die man unter die Patronanz irgend einer philosophischen Richtung stellt. Man kann auch praktische Bedürfnisse zu Gunsten
dieses Verfahrens geltend machen, aber die Bedürfnisse der
Wissenschaft lassen sich durch kein Surrogat befriedigen.

Ich will versuchen, eine synthetische Übersicht der Sexualentwicklung meines Patienten zu entwerfen, bei der ich mit den
frühesten Anzeichen beginnen kann. Das erste, was wir über ihn
hören, ist die Störung der Eßlust, die ich nach anderen Erfahrungen, aber doch mit aller Zurückhaltung, als den Erfolg
eines Vorgangs auf sexuellem Gebiet auffassen will. Als die erste
kenntliche Sexualorganisation habe ich die sogenannte **kannibale**
oder **orale** betrachten müssen, in welcher die ursprüngliche Anlehnung der Sexualerregung an den Eßtrieb noch die Szene
beherrscht. Direkte Äußerungen dieser Phase werden nicht zu
erwarten sein, wohl aber Anzeichen bei eingetretenen Störungen.
Die Beeinträchtigung des Eßtriebs — die natürlich sonst auch
andere Ursachen haben kann — macht uns dann aufmerksam,
daß eine Bewältigung sexueller Erregung dem Organismus nicht
gelungen ist. Das Sexualziel dieser Phase könnte nur der Kanni-

balismus, das Fressen sein; es kommt bei unserem Patienten durch Regression von einer höheren Stufe her in der Angst zum Vorschein: vom Wolf gefressen zu werden. Diese Angst mußten wir uns ja übersetzen: vom Vater koitiert zu werden. Es ist bekannt, daß es in weit vorgerückteren Jahren, bei Mädchen in den Zeiten der Pubertät oder bald nachher, eine Neurose gibt, welche die Sexualablehnung durch Anorexie ausdrückt; man wird sie in Beziehung zu dieser oralen Phase des Sexuallebens bringen dürfen. Auf der Höhe des verliebten Paroxysmus („ich könnte dich fressen vor Liebe") und im zärtlichen Verkehr mit kleinen Kindern, wobei der Erwachsene sich selbst wie infantil gebärdet, tritt das Liebesziel der oralen Organisation wieder auf. Ich habe an anderer Stelle die Vermutung ausgesprochen, daß der Vater unseres Patienten selbst das „zärtliche Schimpfen" gehabt, mit dem Kleinen Wolf oder Hund gespielt und ihn im Scherz mit dem Auffressen bedroht hat. (S. 58.) Der Patient hat diese Vermutung durch sein auffälliges Benehmen in der Übertragung nur bestätigt. So oft er vor Schwierigkeiten der Kur auf die Übertragung zurückwich, drohte er mit dem Auffressen und später mit allen anderen möglichen Mißhandlungen, was alles nur Ausdruck von Zärtlichkeit war.

Der Sprachgebrauch hat gewisse Prägungen dieser oralen Sexualphase dauernd angenommen, er spricht von einem „appetitlichen" Liebesobjekt, nennt die Geliebte „süß". Wir erinnern uns, daß unser kleiner Patient auch nur Süßes essen wollte. Süßigkeiten, Bonbons vertreten im Traume regelmäßig Liebkosungen, sexuelle Befriedigungen.

Es scheint, daß zu dieser Phase auch eine Angst gehört (im Falle von Störung natürlich), die als Lebensangst auftritt und sich an alles heften kann, was dem Kinde als geeignet bezeichnet wird. Bei unserem Patienten wurde sie dazu benützt, um ihn zur Überwindung seiner Eßunlust, ja zur Überkompensation derselben anzuleiten. Auf die mögliche Quelle seiner Eßstörung

werden wir geleitet, wenn wir — auf dem Boden jener viel-
beredeten Annahme — daran erinnern, daß die Koitusbeobachtung, von welcher so viele nachträgliche Wirkungen ausgingen, in das Alter von 1 ½ Jahren, sicherlich vor der Zeit der
Eßschwierigkeiten fällt. Vielleicht dürfen wir annehmen, daß sie
die Prozesse der Sexualreifung beschleunigt und so auch direkte,
wenn auch unscheinbare Wirkungen entfaltet hat.

Ich weiß natürlich auch, daß man die Symptomatik dieser
Periode, die Wolfsangst, die Eßstörung anders und einfacher erklären kann, ohne Rücksicht auf die Sexualität und eine prägenitale Organisationsstufe derselben. Wer die Zeichen der Neurotik
und den Zusammenhang der Erscheinungen gern vernachlässigt,
wird diese andere Erklärung vorziehen und ich werde ihn daran
nicht hindern können. Es ist schwer, über diese Anfänge des
Sexuallebens anders als auf den angezeigten Umwegen etwas
Zwingendes zu eruieren.

Die Szene mit der Gruscha (um 2 ½ Jahre) zeigt uns unseren
Kleinen zu Beginn einer Entwicklung, welche die Anerkennung
als normal verdient, vielleicht bis auf ihre Vorzeitigkeit: Identifizierung mit dem Vater, Harnerotik in Vertretung der Männlichkeit. Sie steht ja auch ganz unter dem Einfluß der Urszene.
Die Vateridentifizierung haben wir bisher als eine narzißtische
aufgefaßt, mit Rücksicht auf den Inhalt der Urszene können
wir es nicht abweisen, daß sie bereits der Stufe der Genitalorganisation entspricht. Das männliche Genitale hat seine Rolle
zu spielen begonnen und setzt sie unter dem Einfluß der Verführung durch die Schwester fort.

Man bekommt aber den Eindruck, daß die Verführung nicht
bloß die Entwicklung fördert, sondern sie noch in höherem Grade
stört und ablenkt. Sie gibt ein passives Sexualziel, welches mit
der Aktion des männlichen Genitales im Grunde unverträglich
ist. Beim ersten äußeren Hindernis, bei der Kastrationsandeutung
der Nanja, bricht (mit 3 ½ Jahren) die noch zaghafte genitale

Organisation zusammen und regrediert auf die ihr vorhergehende Stufe der sadistisch-analen Organisation, welche vielleicht sonst mit ebenso leichten Anzeichen wie bei anderen Kindern durchlaufen worden wäre.

Die sadistisch-anale Organisation ist leicht als Fortbildung der oralen zu erkennen. Die gewaltsame Muskelbetätigung am Objekt, die. sie auszeichnet, findet ihre Stelle als vorbereitender Akt für das Fressen, das dann als Sexualziel ausfällt. Der vorbereitende Akt wird ein selbständiges Ziel. Die Neuheit gegen die vorige Stufe besteht wesentlich darin, daß das aufnehmende, passive Organ, von der Mundzone abgesondert, an der Analzone ausgebildet wird. Biologische Parallelen oder die Auffassung der prägenitalen menschlichen Organisationen als Reste von Einrichtungen, die in manchen Tierklassen dauernd festgehalten werden, liegen hier sehr nahe. Die Konstituierung des Forschertriebes aus seinen Komponenten ist für diese Stufe gleichfalls charakteristisch.

Die Analerotik macht sich nicht auffällig bemerkbar. Der Kot hat unter dem Einfluß des Sadismus seine zärtliche gegen seine offensive Bedeutung vertauscht. An der Verwandlung des Sadismus in Masochismus ist ein Schuldgefühl mitbeteiligt, welches auf Entwicklungsvorgänge in anderen als den sexuellen Sphären hinweist.

Die Verführung setzt ihren Einfluß fort, indem sie die Passivität des Sexualziels aufrechthält. Sie verwandelt jetzt den Sadismus zu einem großen Teil in sein passives Gegenstück, den Masochismus. Es ist fraglich, ob man den Charakter der Passivität ganz auf ihre Rechnung setzen darf, denn die Reaktion des $1^1/_2$jährigen Kindes auf die Koitusbeobachtung war bereits vorwiegend eine passive. Die sexuelle Miterregung äußerte sich in einer Stuhlentleerung, an der allerdings auch ein aktiver Anteil zu unterscheiden ist. Neben dem Masochismus, der seine Sexualstrebung beherrscht und sich in Phantasien äußert, bleibt auch der Sadismus bestehen und betätigt sich gegen kleine Tiere. Seine Sexualforschung hat von der Verführung an eingesetzt, wesentlich zwei Probleme in Angriff genommen, woher die Kinder kommen, und ob ein Verlust des Genitales möglich ist, und verwebt sich mit den Äußerungen seiner Triebregungen. Sie lenkt seine sadistischen Neigungen auf die kleinen Tiere als Repräsentanten der kleinen Kinder.

Wir haben die Schilderung bis in die Nähe des vierten Geburtstages geführt, zu welchem Zeitpunkt der Traum die Koitusbeobachtung von 1½ Jahren zur nachträglichen Wirkung bringt. Die Vorgänge, die sich nun abspielen, können wir weder vollständig erfassen, noch sie hinreichend beschreiben. Die Aktivierung des Bildes, das nun dank der vorgeschrittenen intellektuellen Entwicklung verstanden werden kann, wirkt wie ein frisches Ereignis, aber auch wie ein neues Trauma, ein fremder Eingriff analog der Verführung. Die abgebrochene genitale Organisation wird mit einem Schlage wieder eingesetzt, aber der im Traum vollzogene Fortschritt kann nicht festgehalten werden. Es kommt vielmehr durch einen Vorgang, den man nur einer Verdrängung gleichstellen kann, zur Ablehnung des Neuen und dessen Ersetzung durch eine Phobie.

Die sadistisch-anale Organisation bleibt also auch in der jetzt einsetzenden Phase der Tierphobie fortbestehen, nur sind ihr die Angsterscheinungen beigemengt. Das Kind setzt die sadistischen wie die masochistischen Betätigungen fort, doch reagiert es mit Angst gegen einen Teil derselben; die Verkehrung des Sadismus in sein Gegenteil macht wahrscheinlich weitere Fortschritte.

Aus der Analyse des Angsttraumes entnehmen wir, daß die Verdrängung sich an die Erkenntnis der Kastration anschließt. Das Neue wird verworfen, weil seine Annahme den Penis kosten würde. Eine sorgfältigere Überlegung läßt etwa Folgendes erkennen: Das Verdrängte ist die homosexuelle Einstellung im genitalen Sinne, die sich unter dem Einfluß der Erkenntnis gebildet hatte. Sie bleibt nun aber fürs Unbewußte erhalten, als eine abgesperrte tiefere Schichtung konstituiert. Der Motor dieser Verdrängung scheint die narzißtische Männlichkeit des Genitales zu sein, die in einen längst vorbereiteten Konflikt mit der Passivität des homosexuellen Sexualzieles gerät. Die Verdrängung ist also ein Erfolg der Männlichkeit.

Man käme in Versuchung, von hier aus ein Stück der psychoanalytischen Theorie abzuändern. Man glaubt doch mit Händen zu greifen, daß es der Konflikt zwischen männlichen und weiblichen Strebungen, also die Bisexualität, ist, aus der die Verdrängung und Neurosenbildung hervorgeht. Allein diese Auffassung ist lückenhaft. Von den beiden widerstreitenden Sexualregungen ist die eine ichgerecht, die andere beleidigt das narzißtische Interesse; sie verfällt darum der Verdrängung. Es ist auch in diesem Falle das Ich, von dem die Verdrängung ins Werk gesetzt wird, zu Gunsten einer der sexuellen Strebungen. In anderen Fällen existiert ein solcher Konflikt zwischen Männlichkeit und Weiblichkeit nicht; es ist nur eine Sexualstrebung da, die Annahme heischt, aber gegen gewisse Mächte des Ichs verstößt und darum selbst verstoßen wird. Weit häufiger als Konflikte innerhalb der Sexualität selbst finden sich ja die anderen vor, die sich zwischen der Sexualität und den moralischen Ichtendenzen ergeben. Ein solcher moralischer Konflikt fehlt in unserem Falle. Die Betonung der Bisexualität als Motiv der Verdrängung wäre also zu enge; die des Konflikts zwischen Ich und Sexualstreben (Libido) deckt alle Vorkommnisse.

Der Lehre vom „männlichen Protest", wie sie Adler ausgebildet hat, ist entgegenzuhalten, daß die Verdrängung keineswegs immer die Partei der Männlichkeit nimmt und die Weiblichkeit betrifft; in ganzen großen Klassen von Fällen ist es die Männlichkeit, die sich vom Ich die Verdrängung gefallen lassen muß.

Eine gerechtere Würdigung des Verdrängungsvorganges in unserem Falle würde übrigens der narzißtischen Männlichkeit die Bedeutung des einzigen Motivs bestreiten. Die homosexuelle Einstellung, die während des Traumes zu stande kommt, ist eine so intensive, daß das Ich des kleinen Menschen an ihrer Bewältigung versagt und sich durch den Verdrängungsvorgang ihrer erwehrt. Als Helfer bei dieser Absicht wird die ihr gegensätzliche narzißtische Männlichkeit des Genitales herangezogen. Daß alle narzißtischen Regungen vom Ich aus wirken und beim Ich verbleiben, die Verdrängungen gegen libidinöse Objektbesetzungen gerichtet sind, soll nur zur Vermeidung von Mißverständnissen ausgesprochen werden.

Wenden wir uns von dem Vorgang der Verdrängung, dessen restlose Bewältigung uns vielleicht nicht geglückt ist, zu dem Zustand, der sich beim Erwachen aus dem Traum ergibt. Wäre es wirklich die Männlichkeit gewesen, die während des Traumvorganges über die Homosexualität (Weiblichkeit) gesiegt hat, so müßten wir nun eine aktive Sexualstrebung von bereits ausgesprochen männlichem Charakter als die herrschende finden. Davon ist keine Rede, das Wesentliche der Sexualorganisation hat sich nicht geändert, die sadistisch-anale Phase setzt ihren Bestand fort, sie ist die herrschende geblieben. Der Sieg der Männlichkeit zeigt sich bloß darin, daß nun auf die passiven Sexualziele der herrschenden Organisation (die masochistisch, aber nicht weiblich sind) mit Angst reagiert wird. Es ist keine sieghafte männliche Sexualregung vorhanden, sondern nur eine passive und ein Sträuben gegen dieselbe.

Ich kann mir vorstellen, welche Schwierigkeiten die ungewohnte, aber unerläßliche scharfe Scheidung von aktiv-männlich und passiv-weiblich dem Leser bereitet und will darum Wiederholungen nicht vermeiden. Den Zustand nach dem Traume kann man also in folgender Art beschreiben: Die Sexualstrebungen sind zerspalten worden, im Unbewußten ist die Stufe der genitalen Organisation erreicht und eine sehr intensive Homosexualität konstituiert, darüber besteht (virtuell im Bewußten) die frühere sadistische und überwiegend masochistische Sexualströmung, das

Ich hat seine Stellung zur Sexualität im ganzen geändert, es befindet sich in Sexualablehnung und weist die herrschenden masochistischen Ziele mit Angst ab, wie es auf die tieferen homosexuellen mit der Bildung einer Phobie reagiert hat. Der Erfolg des Traumes war also nicht so sehr der Sieg einer männlichen Strömung, sondern die Reaktion gegen eine feminine und eine passive. Es wäre gewaltsam, dieser Reaktion den Charakter der Männlichkeit zuzuschreiben. Das Ich hat eben keine Sexualstrebungen, sondern nur das Interesse an seiner Selbstbewahrung und der Erhaltung seines Narzißmus.

Fassen wir nun die Phobie ins Auge. Sie ist auf dem Niveau der genitalen Organisation entstanden, zeigt uns den relativ einfachen Mechanismus einer Angsthysterie. Das Ich schützt sich durch Angstentwicklung vor dem, was es als übermächtige Gefahr wertet, vor der homosexuellen Befriedigung. Doch hinterläßt der Verdrängungsvorgang eine nicht zu übersehende Spur. Das Objekt, an das sich das gefürchtete Sexualziel geknüpft hat, muß sich vor dem Bewußtsein durch ein anderes vertreten lassen. Nicht die Angst vor dem Vater, sondern die vor dem Wolf wird bewußt. Es bleibt auch nicht bei der Bildung der Phobie mit dem einen Inhalt. Der Wolf ersetzt sich eine ganze Weile später durch den Löwen. Mit den sadistischen Regungen gegen die kleinen Tiere konkurriert eine Phobie vor ihnen als Vertreter der Nebenbuhler, der möglichen kleinen Kinder. Besonders interessant ist die Entstehung der Schmetterlingsphobie. Es ist wie eine Wiederholung des Mechanismus, der im Traum die Wolfsphobie erzeugt hat. Durch eine zufällige Anregung wird ein altes Erlebnis aktiviert, die Szene mit Gruscha, deren Kastrationsdrohung nachträglich zur Wirkung kommt, während sie, als sie vorfiel, ohne Eindruck geblieben war.[1]

---

1) Die Gruschaszene war, wie erwähnt, eine spontane Erinnerungsleistung des Patienten, an welcher eine Konstruktion oder Anregung des Arztes keinen Anteil hatte; die Lücke in ihr wurde von der Analyse in einer Weise ausgefüllt, die

Man kann sagen, die Angst, welche in die Bildung dieser Phobien eingeht, ist Kastrationsangst. Diese Aussage enthält keinen Widerspruch gegen die Auffassung, die Angst sei aus der Verdrängung homosexueller Libido hervorgegangen. In beiden Ausdrucksweisen meint man den nämlichen Vorgang, daß das Ich der homosexuellen Wunschregung Libido entzieht, welche in freischwebende Angst umgesetzt wird und sich dann in Phobien binden läßt. In der ersten Ausdrucksweise hat man nur das Motiv, welches das Ich treibt, mitbezeichnet.

Bei näherem Zusehen findet man nun, daß diese erste Erkrankung unseres Patienten (von der Eßstörung abzusehen) durch das Herausgreifen der Phobie nicht erschöpft wird, sondern als eine echte Hysterie verstanden werden muß, der neben Angstsymptomen auch Konversionserscheinungen zukommen. Ein Anteil der homosexuellen Regung wird in dem bei ihr beteiligten Organ festgehalten; der Darm benimmt sich von da an und ebenso in der Spätzeit wie ein hysterisch affiziertes Organ. Die unbewußte, verdrängte Homosexualität hat sich in den Darm zurückgezogen. Gerade dieses Stück Hysterie hat dann bei der Lösung des späteren Krankseins die besten Dienste geleistet.

Nun soll es uns auch nicht am Mute mangeln, die noch komplizierteren Verhältnisse der Zwangsneurose in Angriff zu

---

tadellos genannt werden muß, wenn man auf die Arbeitsweise der Analyse überhaupt Wert legt. Eine rationalistische Aufklärung dieser Phobie könnte nur sagen: Es sei nichts Ungewöhnliches, daß ein zur Ängstlichkeit disponiertes Kind auch einmal vor einem gelbstreifigen Schmetterling einen Angstanfall bekomme, wahrscheinlich infolge einer ererbten Angstneigung. (Vgl. Stanley Hall, A synthetic genetic study of fear. Amer. J. of Psychology XXV, 1914). In Unwissenheit dieser Ursache suche es nun nach einer Kindheitsanküpfung für diese Angst und benütze den Zufall der Namensgleichheit und der Wiederkehr der Streifen, um sich die Phantasie eines Abenteuers mit dem noch erinnerten Kindermädchen zu konstruieren. Wenn aber die Nebensachen der an sich harmlosen Begebenheit, Aufwaschen, Kübel, Besen im späteren Leben die Macht zeigen, dauernd und zwanghaft die Objektwahl des Menschen zu bestimmen, so fällt der Schmetterlingsphobie eine unbegreifliche Bedeutung zu. Der Sachverhalt wird mindestens ebenso merkwürdig wie der von mir behauptete, und der Gewinn aus der rationalistischen Auffassung dieser Szenen ist zerronnen. Die Gruschaszene wird uns also besonders wertvoll, da wir an ihr unser Urteil über die minder gesicherte Urszene vorbereiten können.

nehmen. Halten wir uns nochmals die Situation vor: eine herrschende masochistische und eine verdrängte homosexuelle Sexualströmung, dagegen ein in hysterischer Ablehnung befangenes Ich;
welche Vorgänge wandeln diesen Zustand in den der Zwangsneurose um?

Die Verwandlung geschieht nicht spontan, durch innere Fortentwicklung, sondern durch fremden Einfluß von .außen. Ihr
sichtbarer Erfolg ist, daß das im Vordergrund stehende Verhältnis
zum Vater, welches bisher in der Wolfsphobie Ausdruck gefunden
hatte, sich nun in Zwangsfrömmigkeit äußert. Ich kann es nicht
unterlassen, darauf hinzuweisen, daß der Vorgang bei diesem
Patienten eine unzweideutige Bestätigung einer Behauptung liefert,
die ich in „Totem und Tabu" über das Verhältnis des Totem-
tieres zur Gottheit aufgestellt habe.[1] Ich entschied mich dort
dafür, daß die Gottesvorstellung nicht eine Fortentwicklung des
Totem sei, sondern sich unabhängig von ihm aus der gemeinsamen Wurzel beider zu seiner Ablösung erhebe. Der Totem sei
der erste Vaterersatz, der Gott aber ein späterer, in dem der
Vater seine menschliche Gestalt wiedergewinne. So finden wir es
auch bei unserem Patienten. Er macht in der Wolfsphobie das
Stadium des totemistischen Vaterersatzes durch, welches nun abbricht und infolge neuer Relationen zwischen ihm und dem
Vater durch eine Phase von religiöser Frömmigkeit ersetzt wird.

Der Einfluß, welcher diese Wandlung hervorruft, ist die durch
die Mutter vermittelte Bekanntschaft mit den Lehren der Religion
und mit der heiligen Geschichte. Das Ergebnis wird das von der
Erziehung gewünschte. Der sadistisch-masochistischen Sexualorganisation wird ein langsames Ende bereitet, die Wolfsphobie verschwindet rasch, an Stelle der Angstablehnung der Sexualität
tritt eine höhere Form der Unterdrückung derselben. Die Frömmigkeit wird zur herrschenden Macht im Leben des Kindes. Allein
diese Überwindungen gehen nicht ohne Kämpfe vor sich, als

---

1) Totem und Tabu, p. 157, 1913. [Enthalten in Bd. IX. der Gesamtausgabe.]

deren Zeichen die blasphemischen Gedanken erscheinen, und als deren Folge eine zwanghafte Übertreibung des religiösen Zeremoniells sich festsetzt.

Wenn wir von diesen pathologischen Phänomenen absehen, können wir sagen, die Religion hat in diesem Falle alles das geleistet, wofür sie in der Erziehung des Individuums eingesetzt wird. Sie hat seine Sexualstrebungen gebändigt, indem sie ihnen eine Sublimierung und feste Verankerung bot, seine familiären Beziehungen entwertet und damit einer drohenden Isolierung vorgebeugt, dadurch, daß sie ihm den Anschluß an die große Gemeinschaft der Menschen eröffnete. Das wilde, verängstigte Kind wurde sozial, gesittet und erziehbar.

Der Hauptmotor des religiösen Einflusses war die Identifizierung mit der Christusgestalt, die ihm durch die Zufälligkeit seines Geburtsdatums besonders nahe gelegt war. Hier fand die übergroße Liebe zum Vater, welche die Verdrängung notwendig gemacht hatte, endlich einen Ausweg in eine ideale Sublimierung. Als Christus durfte man den Vater, der nun Gott hieß, mit einer Inbrunst lieben, die beim irdischen Vater vergeblich nach Entladung gesucht hatte. Die Wege, auf denen man diese Liebe bezeugen konnte, waren von der Religion angezeigt, an ihnen haftete auch nicht das Schuldbewußtsein, das sich von den individuellen Liebesstrebungen nicht ablösen ließ. Wenn so die tiefste, bereits als unbewußte Homosexualität niedergeschlagene Sexualströmung noch drainiert werden konnte, so fand die oberflächlichere masochistische Strebung eine unvergleichliche Sublimierung ohne viel Verzicht in der Leidensgeschichte Christi, der sich im Auftrage und zu Ehren des göttlichen Vaters hatte mißhandeln und opfern lassen. So tat die Religion ihr Werk bei dem kleinen Entgleisten durch Mischung von Befriedigung, Sublimierung, Ablenkung vom Sinnlichen auf rein geistige Prozesse, und die Eröffnung sozialer Beziehungen, die sie dem Gläubigen bietet.

Sein anfängliches Sträuben gegen die Religion hatte drei verschiedene Ausgangspunkte. Erstens war es überhaupt, wovon wir
schon Beispiele gesehen haben, seine Art, alle Neuheiten abzu-
wehren. Er verteidigte jede einmal eingenommene Libidoposition
in der Angst vor dem Verlust bei ihrem Aufgeben und im Mißtrauen gegen die Wahrscheinlichkeit eines volles Ersatzes durch
die neu zu beziehende. Es ist das eine wichtige und fundamen-
tale psychologische Besonderheit, die ich in den drei Abhandlungen
zur Sexualtheorie als Fähigkeit zur Fixierung aufgestellt habe.
Jung hat sie unter dem Namen der psychischen „Trägheit" zur
Hauptverursachung aller Mißerfolge der Neurotiker machen wollen.
Ich glaube, mit Unrecht, sie reicht viel weiter hinaus und spielt
auch im Leben nicht Nervöser ihre bedeutsame Rolle. Die Leicht-
beweglichkeit oder Schwerflüssigkeit der libidinösen, und ebenso
der andersartigen Energiebesetzungen ist ein besonderer Charakter,
der vielen Normalen und nicht einmal allen Nervösen eignet,
und der bisher noch nicht in Zusammenhang mit anderem
gebracht ist, etwas wie eine Primzahl nicht weiter zerteilbares.
Wir wissen nur das eine, daß die Eigenschaft der Beweglichkeit
psychischer Besetzungen mit dem Lebensalter auffällig zurückgeht.
Sie hat uns eine der Indikationen für die Grenzen der psychoanalytischen Beeinflussung geliefert. Es gibt aber Personen, bei
denen diese psychische Plastizität weit über die gewöhnliche Alters-
grenze hinaus bestehen bleibt, und andere, bei denen sie sehr frühzeitig verloren geht. Sind es Neurotiker, so macht man mit Un-
behagen die Entdeckung, daß unter scheinbar gleichen Verhältnissen bei ihnen Veränderungen nicht rückgängig zu machen
sind, die man bei anderen mit Leichtigkeit bewältigt hat. Es ist
also auch bei den Umsetzungen psychischer Vorgänge der Begriff
einer Entropie in Betracht zu ziehen, deren Maß sich einer
Rückbildung des Geschehenen widersetzt.

Einen zweiten Angriffspunkt bot ihm die Tatsache, daß die
Religionslehre selbst kein eindeutiges Verhältnis zu Gott-Vater

zu ihrer Grundlage hat, sondern von den Anzeichen der ambivalenten Einstellung durchsetzt ist, welche über ihrer Entstehung gewaltet hat. Diese Ambivalenz spürte er mit der hochentwickelten eigenen heraus und knüpfte an sie jene scharfsinnige Kritik, welche uns von einem Kinde im fünften Lebensjahr so sehr Wunder nehmen mußte. Am bedeutsamsten war aber gewiß ein drittes Moment, auf dessen Wirkung wir die pathologischen Ergebnisse seines Kampfes gegen die Religion zurückführen dürfen. Die zum Manne drängende Strömung, welche von der Religion sublimiert werden sollte, war ja nicht mehr frei, sondern zum Teil durch Verdrängung abgesondert und damit der Sublimierung entzogen, an ihr ursprüngliches sexuelles Ziel gebunden. Kraft dieses Zusammenhanges strebte der verdrängte Anteil sich den Weg zum sublimierten Anteil zu bahnen oder ihn zu sich herabzuziehen. Die ersten Grübeleien, die die Person Christi umspannen, enthielten bereits die Frage, ob dieser sublime Sohn auch das im Unbewußten festgehaltene sexuelle Verhältnis zum Vater erfüllen könne. Die Abweisungen dieses Bestrebens hatten keinen anderen Erfolg, als scheinbar blasphemische Zwangsgedanken entstehen zu lassen, in denen sich die körperliche Zärtlichkeit für Gott in der Form seiner Erniedrigung durchsetzte. Ein heftiger Abwehrkampf gegen diese Kompromißbildungen mußte dann zur zwanghaften Übertreibung aller der Tätigkeiten führen, in denen die Frömmigkeit, die reine Liebe zu Gott, ihren vorgezeichneten Ausweg fand. Endlich hatte die Religion gesiegt, aber ihre triebhafte Fundierung erwies sich unvergleichlich stärker als die Haftbarkeit ihrer Sublimierungsprodukte. Sowie das Leben einen neuen Vaterersatz brachte, dessen Einfluß sich gegen die Religion richtete, wurde sie fallen gelassen und durch anderes ersetzt. Gedenken wir noch der interessanten Komplikation, daß die Frömmigkeit unter dem Einfluß von Frauen entstand (Mutter und Kinderfrau), während männlicher Einfluß die Befreiung von ihr ermöglichte.

Die Entstehung der Zwangsneurose auf dem Boden der sadistisch-analen Sexualorganisation bestätigt im ganzen, was ich an anderer Stelle „über die Disposition zur Zwangsneurose"[1] ausgeführt habe. Aber der vorherige Bestand einer starken Hysterie macht unseren Fall in dieser Hinsicht undurchsichtiger. Ich will die Übersicht über die Sexualentwicklung unseres Kranken beschließen, indem ich ein kurzes Streiflicht auf deren spätere Wandlungen werfe. Mit den Pubertätsjahren trat bei ihm die normal zu. nennende, stark sinnliche, männliche Strömung mit dem Sexualziel der Genitalorganisation auf, deren Schicksale die Zeit bis zu seiner Späterkrankung füllen. Sie knüpfte direkt an die Gruschaszene an, entlehnte von ihr den Charakter zwanghafter, anfallsweise kommender und schwindender Verliebtheit und hatte mit den Hemmungen zu kämpfen, die von den Resten der infantilen Neurosen ausgingen. Mit einem gewaltsamen Durchbruch zum Weib hatte er sich endlich die volle Männlichkeit erkämpft; dies Sexualobjekt wurde von nun an festgehalten, aber er wurde des Besitzes nicht froh, denn eine starke, nun völlig unbewußte Hinneigung zum Manne, die alle Kräfte der früheren Phasen in sich vereinigte, zog ihn immer wieder vom weiblichen Objekt ab und nötigte ihn, in den Zwischenzeiten die Abhängigkeit vom Weib zu übertreiben. Er legte der Kur die Klage vor, daß er es beim Weibe nicht aushalten könne, und alle Arbeit richtete sich darauf, sein ihm unbewußtes Verhältnis zum Manne aufzudecken. Seine Kindheit war, um es formelhaft zusammenzufassen, durch das Schwanken zwischen Aktivität und Passivität ausgezeichnet gewesen, seine Pubertätszeit durch das Ringen um die Männlichkeit, und die Zeit von seiner Erkrankung an durch den Kampf um das Objekt der männlichen Strebung. Der Anlaß seiner Erkrankung fällt nicht unter die „neurotischen Erkrankungstypen", die ich als Spezialfälle der „Versagung" zusammenfassen

---

1) Internat. Zeitschrift für ärztliche Psychoanalyse, I. Band, 1913, S. 525 ff. [Enthalten im Bd. VIII. dieser Gesamtausgabe.]

konnte,[1] und macht so auf eine Lücke in dieser Reihenbildung aufmerksam. Er brach zusammen, als eine organische Affektion des Genitales seine Kastrationsangst aufleben machte, seinem Narzißmus Abbruch tat und ihn zwang, die Erwartung einer persönlichen Bevorzugung durch das Schicksal aufzugeben. Er erkrankte also an einer narzißtischen „Versagung". Diese Überstärke seines Narzißmus stand in vollem Einklang mit den anderen Anzeichen einer gehemmten Sexualentwicklung, daß seine heterosexuelle Liebeswahl bei aller Energie so wenig psychische Strebungen in sich konzentrierte, und daß die homosexuelle Einstellung, die dem Narzißmus um so vieles näher liegt, sich als unbewußte Macht bei ihm mit solcher Zähigkeit behauptet hatte. Natürlich kann die psychoanalytische Kur bei solchen Störungen nicht einen momentanen Umschwung und eine Gleichstellung mit einer normalen Entwicklung herbeiführen, sondern nur die Hindernisse beseitigen und die Wege gangbar machen, damit die Einflüsse des Lebens die Entwicklung nach den besseren Richtungen durchsetzen können.

Als Besonderheiten seines psychischen Wesens, die von der psychoanalytischen Kur aufgedeckt, aber nicht weiter aufgeklärt und dementsprechend auch nicht unmittelbar beeinflußt werden konnten, stelle ich zusammen: die bereits besprochene Zähigkeit der Fixierung, die außerordentliche Ausbildung der Ambivalenzneigung, und als dritten Zug einer archaisch zu nennenden Konstitution die Fähigkeit, die verschiedenartigsten und widersprechendsten libidinösen Besetzungen alle nebeneinander funktionsfähig zu erhalten. Das beständige Schwanken zwischen denselben, durch welches Erledigung und Fortschritt lange Zeit ausgeschlossen erschienen, beherrschten das Krankheitsbild der Spätzeit, das ich ja hier nur streifen konnte. Ohne allen Zweifel war dies ein Zug aus der Charakteristik des Unbewußten, der sich bei ihm

---

1) Zentralblatt für Psychoanalyse, II, 6, 1912. [Über neurotische Erkrankungstypen. Enthalten in Bd. VIII. dieser Gesamtausgabe.]

in die bewußt gewordenen Vorgänge fortgesetzt hatte; aber er zeigte sich nur an den Ergebnissen affektiver Regungen, auf rein logischen Gebieten bewies er vielmehr ein besonderes Geschick in der Aufspürung von Widersprüchen und Unverträglichkeiten. So empfing man von seinem Seelenleben einen Eindruck, wie ihn die altägyptische Religion macht, die dadurch für uns so unvorstellbar wird, daß sie die Entwicklungsstufen neben den Endprodukten konserviert, die ältesten Götter und Gottesbedeutungen wie die jüngsten fortsetzt, in eine Fläche ausbreitet, was in anderen Entwicklungen zu einem Tiefengebilde wird.

Ich habe nun zu Ende gebracht, was ich über diesen Krankheitsfall mitteilen wollte. Nur noch zwei der zahlreichen Probleme, die er anregt, scheinen mir einer besonderen Hervorhebung würdig. Das erste betrifft die phylogenetisch mitgebrachten Schemata, die wie philosophische „Kategorien" die Unterbringung der Lebenseindrücke besorgen. Ich möchte die Auffassung vertreten, sie seien Niederschläge der menschlichen Kulturgeschichte. Der Ödipuskomplex, der die Beziehung des Kindes zu den Eltern umfaßt, gehört zu ihnen, ist vielmehr das bestgekannte Beispiel dieser Art. Wo die Erlebnisse sich dem hereditären Schema nicht fügen, kommt es zu einer Umarbeitung derselben in der Phantasie, deren Werk im einzelnen zu verfolgen, gewiß nutzbringend wäre. Gerade diese Fälle sind geeignet, uns die selbständige Existenz des Schemas zu erweisen. Wir können oft bemerken, daß das Schema über das individuelle Erleben siegt, so wenn in unserem Falle der Vater zum Kastrator und Bedroher der kindlichen Sexualität wird, trotz eines sonst umgekehrten Ödipuskomplexes. Eine andere Wirkung ist es, wenn die Amme an die Stelle der Mutter tritt oder mit ihr verschmolzen wird. Die Widersprüche des Erlebens gegen das Schema scheinen den infantilen Konflikten reichlichen Stoff zuzuführen.

Das zweite Problem liegt von diesem nicht fernab, es ist aber ungleich bedeutsamer. Wenn man das Verhalten des vierjährigen

Kindes gegen die reaktivierte Urszene in Betracht zieht,[1] ja wenn man nur an die weit einfacheren Reaktionen des $1^1/_2$jährigen Kindes beim Erleben dieser Szene denkt, kann man die Auffassung schwer von sich weisen, daß eine Art von schwer bestimmbarem Wissen, etwas wie eine Vorbereitung zum Verständnis, beim Kinde dabei mitwirkt.[2] Worin dies bestehen mag, entzieht sich jeder Vorstellung; wir haben nur die eine ausgezeichnete Analogie mit dem weitgehenden instinktiven Wissen der Tiere zur Verfügung.

Gäbe es einen solchen instinktiven Besitz auch beim Menschen, so wäre es nicht zu verwundern, wenn er die Vorgänge des Sexuallebens ganz besonders beträfe, wenngleich er auf sie keineswegs beschränkt sein kann. Dieses Instinktive wäre der Kern des Unbewußten, eine primitive Geistestätigkeit, die später durch die zu erwerbende Menschheitsvernunft entthront und überlagert wird, aber so oft, vielleicht bei allen, die Kraft behält, höhere seelische Vorgänge zu sich herabzuziehen. Die Verdrängung wäre die Rückkehr zu dieser instinktiven Stufe, und der Mensch würde so mit seiner Fähigkeit zur Neurose seine große Neuerwerbung bezahlen und durch die Möglichkeit der Neurosen die Existenz der früheren instinktartigen Vorstufe bezeugen. Die Bedeutung der frühen Kindheitstraumen läge aber darin, daß sie diesem Unbewußten einen Stoff zuführen, der es gegen die Aufzehrung durch die nachfolgende Entwicklung schützt.

Ich weiß, daß ähnliche Gedanken, die das hereditäre, phylogenetisch erworbene Moment im Seelenleben betonen, von verschiedenen Seiten ausgesprochen worden sind, ja ich meine, daß

---

1) Ich darf davon absehen, daß dies Verhalten erst zwei Dezennien später in Worte gefaßt werden konnte, denn alle Wirkungen, die wir von der Szene ableiten, haben sich ja in Form von Symptomen, Zwängen usw. bereits in der Kindheit und lange vor der Analyse geäußert. Dabei ist es gleichgültig, ob man sie als Urszene oder als Urphantasie gelten lassen will.

2) Von neuem muß ich betonen, daß diese Überlegungen müßig wären, wenn Traum und Neurose nicht der Kindheitszeit selbst angehörten.

man allzu bereit war, ihnen einen Platz in der psychoanalytischen Würdigung einzuräumen. Sie erscheinen mir erst zulässig, wenn die Psychoanalyse in Einhaltung des korrekten Instanzenzuges auf die Spuren des Ererbten gerät, nachdem sie durch die Schichtung des individuell Erworbenen hindurchgedrungen ist. [1]

---

1) [*Zusatz 1923:*] Ich stelle hier nochmals die Chronologie der in dieser Geschichte erwähnten Begebenheiten zusammen:

Geboren am Weihnachtstag.

1 1/2 Jahre: Malaria. Beobachtung des Koitus der Eltern oder jenes Beisammenseins derselben, in das er später die Koitusphantasie eintrug.

Kurz vor 2 1/2 Jahren: Szene mit Gruscha.

2 1/2 Jahre: Deckerinnerung an Abreise der Eltern mit Schwester. Sie zeigt ihn allein mit der Nanja und verleugnet so Gruscha und Schwester.

Vor 3 1/4 Jahren: Klage der Mutter vor dem Arzt.

3 1/4 Jahre: Beginn der Verführung durch die Schwester, bald darauf Kastrationsdrohung der Nanja.

3 1/2 Jahre: Die englische Gouvernante, Beginn der Charakterveränderung.

4 Jahre: Wolfstraum, Entstehung der Phobie.

4 1/2 Jahre: Einfluß der biblischen Geschichte. Auftreten der Zwangssymptome.

Kurz vor 5 Jahren: Halluzination des Fingerverlustes.

5 Jahre: Verlassen des ersten Gutes.

Nach 6 Jahren: Besuch beim kranken Vater.

8 Jahre: ⎫
10 Jahre: ⎭ Letzte Ausbrüche der Zwangsneurose.

Meine Darstellung hat es leicht gemacht zu erraten, daß der Patient Russe war. Ich entließ ihn nach meiner Schätzung als geheilt wenige Wochen vor dem unerwarteten Ausbruch des Weltkrieges und sah ihn erst wieder, als die Wechselfälle des Krieges den Zentralmächten den Zugang nach Südrußland eröffnet hatten. Dann kam er nach Wien und berichtete von einem unmittelbar nach Beendigung der Kur aufgetretenen Bestreben, sich vom Einfluß des Arztes loszureißen. In einigen Monaten Arbeit wurde nun ein noch nicht überwundenes Stück der Übertragung bewältigt; seither hat Patient, dem der Krieg Heimat, Vermögen und alle Familienbeziehungen geraubt hatte, sich normal gefühlt und tadellos benommen. Vielleicht hat gerade sein Elend durch die Befriedigung seines Schuldgefühls zur Befestigung seiner Herstellung beigetragen.

BEITRÄGE ZUR PSYCHOLOGIE DES LIEBESLEBENS

III

Das Tabu der Virginität

Die Beiträge I und II sind im VIII. Band, Seite 65–91, enthalten.

DAS TABU DER VIRGINITÄT

Wenige Einzelheiten des Sexuallebens primitiver Völker wirken so befremdend auf unser Gefühl wie deren Einschätzung der Virginität, der weiblichen Unberührtheit. Uns erscheint die Wertschätzung der Virginität von seiten des werbenden Mannes so feststehend und selbstverständlich, daß wir beinahe in Verlegenheit geraten, wenn wir dieses Urteil begründen sollen. Die Forderung, das Mädchen dürfe in die Ehe mit dem einen Manne nicht die Erinnerung an Sexualverkehr mit einem anderen mitbringen, ist ja nichts anderes als die konsequente Fortführung des ausschließlichen Besitzrechtes auf ein Weib, welches das Wesen der Monogamie ausmacht, die Erstreckung dieses Monopols auf die Vergangenheit.

Es fällt uns dann nicht schwer, was zuerst ein Vorurteil zu sein schien, aus unseren Meinungen über das Liebesleben des Weibes zu rechtfertigen. Wer zuerst die durch lange Zeit mühselig zurückgehaltene Liebessehnsucht der Jungfrau befriedigt und dabei die Widerstände überwunden hat, die in ihr durch die Einflüsse von Milieu und Erziehung aufgebaut waren, der wird von ihr in ein dauerndes Verhältnis gezogen, dessen Möglichkeit sich keinem anderen mehr eröffnet. Auf Grund dieses Erlebnisses stellt sich bei der Frau ein Zustand von Hörigkeit her, der die ungestörte Fortdauer ihres Besitzes verbürgt und sie widerstandsfähig macht gegen neue Eindrücke und fremde Versuchungen.

Den Ausdruck „geschlechtliche Hörigkeit" hat 1892 v. Krafft-Ebing[1] zur Bezeichnung der Tatsache gewählt, daß eine Person einen ungewöhnlich hohen Grad von Abhängigkeit und Unselbständigkeit gegen eine andere Person erwerben kann, mit welcher sie im Sexualverkehr steht. Diese Hörigkeit kann gelegentlich sehr weit gehen, bis zum Verlust jedes selbständigen Willens und bis zur Erduldung der schwersten Opfer am eigenen Interesse; der Autor hat aber nicht versäumt zu bemerken, daß ein gewisses Maß solcher Abhängigkeit „durchaus notwendig ist, wenn die Verbindung einige Dauer haben soll." Ein solches Maß von sexueller Hörigkeit ist in der Tat unentbehrlich zur Aufrechterhaltung der kulturellen Ehe und zur Hintanhaltung der sie bedrohenden polygamen Tendenzen, und in unserer sozialen Gemeinschaft wird dieser Faktor regelmäßig in Anrechnung gebracht.

Ein „ungewöhnlicher Grad von Verliebtheit und Charakterschwäche" einerseits, uneingeschränkter Egoismus beim anderen Teil, aus diesem Zusammentreffen leitet v. Krafft-Ebing die Entstehung der sexuellen Hörigkeit ab. Analytische Erfahrungen gestatten es aber nicht, sich mit diesem einfachen Erklärungsversuch zu begnügen. Man kann vielmehr erkennen, daß die Größe des überwundenen Sexualwiderstandes das entscheidende Moment ist, dazu die Konzentration und Einmaligkeit des Vorganges der Überwindung. Die Hörigkeit ist demgemäß ungleich häufiger und intensiver beim Weibe als beim Manne, bei letzterem aber in unseren Zeiten immerhin häufiger als in der Antike. Wo wir die sexuelle Hörigkeit bei Männern studieren konnten, erwies sie sich als Erfolg der Überwindung einer psychischen Impotenz durch ein bestimmtes Weib, an welches der betreffende Mann von da an gebunden blieb. Viele auffällige Eheschließungen und manches tragische Schicksal — selbst von

---

1) v. Krafft-Ebing: Bemerkungen über „geschlechtliche Hörigkeit" und Masochismus. (Jahrbücher für Psychiatrie, X. Bd., 1892.)

weitreichendem Belange — scheint in diesem Hergange seine Aufklärung zu finden.

Das nun zu erwähnende Verhalten primitiver Völker beschreibt man nicht richtig, wenn man aussagt, sie legten keinen Wert auf die Virginität, und zum Beweise dafür vorbringt, daß sie die Defloration der Mädchen außerhalb der Ehe und vor dem ersten ehelichen Verkehre vollziehen lassen. Es scheint im Gegenteile, daß auch für sie die Defloration ein bedeutungsvoller Akt ist, aber sie ist Gegenstand eines Tabu, eines religiös zu nennenden Verbotes, geworden. Anstatt sie dem Bräutigam und späteren Ehegatten des Mädchens vorzubehalten, fordert die Sitte, daß dieser einer solchen Leistung ausweiche.[1]

Es liegt nicht in meiner Absicht, die literarischen Zeugnisse für den Bestand dieses Sittenverbotes vollständig zu sammeln, die geographische Verbreitung desselben zu verfolgen und alle Formen, in denen es sich äußert, aufzuzählen. Ich begnüge mich also mit der Feststellung, daß eine solche, außerhalb der späteren Ehe fallende Beseitigung des Hymens bei den heute lebenden primitiven Völkern etwas sehr Verbreitetes ist. So äußert Crawley:[2] *This marriage ceremony consists in perforation of the hymen by some appointed person other than the husband; it is most common in the lowest stages of culture, especially in Australia.*

Wenn aber die Defloration nicht durch den ersten ehelichen Verkehr erfolgen soll, so muß sie vorher — auf irgendeine Weise und von irgendwelcher Seite — vorgenommen worden sein. Ich werde einige Stellen aus Crawleys obenerwähntem Buche anführen, welche über diese Punkte Auskunft geben, die uns aber auch zu einigen kritischen Bemerkungen berechtigen.

---

1) C r a w l e y : The mystic rose, a study of primitive marriage, London 1902; B a r t e l s - P l o ß : Das Weib in der Natur- und Völkerkunde, 1891; verschiedene Stellen in F r a z e r : Taboo and the perils of the soul, und H a v e l o c k E l l i s : Studies in the psychology of sex.

2) l. c. p. 347.

S. 191: „Bei den Dieri und einigen Nachbarstämmen (in Australien) ist es allgemeiner Brauch, das Hymen zu zerstören, wenn das Mädchen die Pubertät erreicht hat. Bei den Portland- und Glenelg-Stämmen fällt es einer alten Frau zu, dies bei der Braut zu tun, und mitunter werden auch weiße Männer in solcher Absicht aufgefordert, Mädchen zu entjungfern.[1]

S. 307: „Die absichtliche Zerreißung des Hymens wird manchmal in der Kindheit, gewöhnlich aber zur Zeit der Pubertät ausgeführt ... Sie wird oft — wie in Australien — mit einem offiziellen Begattungsakte kombiniert.[2]

S. 348: (Von australischen Stämmen, bei denen die bekannten exogamischen Heiratsbeschränkungen bestehen, nach Mitteilung von Spencer und Gillen): „Das Hymen wird kür.stlich durchbohrt, und die Männer, die bei dieser Operation zugegen waren, führen dann in festgesetzter Reihenfolge einen (wohlgemerkt: zeremoniellen) Koitus mit dem Mädchen aus ... Der ganze Vorgang hat sozusagen zwei Akte: Die Zerstörung des Hymens und darauf den Geschlechtsverkehr."[3]

S. 349: „Bei den Masai (im äquatorialen Afrika) gehört die Vornahme dieser Operation zu den wichtigsten Vorbereitungen für die Ehe. Bei den Sakais (Malaien), den Battas (Sumatra) und den Alfoers auf Celebes wird die Defloration vom Vater der Braut ausgeführt. Auf den Philippinen gab es bestimmte Männer, die den Beruf hatten, Bräute zu deflorieren, falls das Hymen nicht schon in der Kindheit von einer dazu beauftragten alten Frau zerstört worden war. Bei einigen Eskimostämmen wurde

---

1) *„Thus in the Dieri and neighbouring tribes it is the universal custom when a girl reaches puberty to rupture the hymen."* (Journ. Anthrop. Inst., XXIV, 169.) *In the Portland and Glenelg tribes this is done to the bride by an old woman; and sometimes white men are asked for this reason to deflower maidens.* (Brough Smith, op. cit., II, 319.)

2) *The artificial rupture of the hymen sometimes takes place in infancy, but generally at puberty ... It is often combined, as in Australia, with a ceremonial act of intercourse.*

3) *The hymen is artificially perforated, and then assisting men have access (ceremonial, be it observed) to the girl in a stated order ... The act is in two parts, perforation and intercourse.*

die Entjungferung der Braut dem A n g e k o k oder Priester überlassen."[1]

Die Bemerkungen, die ich angekündigt habe, beziehen sich auf
zwei Punkte. Es ist erstens zu bedauern, daß in diesen Angaben
nicht sorgfältiger zwischen der bloßen Zerstörung des Hymens
ohne Koitus und dem Koitus zum Zwecke solcher Zerstörung
unterschieden wird. Nur an einer Stelle hörten wir ausdrücklich,
daß der Vorgang sich in zwei Akte zerlegt, in die (manuelle
oder instrumentale) Defloration und den darauffolgenden
Geschlechtsakt. Das sonst sehr reichliche Material bei B a r t e l s -
P l o ß wird für unsere Zwecke nahezu unbrauchbar, weil in dieser
Darstellung die psychologische Bedeutsamkeit des Deflorations-
aktes gegen dessen anatomischen Erfolg völlig verschwindet.
Zweitens möchte man gerne darüber belehrt werden, wodurch
sich der „zeremonielle" (rein formale, feierliche, offizielle) Koitus
bei diesen Gelegenheiten vom regelrechten Geschlechtsverkehr
unterscheidet. Die Autoren, zu denen ich Zugang hatte, waren
entweder zu schämig, sich darüber zu äußern, oder haben wiederum
die psychologische Bedeutung solcher sexueller Details unterschätzt.
Wir können hoffen, daß die Originalberichte der Reisenden und
Missionäre ausführlicher und unzweideutiger sind, aber bei der
heutigen Unzugänglichkeit dieser meist fremdländischen Literatur
kann ich nichts Sicheres darüber sagen. Übrigens darf man sich
über die Zweifel in diesem zweiten Punkte mit der Erwägung
hinwegsetzen, daß ein zeremonieller Scheinkoitus doch nur den
Ersatz und vielleicht die Ablösung für einen in früheren Zeiten
voll ausgeführten darstellen würde.[2]

---

1) *An important preliminary of marriage amongst the Masai is the performance of this
operation on the girl.* (J. Thomson, op. cit.. 258.) *This defloration is performed by the
father of the bride amongst the Sakais, Battas, and Alfoers of Celebes.* (Ploß u. Bartels, op.
cit. II, 490.) *In the Philippines there were certain men whose profession it was to deflower
brides, in case the hymen had not been ruptured in childhood by an old woman who was
sometimes employed for this.* (Featherman, op. cit. II, 474.) *The defloration of the bride
was amongst some Eskimo tribes entrusted to the angekok, or priest.* (id. III, 406.)

2) Für zahlreiche andere Fälle von Hochzeitszeremoniell leidet es keinen Z w e i f e l,
daß anderen Personen als dem Bräutigam, z. B. den Gehilfen und Gefährten desselben

Zur Erklärung dieses Tabu der Virginität kann man verschiedenartige Momente heranziehen, die ich in flüchtiger Darstellung würdigen will. Bei der Defloration der Mädchen wird
in der Regel Blut vergossen; der erste Erklärungsversuch beruft
sich denn auch auf die Blutscheu der Primitiven, die das Blut
für den Sitz des Lebens halten. Dieses Bluttabu ist durch vielfache Vorschriften, die mit der Sexualität nichts zu tun haben,
erwiesen, es hängt offenbar mit dem Verbote, nicht zu morden,
zusammen und bildet eine Schutzwehr gegen den ursprünglichen
Blutdurst, die Mordlust des Urmenschen. Bei dieser Auffassung
wird das Tabu der Virginität mit dem fast ausnahmslos einge-
haltenen Tabu der Menstruation zusammengebracht. Der Primitive kann das rätselhafte Phänomen des blutigen Monatsflusses
nicht von sadistischen Vorstellungen ferne halten. Die Menstruation, zumal die erste, deutet er als den Biß eines geister-
haften Tieres, vielleicht als Zeichen des sexuellen Verkehrs mit
diesem Geist. Gelegentlich gestattet ein Bericht, diesen Geist als
den eines Ahnen zu erkennen, und dann verstehen wir in
Anlehnung an andere Einsichten,[1] daß das menstruierende Mädchen
als Eigentum dieses Ahnengeistes tabu ist.

Von anderer Seite werden wir aber gewarnt, den Einfluß
eines Moments wie die Blutscheu nicht zu überschätzen. Diese
hat es doch nicht vermocht, Gebräuche wie die Beschneidung
der Knaben und die noch grausamere der Mädchen (Exzision der
Klitoris und der kleinen Labien), die zum Teile bei den nämlichen Völkern geübt werden, zu unterdrücken oder die Geltung
von anderem Zeremoniell, bei dem Blut vergossen wird, aufzu-
heben. Es wäre also auch nicht zu verwundern, wenn sie bei
der ersten Kohabitation zugunsten des Ehemannes überwunden
würde.

(den „Kranzelherren" unserer Sitte) die sexuelle Verfügung über die Braut voll eingeräumt wird.

1) Siehe Totem und Tabu, 1913.

Eine zweite Erklärung sieht gleichfalls vom Sexuellen ab, greift aber viel weiter ins Allgemeine aus. Sie führt an, daß der Primitive die Beute einer beständig lauernden Angstbereitschaft ist, ganz ähnlich, wie wir es in der psychoanalytischen Neurosenlehre vom Angstneurotiker behaupten. Diese Angstbereitschaft wird sich am stärksten bei allen Gelegenheiten zeigen, die irgendwie vom Gewohnten abweichen, die etwas Neues, Unerwartetes, Unverstandenes, Unheimliches mit sich bringen. Daher stammt auch das weit in die späteren Religionen hineinreichende Zeremoniell, das mit dem Beginne jeder neuen Verrichtung, dem Anfange jedes Zeitabschnittes, dem Erstlingsertrag von Mensch, Tier und Frucht verknüpft ist. Die Gefahren, von denen sich der Ängstliche bedroht glaubt, treten niemals stärker in seiner Erwartung auf als zu Beginn der gefahrvollen Situation, und dann ist es auch allein zweckmäßig, sich gegen sie zu schützen. Der erste Sexualverkehr in der Ehe hat nach seiner Bedeutung gewiß einen Anspruch darauf, von diesen Vorsichtsmaßregeln eingeleitet zu werden. Die beiden Erklärungsversuche, der aus der Blutscheu und der aus der Erstlingsangst, widersprechen einander nicht, verstärken einander vielmehr. Der erste Sexualverkehr ist gewiß ein bedenklicher Akt, um so mehr, wenn bei ihm Blut fließen muß.

Eine dritte Erklärung — es ist die von C r a w l e y bevorzugte — macht darauf aufmerksam, daß das Tabu der Virginität in einen großen, das ganze Sexualleben umfassenden Zusammenhang gehört. Nicht nur der erste Koitus mit dem Weibe ist tabu, sondern der Sexualverkehr überhaupt; beinahe könnte man sagen, das Weib sei im ganzen tabu. Das Weib ist nicht nur tabu in den besonderen, aus seinem Geschlechtsleben abfolgenden Situationen der Menstruation, der Schwangerschaft, der Entbindung und des Kindbettes, auch außerhalb derselben unterliegt der Verkehr mit dem Weibe so ernsthaften und so reichlichen Einschränkungen, daß wir allen Grund haben, die angebliche Sexualfreiheit der

Wilden zu bezweifeln. Es ist richtig, daß die Sexualität der Primitiven bei bestimmten Anlässen sich über alle Hemmungen hinaussetzt; gewöhnlich aber scheint sie stärker durch Verbote eingeschnürt als auf höheren Kulturstufen. Sowie der Mann etwas Besonderes unternimmt, eine Expedition, eine Jagd, einen Kriegszug, muß er sich vom Weibe, zumal vom Sexualverkehr mit dem Weibe fernhalten; es würde sonst seine Kraft lähmen und ihm Mißerfolg bringen. Auch in den Gebräuchen des täglichen Lebens ist ein Streben nach dem Auseinanderhalten der Geschlechter unverkennbar. Weiber leben mit Weibern, Männer mit Männern zusammen; ein Familienleben in unserem Sinne soll es bei vielen primitiven Stämmen kaum geben. Die Trennung geht mitunter so weit, daß das eine Geschlecht die persönlichen Namen des anderen Geschlechts nicht aussprechen darf, daß die Frauen eine Sprache mit besonderem Wortschatze entwickeln. Das sexuelle Bedürfnis darf diese Trennungsschranken immer wieder von neuem durchbrechen, aber bei manchen Stämmen müssen selbst die Zusammenkünfte der Ehegatten außerhalb des Hauses und im Geheimen stattfinden.

Wo der Primitive ein Tabu hingesetzt hat, da fürchtet er eine Gefahr, und es ist nicht abzuweisen, daß sich in all diesen Vermeidungsvorschriften eine prinzipielle Scheu vor dem Weibe äußert. Vielleicht ist diese Scheu darin begründet, daß das Weib anders ist als der Mann, ewig unverständlich und geheimnisvoll, fremdartig und darum feindselig erscheint. Der Mann fürchtet, vom Weibe geschwächt, mit dessen Weiblichkeit angesteckt zu werden und sich dann untüchtig zu zeigen. Die erschlaffende, Spannungen lösende Wirkung des Koitus mag für diese Befürchtung vorbildlich sein, und die Wahrnehmung des Einflusses, den das Weib durch den Geschlechtsverkehr auf den Mann gewinnt, die Rücksicht, die es sich dadurch erzwingt, die Ausbreitung dieser Angst rechtfertigen. An all dem ist nichts, was veraltet wäre, was nicht unter uns weiter lebte.

Viele Beobachter der heute lebenden Primitiven haben das Urteil gefällt, daß deren Liebesstreben verhältnismäßig schwach sei und niemals die Intensitäten erreiche, die wir bei der Kulturmenschheit zu finden gewohnt sind. Andere haben dieser Schätzung widersprochen, aber jedenfalls zeugen die aufgezählten Tabugebräuche von der Existenz einer Macht, die sich der Liebe widersetzt, indem sie das Weib als fremd und feindselig ablehnt.

In Ausdrücken, welche sich nur wenig von der gebräuchlichen Terminologie der Psychoanalyse unterscheiden, legt C r a w l e y dar, daß jedes Individuum sich durch ein *„taboo of personal isolation"* von den anderen absondert, und daß gerade die kleinen Unterschiede bei sonstiger Ähnlichkeit die Gefühle von Fremdheit und Feindseligkeit zwischen ihnen begründen. Es wäre verlockend, dieser Idee nachzugehen und aus diesem „Narzißmus der kleinen Unterschiede" die Feindseligkeit abzuleiten, die wir in allen menschlichen Beziehungen erfolgreich gegen die Gefühle von Zusammengehörigkeit streiten und das Gebot der allgemeinen Menschenliebe überwältigen sehen. Von der Begründung der narzißtischen, reichlich mit Geringschätzung versetzten Ablehnung des Weibes durch den Mann glaubt die Psychoanalyse ein Hauptstück erraten zu haben, indem sie auf den Kastrationskomplex und dessen Einfluß auf die Beurteilung des Weibes verweist.

Wir merken indes, daß wir mit diesen letzten Erwägungen weit über unser Thema hinausgegriffen haben. Das allgemeine Tabu des Weibes wirft kein Licht auf die besonderen Vorschriften für den ersten Sexualakt mit dem jungfräulichen Individuum. Hier bleiben wir auf die beiden ersten Erklärungen der Blutscheu und der Erstlingsscheu angewiesen, und selbst von diesen müßten wir aussagen, daß sie den Kern des in Rede stehenden Tabugebotes nicht treffen. Diesem liegt ganz offenbar die Absicht zugrunde, g e r a d e d e m s p ä t e r e n E h e m a n n e e t w a s z u

versagen oder zu ersparen, was von dem ersten Sexualakt nicht loszulösen ist, wiewohl sich nach unserer eingangs
gemachten Bemerkung von dieser selben Beziehung eine besondere
Bindung des Weibes an diesen einen Mann ableiten müßte.

Es ist diesmal nicht unsere Aufgabe, die Herkunft und letzte
Bedeutung der Tabuvorschriften zu erörtern. Ich habe dies in
meinem Buche „Totem und Tabu" getan, dort die Bedingung
einer ursprünglichen Ambivalenz für das Tabu gewürdigt und
die Entstehung desselben aus den vorzeitlichen Vorgängen ver-
fochten, welche zur Gründung der menschlichen Familie geführt
haben. Aus den heute beobachteten Tabugebräuchen der Primitiven
läßt sich eine solche Vorbedeutung nicht mehr erkennen. Wir
vergessen bei solcher Forderung allzu leicht, daß auch die primitivsten Völker in einer von der urzeitlichen weit entfernten
Kultur leben, die zeitlich ebenso alt ist wie die unsrige, und
gleichfalls einer späteren, wenn auch andersartigen Entwicklungsstufe entspricht.

Wir finden heute das Tabu bei den Primitiven bereits zu
einem kunstvollen System ausgesponnen, ganz wie es unsere
Neurotiker in ihren Phobien entwickeln, und alte Motive durch
neuere, harmonisch zusammenstimmende, ersetzt. Mit Hinwegsetzung über jene genetischen Probleme wollen wir darum auf
die Einsicht zurückgreifen, daß der Primitive dort ein Tabu
anbringt, wo er eine Gefahr befürchtet. Diese Gefahr ist, allgemein
gefaßt, eine psychische, denn der Primitive ist nicht dazu gedrängt,
hier zwei Unterscheidungen vorzunehmen, die uns als unausweichlich erscheinen. Er sondert die materielle Gefahr nicht von
der psychischen und die reale nicht von der imaginären. In seiner
konsequent durchgeführten animistischen Weltauffassung stammt
ja jede Gefahr aus der feindseligen Absicht eines gleich ihm
beseelten Wesens, sowohl die Gefahr, die von einer Naturkraft
droht, wie die von anderen Menschen oder Tieren. Anderseits
aber ist er gewohnt, seine eigenen inneren Regungen von Feind-

seligkeit in die Außenwelt zu projizieren, sie also den Objekten, die er als unliebsam oder auch nur als fremd empfindet, zuzuschieben. Als Quelle solcher Gefahren wird nun auch das Weib erkannt und der erste Sexualakt mit dem Weibe als eine besonders intensive Gefahr ausgezeichnet.

Ich glaube nun, wir werden einigen Aufschluß darüber erhalten, welches diese gesteigerte Gefahr ist, und warum sie gerade den späteren Ehemann bedroht, wenn wir das Verhalten der heute lebenden Frauen unserer Kulturstufe unter den gleichen Verhältnissen genauer untersuchen. Ich stelle als das Ergebnis dieser Untersuchung voran, daß eine solche Gefahr wirklich besteht, so daß der Primitive sich mit dem Tabu der Virginität gegen eine richtig geahnte, wenn auch psychische Gefahr verteidigt.

Wir schätzen es als die normale Reaktion ein, daß die Frau nach dem Koitus auf der Höhe der Befriedigung den Mann umarmend an sich preßt, sehen darin einen Ausdruck ihrer Dankbarkeit und eine Zusage dauernder Hörigkeit. Wir wissen aber, es ist keineswegs die Regel, daß auch der erste Verkehr dies Benehmen zur Folge hätte; sehr häufig bedeutet er bloß eine Enttäuschung für das Weib, das kühl und unbefriedigt bleibt, und es bedarf gewöhnlich längerer Zeit und häufigerer Wiederholung des Sexualaktes, bis sich bei diesem die Befriedigung auch für das Weib einstellt. Von diesen Fällen bloß anfänglicher und bald vorübergehender Frigidität führt eine stetige Reihe bis zu dem unerfreulichen Ergebnis einer stetig anhaltenden Frigidität, die durch keine zärtliche Bemühung des Mannes überwunden wird. Ich glaube, diese Frigidität des Weibes ist noch nicht genügend verstanden und fordert bis auf jene Fälle, die man der ungenügenden Potenz des Mannes zur Last legen muß, die Aufklärung, womöglich durch ihr nahestehende Erscheinungen, heraus.

Die so häufigen Versuche, vor dem ersten Sexualverkehr die Flucht zu ergreifen, möchte ich hier nicht heranziehen, weil sie mehrdeutig und in erster Linie, wenn auch nicht durchaus, als Ausdruck des allgemeinen weiblichen Abwehrbestrebens aufzufassen sind. Dagegen glaube ich, daß gewisse pathologische Fälle ein Licht auf das Rätsel der weiblichen Frigidität werfen, in denen die Frau nach dem ersten, ja nach jedem neuerlichen Verkehr ihre Feindseligkeit gegen den Mann unverhohlen zum Ausdruck bringt, indem sie ihn beschimpft, die Hand gegen ihn erhebt oder ihn tatsächlich schlägt. In einem ausgezeichneten Falle dieser Art, den ich einer eingehenden Analyse unterziehen konnte, geschah dies, obwohl die Frau den Mann sehr liebte, den Koitus selbst zu fordern pflegte und in ihm unverkennbar hohe Befriedigung fand. Ich meine, daß diese sonderbare konträre Reaktion der Erfolg der nämlichen Regungen ist, die sich für gewöhnlich nur als Frigidität äußern können, das heißt imstande sind, die zärtliche Reaktion aufzuhalten, ohne sich dabei selbst zur Geltung zu bringen. In dem pathologischen Falle ist sozusagen in seine beiden Komponenten zerlegt, was sich bei der weit häufigeren Frigidität zu einer Hemmungswirkung vereinigt, ganz ähnlich, wie wir es an den sogenannten „zweizeitigen" Symptomen der Zwangsneurose längst erkannt haben. Die Gefahr, welche so durch die Defloration des Weibes rege gemacht wird, bestünde darin, sich die Feindseligkeit desselben zuzuziehen, und gerade der spätere Ehemann hätte allen Grund, sich solcher Feindschaft zu entziehen.

Die Analyse läßt nun ohne Schwierigkeit erraten, welche Regungen des Weibes am Zustandekommen jenes paradoxen Verhaltens beteiligt sind, in dem ich die Aufklärung der Frigidität zu finden erwarte. Der erste Koitus macht eine Reihe solcher Regungen mobil, die für die erwünschte weibliche Einstellung unverwendbar sind, von denen einige sich auch bei späterem Verkehr nicht zu wiederholen brauchen. In erster Linie wird man hier an den Schmerz denken, welcher der Jungfrau bei der Defloration zugefügt wird, ja vielleicht geneigt sein, dies Moment für entscheidend zu halten und von der Suche nach anderen abzustehen. Man kann aber eine solche Bedeutung nicht gut dem Schmerze zuschreiben, muß vielmehr an seine Stelle die narzißtische Kränkung setzen, die aus der Zerstörung eines Organs erwächst, und die in dem Wissen um die Herabsetzung des sexuellen Wertes der Deflorierten selbst eine rationelle Vertretung findet. Die Hochzeitsgebräuche der Primitiven enthalten aber eine Warnung vor solcher Überschätzung. Wir haben gehört, daß in manchen Fällen das Zeremoniell ein zweizeitiges ist; nach der (mit Hand oder Instrument) durchgeführten Zerreißung des Hymens folgt noch ein offizieller Koitus oder Scheinverkehr mit den Vertretern des Mannes, und dies beweist uns, daß der Sinn der Tabuvorschrift durch die Vermeidung der anatomischen Defloration nicht erfüllt ist, daß dem Ehemann noch etwas anderes erspart werden soll als die Reaktion der Frau auf die schmerzhafte Verletzung.

Wir finden als weiteren Grund für die Enttäuschung durch den ersten Koitus, daß für ihn, beim Kulturweibe wenigstens, Erwartung und Erfüllung nicht zusammenstimmen können. Der Sexualverkehr war bisher aufs stärkste mit dem Verbot assoziiert, der legale und erlaubte Verkehr wird darum nicht als das nämliche empfunden. Wie innig diese Verknüpfung sein kann, erhellt in beinahe komischer Weise aus dem Bestreben so vieler Bräute, die neuen Liebesbeziehungen vor allen Fremden, ja selbst vor den Eltern geheim zu halten, wo eine wirkliche Nötigung dazu nicht besteht und ein Einspruch nicht zu erwarten ist. Die Mädchen sagen es offen, daß ihre Liebe an Wert für sie verliert, wenn andere davon wissen. Gelegentlich kann dies Motiv übermächtig werden und die Entwicklung der Liebesfähigkeit in der Ehe überhaupt verhindern. Die Frau findet ihre zärtliche Empfindlichkeit erst in einem unerlaubten, geheim zu haltenden Verhältnis wieder, wo sie sich allein des eigenen unbeeinflußten Willens sicher weiß.

Indes, auch dieses Motiv führt nicht tief genug; außerdem läßt es, an Kulturbedingungen gebunden, eine gute Beziehung zu den Zuständen der Primitiven vermissen. Um so bedeutungsvoller ist das nächste, auf der Entwicklungsgeschichte der Libido fußende Moment. Es ist uns durch die Bemühungen der Analyse bekannt geworden, wie regelmäßig und wie mächtig die frühesten Unterbringungen der Libido sind. Es handelt sich dabei um festgehaltene Sexualwünsche der Kindheit, beim Weibe zumeist um Fixierung der Libido an den Vater oder an den ihn ersetzenden Bruder, Wünsche, die häufig genug auf anderes als den Koitus gerichtet waren oder ihn nur als unscharf erkanntes Ziel einschlossen. Der Ehemann ist sozusagen immer nur ein Ersatzmann, niemals der Richtige; den ersten Satz auf die Liebesfähigkeit der Frau hat ein anderer, in typischen Fällen der Vater, er höchstens den zweiten. Es kommt nun darauf an, wie intensiv diese Fixierung ist und wie zähe sie festgehalten wird, damit der Ersatzmann als unbefriedigend abgelehnt werde. Die Frigidität steht somit unter den genetischen Bedingungen der Neurose. Je mächtiger das psychische Element im Sexualleben der Frau ist, desto widerstandsfähiger wird sich ihre Libidoverteilung gegen die Erschütterung des ersten Sexualaktes erweisen, desto weniger überwältigend wird ihre körperliche Besitznahme wirken können. Die Frigidität mag sich dann als neurotische Hemmung festsetzen oder den Boden für die Entwicklung anderer Neurosen abgeben, und auch nur mäßige Herabsetzungen der männlichen Potenz kommen dabei als Helfer sehr in Betracht.

Dem Motiv des früheren Sexualwunsches scheint die Sitte der Primitiven Rechnung zu tragen, welche die Defloration einem Ältesten, Priester, heiligen Mann, also einem Vaterersatz (siehe oben), überträgt. Von hier aus scheint mir ein gerader Weg zum vielbestrittenen Ius primae noctis des mittelalterlichen Gutsherrn zu führen. A. J. Storfer[1] hat dieselbe Auffassung

---

1) Zur Sonderstellung des Vatermordes, 1911. (Schriften zur angewandten Seelenkunde, XII.)

vertreten, überdies die weitverbreitete Institution der „Tobiasehe"
(der Sitte der Enthaltsamkeit in den ersten drei Nächten) als
eine Anerkennung der Vorrechte des Patriarchen gedeutet, wie
vor ihm bereits C. G. Jung.[1] Es entspricht dann nur unserer
Erwartung, wenn wir unter den mit der Defloration betrauten
Vatersurrogaten auch das Götterbild finden. In manchen Gegenden
von Indien mußte die Neuvermählte das Hymen dem hölzernen
Lingam opfern, und nach dem Berichte des heiligen Augustinus
bestand im römischen Heiratszeremoniell (seiner Zeit?) dieselbe
Sitte mit der Abschwächung, daß sich die junge Frau auf den
riesigen Steinphallus des Priapus nur zu setzen brauchte.[2]

In noch tiefere Schichten greift ein anderes Motiv zurück,
welches nachweisbar an der paradoxen Reaktion gegen den Mann
die Hauptschuld trägt, und dessen Einfluß sich nach meiner
Meinung noch in der Frigidität der Frau äußert. Durch den
ersten Koitus werden beim Weibe noch andere alte Regungen
als die beschriebenen aktiviert, die der weiblichen Funktion und
Rolle überhaupt widerstreben.

Wir wissen aus der Analyse vieler neurotischer Frauen, daß
sie ein frühes Stadium durchmachen, in dem sie den Bruder
um das Zeichen der Männlichkeit beneiden und sich wegen
seines Fehlens (eigentlich seiner Verkleinerung) benachteiligt und
zurückgesetzt fühlen. Wir ordnen diesen „Penisneid" dem
„Kastrationskomplex" ein. Wenn man unter „männlich" das
Männlichseinwollen mitversteht, so paßt auf dieses Verhalten die
Bezeichnung „männlicher Protest", die Alf. Adler geprägt hat,
um diesen Faktor zum Träger der Neurose überhaupt zu prokla-
mieren. In dieser Phase machen die Mädchen aus ihrem Neid
und der daraus abgeleiteten Feindseligkeit gegen den begünstigten
Bruder oft kein Hehl: sie versuchen es auch, aufrechtstehend

---

1) Die Bedeutung des Vaters für das Schicksal des Einzelnen. (Jahrbuch für
Psychoanalyse, I, 1909.)

2) Ploß und Bartels: Das Weib I, XII, und Dulaure: Des Divinités
génératrices. Paris 1885 (réimprimé sur l'édition de 1825), p. 142 u. ff.

wie der Bruder zu urinieren, um ihre angebliche Gleichberechtigung zu vertreten. In dem bereits erwähnten Falle von uneingeschränkter Aggression gegen den sonst geliebten Mann nach dem Koitus konnte ich feststellen, daß diese Phase vor der Objektwahl bestanden hatte. Erst später wandte sich die Libido des kleinen Mädchens dem Vater zu, und dann wünschte sie sich anstatt des Penis — ein Kind.[1]

Ich würde nicht überrascht sein, wenn sich in anderen Fällen die Zeitfolge dieser Regungen umgekehrt fände und dies Stück des Kastrationskomplexes erst nach erfolgter Objektwahl zur Wirkung käme. Aber die männliche Phase des Weibes, in der es den Knaben um den Penis beneidet, ist jedenfalls die entwicklungsgeschichtlich frühere und steht dem ursprünglichen Narzißmus näher als der Objektliebe.

Vor einiger Zeit gab mir ein Zufall Gelegenheit, den Traum einer Neuvermählten zu erfassen, der sich als Reaktion auf ihre Entjungferung erkennen ließ. Er verriet ohne Zwang den Wunsch des Weibes, den jungen Ehemann zu kastrieren und seinen Penis bei sich zu behalten. Es war gewiß auch Raum für die harmlosere Deutung, es sei die Verlängerung und Wiederholung des Aktes gewünscht worden, allein manche Einzelheiten des Traumes gingen über diesen Sinn hinaus, und der Charakter wie das spätere Benehmen der Träumerin legten Zeugnis für die ernstere Auffassung ab. Hinter diesem Penisneid kommt nun die feindselige Erbitterung des Weibes gegen den Mann zum Vorschein, die in den Beziehungen der Geschlechter niemals ganz zu verkennen ist, und von der in den Bestrebungen und literarischen Produktionen der „Emanzipierten" die deutlichsten Anzeichen vorliegen. Diese Feindseligkeit des Weibes führt F e r e n c z i — ich weiß nicht, ob als erster — in einer paläobiologischen Spekulation bis auf die Epoche der Differenzierung der Geschlechter zurück.

---

1) Siehe: Über Triebumsetzungen insbesondere der Analerotik. Intern. Zeitschr. f. PsA. IV, 1916/17, [Bd. X. dieser Gesamtausgabe].

Anfänglich, meint er, fand die Kopulation zwischen zwei gleichartigen Individuen statt, von denen sich aber eines zum stärkeren
entwickelte und das schwächere zwang, die geschlechtliche
Vereinigung zu erdulden. Die Erbitterung über dies Unterlegensein
setze sich noch in der heutigen Anlage des Weibes fort. Ich halte
es für vorwurfsfrei, sich solcher Spekulationen zu bedienen, solange
man es vermeidet, sie zu überwerten.

Nach dieser Aufzählung der Motive für die in der Frigidität
spurweise fortgesetzte paradoxe Reaktion des Weibes auf die
Defloration, darf man es zusammenfassend aussprechen, daß sich
die u n f e r t i g e S e x u a l i t ä t des Weibes an dem Manne
entlädt, der sie zuerst den Sexualakt kennen lehrt. Dann ist
aber das Tabu der Virginität sinnreich genug, und wir verstehen
die Vorschrift, welche gerade den Mann solche Gefahren vermeiden
heißt, der in ein dauerndes Zusammenleben mit dieser Frau
eintreten soll. Auf höheren Kulturstufen ist die Schätzung dieser
Gefahr gegen die Verheißung der Hörigkeit und gewiß auch
gegen andere Motive und Verlockungen zurückgetreten; die
Virginität wird als ein Gut betrachtet, auf welches der Mann
nicht verzichten soll. Aber die Analyse der Ehestörungen lehrt,
daß die Motive, welche das Weib dazu nötigen wollen, Rache
für ihre Defloration zu nehmen, auch im Seelenleben des Kultur-
weibes nicht ganz erloschen sind. Ich meine, es muß dem
Beobachter auffallen, in einer wie ungewöhnlich großen Anzahl
von Fällen das Weib in einer ersten Ehe frigid bleibt und sich
unglücklich fühlt, während sie nach Lösung dieser Ehe ihrem
zweiten Manne eine zärtliche und beglückende Frau wird. Die
archaische Reaktion hat sich sozusagen am ersten Objekt erschöpft.

Das Tabu der Virginität ist aber auch sonst in unserem Kultur-
leben nicht untergegangen. Die Volksseele weiß von ihm und
Dichter haben sich gelegentlich dieses Stoffes bedient. A n z e n -
g r u b e r stellt in einer Komödie dar, wie sich ein einfältiger
Bauernbursche abhalten läßt, die ihm zugedachte Braut zu

heiraten, weil sie „a Dirn' is, was ihrem ersten 's Leben kost'".
Er willigt darum ein, daß sie einen anderen heirate, und will
sie dann als Wittfrau nehmen, wo sie ungefährlich ist. Der
Titel des Stückes: „Das Jungferngift" erinnert daran, daß
Schlangenbändiger die Giftschlange vorerst in ein Tüchlein beißen
lassen, um sie dann ungefährdet zu handhaben.[1]

Das Tabu der Virginität und ein Stück seiner Motivierung hat
seine mächtigste Darstellung in einer bekannten dramatischen
Gestalt gefunden, in der Judith in H e b b e l s Tragödie „Judith
und Holofernes". Judith ist eine jener Frauen, deren Virginität
durch ein Tabu geschützt ist. Ihr erster Mann wurde in der
Brautnacht durch eine rätselhafte Angst gelähmt und wagte es
nie mehr, sie zu berühren. „Meine Schönheit ist die der Toll-
kirsche," sagt sie. „Ihr Genuß bringt Wahnsinn und Tod." Als
der assyrische Feldherr ihre Stadt bedrängt, faßt sie den Plan,
ihn durch ihre Schönheit zu verführen und zu verderben,
verwendet so ein patriotisches Motiv zur Verdeckung eines
sexuellen. Nach der Defloration durch den gewaltigen, sich seiner
Stärke und Rücksichtslosigkeit rühmenden Mann findet sie in
ihrer Empörung die Kraft, ihm den Kopf abzuschlagen, und wird
so zur Befreierin ihres Volkes. Köpfen ist uns als symbolischer
Ersatz für Kastrieren wohlbekannt; danach ist Judith das Weib,
das den Mann kastriert, von dem sie defloriert wurde, wie es
auch der von mir berichtete Traum einer Neuvermählten wollte.
H e b b e l hat die patriotische Erzählung aus den Apokryphen
des Alten Testaments in klarer Absichtlichkeit sexualisiert, denn

---

[1] Eine meisterhaft knappe Erzählung von A. S c h n i t z l e r („Das Schicksal
des Freiherrn v. Leisenbogh") verdient trotz der Abweichung in der Situation hier
angereiht zu werden. Der durch einen Unfall verunglückte Liebhaber einer in der
Liebe vielerfahrenen Schauspielerin hat ihr gleichsam eine neue Virginität geschaffen,
indem er den Todesfluch über den Mann ausspricht, der sie zuerst nach ihm besitzen
wird. Das mit diesem Tabu belegte Weib getraut sich auch eine Weile des Liebes-
verkehres nicht. Nachdem sie sich aber in einen Sänger verliebt hat, greift sie zur
Auskunft, vorher dem Freiherrn v. Leisenbogh eine Nacht zu schenken, der sich seit
Jahren erfolglos um sie bemüht. An ihm erfüllt sich auch der Fluch; er wird vom
Schlag getroffen, sobald er das Motiv seines unverhofften Liebesglückes erfährt.

dort kann Judith nach ihrer Rückkehr rühmen, daß şie nicht
verunreinigt worden ist, auch fehlt im Text der Bibel jeder
Hinweis auf ihre unheimliche Hochzeitsnacht. Wahrscheinlich
hat er aber mit dem Feingefühl des Dichters das uralte Motiv
verspürt, das in jene tendenziöse Erzählung eingegangen war,
und dem Stoff nur seinen früheren Gehalt wiedergegeben.

I. S a d g e r hat in einer trefflichen Analyse ausgeführt, wie
H e b b e l durch seinen eigenen Elternkomplex in seiner Stoffwahl
bestimmt wurde, und wie er dazu kam, so regelmäßig im Kampfe
der Geschlechter für das Weib Partei zu nehmen und sich in
dessen verborgenste Seelenregungen einzufühlen. [1] Er zitiert auch
die Motivierung, die der Dichter selbst für die von ihm einge-
führte Abänderung des Stoffes gegeben hat, und findet sie mit
Recht gekünstelt und wie dazu bestimmt, etwas dem Dichter
selbst Unbewußtes nur äußerlich zu rechtfertigen und im Grunde
zu verdecken. S a d g e r s Erklärung, warum die nach der biblischen
Erzählung verwitwete Judith zur jungfräulichen Witwe werden
mußte, will ich nicht antasten. Er weist auf die Absicht der
kindlichen Phantasie hin, den sexuellen Verkehr der Eltern zu
verleugnen und die Mutter zur unberührten Jungfrau zu machen.
Aber ich setze fort: Nachdem der Dichter die Jungfräulichkeit
seiner Heldin festgelegt hatte, verweilte seine nachfühlende
Phantasie bei der feindseligen Reaktion, die durch die Verletzung
der Virginität ausgelöst wird.

Wir dürfen also abschließend sagen: Die Defloration hat nicht
nur die eine kulturelle Folge, das Weib dauernd an den Mann
zu fesseln; sie entfesselt auch eine archaische Reaktion von Feindseligkeit gegen den Mann, welche pathologische Formen annehmen
kann, die sich häufig genug durch Hemmungserscheinungen im
Liebesleben der Ehe äußern, und der man es zuschreiben darf,
daß zweite Ehen so oft besser geraten als die ersten. Das
befremdende Tabu der Virginität, die Scheu, mit welcher bei den

---

1) Von der Pathographie zur Psychographie. Imago, I., 1912.

Primitiven der Ehemann der Defloration aus dem Wege geht, finden in dieser feindseligen Reaktion ihre volle Rechtfertigung. Es ist nun interessant, daß man als Analytiker Frauen begegnen kann, bei denen die entgegengesetzten Reaktionen vor. Hörigkeit und Feindseligkeit beide zum Ausdruck gekommen und in inniger Verknüpfung miteinander geblieben sind. Es gibt solche Frauen, die mit ihren Männern völlig zerfallen scheinen und doch nur vergebliche Bemühungen machen können, sich von ihnen zu lösen. So oft sie es versuchen, ihre Liebe einem anderen Manne zuzuwenden, tritt das Bild des ersten, doch nicht mehr geliebten, hemmend dazwischen. Die Analyse lehrt .dann, daß diese Frauen allerdings noch in Hörigkeit an ihren ersten Männern hängen, aber nicht mehr aus Zärtlichkeit. Sie kommen von ihnen nicht frei, weil sie ihre Rache an ihnen nicht vollendet, in ausgeprägten Fällen die rachsüchtige Regung sich nicht einmal zum Bewußtsein gebracht haben.

WEGE DER
PSYCHOANALYTISCHEN
THERAPIE

WEGE DER PSYCHOANALYTISCHEN THERAPIE

Meine Herren Kollegen!

Sie wissen, wir waren nie stolz auf die Vollständigkeit und Abgeschlossenheit unseres Wissens und Könnens; wir sind, wie früher so auch jetzt, immer bereit, die Unvollkommenheiten unserer Erkenntnis zuzugeben, Neues dazuzulernen und an unserem Vorgehen abzuändern, was sich durch Besseres ersetzen läßt.

Da wir nun nach langen, schwer durchlebten Jahren der Trennung wieder einmal zusammengetroffen sind, reizt es mich, den Stand unserer Therapie zu revidieren, der wir ja unsere Stellung in der menschlichen Gesellschaft danken, und Ausschau zu halten, nach welchen neuen Richtungen sie sich entwickeln könnte.

Wir haben als unsere ärztliche Aufgabe formuliert, den neurotisch Kranken zur Kenntnis der in ihm bestehenden unbewußten, verdrängten Regungen zu bringen und zu diesem Zwecke die Widerstände aufzudecken, die sich in ihm gegen solche Erweiterungen seines Wissens von der eigenen Person sträuben. Wird mit der Aufdeckung dieser Widerstände auch deren Überwindung gewährleistet? Gewiß nicht immer, aber wir hoffen, dieses Ziel zu erreichen, indem wir seine Übertragung auf die Person des Arztes ausnützen, um unsere Überzeugung von der Unzweckmäßigkeit der in der Kindheit vorgefallenen Verdrängungsvorgänge und von der Undurchführbarkeit eines Lebens nach dem Lustprinzip zu der seinigen werden zu lassen. Die dynamischen Verhältnisse des neuen Konflikts, durch den wir den Kranken führen, den wir an die Stelle des früheren Krankheitskonflikts bei ihm gesetzt haben, sind von mir an anderer Stelle klargelegt worden. Daran weiß ich derzeit nichts zu ändern.

Die Arbeit, durch welche wir dem Kranken das verdrängte Seelische in ihm zum Bewußtsein bringen, haben wir Psychoanalyse genannt. Warum „Analyse", was Zerlegung, Zersetzung bedeutet und an eine Analogie mit der Arbeit des Chemikers an den Stoffen denken läßt, die er in der Natur vorfindet und in sein Laboratorium bringt? Weil eine solche Analogie in einem wichtigen Punkte wirklich besteht. Die Symptome und krankhaften Äußerungen des Patienten sind wie alle seine seelischen Tätigkeiten hochzusammengesetzter Natur; die Elemente dieser Zusammensetzung sind im letzten Grunde Motive, Triebregungen. Aber der Kranke weiß von diesen elementaren Motiven nichts oder nur sehr Ungenügendes. Wir lehren ihn nun die Zusammensetzung dieser hochkomplizierten seelischen Bildungen verstehen, führen die Symptome auf die sie motivierenden Triebregungen zurück, weisen diese dem Kranken bisher unbekannten Triebmotive in den Symptomen nach, wie der Chemiker den Grundstoff, das chemische Element, aus dem Salz ausscheidet, in dem es in Verbindung mit anderen Elementen unkenntlich geworden war. Und ebenso zeigen wir dem Kranken an seinen nicht für krankhaft gehaltenen seelischen Äußerungen, daß ihm deren Motivierung. nur unvollkommen bewußt war, daß andere

Triebmotive bei ihnen mitgewirkt haben, die ihm unerkannt geblieben sind.

Auch das Sexualstreben der Menschen haben wir erklärt, indem wir es in seine Komponenten zerlegten, und wenn wir einen Traum deuten, gehen wir so vor, daß wir den Traum als Ganzes vernachlässigen und die Assoziation an seine einzelnen Elemente anknüpfen.

Aus diesem berechtigten Vergleich der ärztlichen psychoanalytischen Tätigkeit mit einer chemischen Arbeit könnte sich nun eine Anregung zu einer neuen Richtung unserer Therapie ergeben. Wir haben den Kranken a n a l y s i e r t, das heißt seine Seelentätigkeit in ihre elementaren Bestandteile zerlegt, diese Triebelemente einzeln und isoliert in ihm aufgezeigt; was läge nun näher als zu fordern, daß wir ihm auch bei einer neuen und besseren Zusammensetzung derselben behilflich sein müssen? Sie wissen, diese Forderung ist auch wirklich erhoben worden. Wir haben gehört: Nach der Analyse des kranken Seelenlebens muß die Synthese desselben folgen! Und bald hat sich daran auch die Besorgnis geknüpft, man könnte zu viel Analyse und zu wenig Synthese geben, und das Bestreben, das Hauptgewicht der psychotherapeutischen Einwirkung auf diese Synthese, eine Art Wiederherstellung des gleichsam durch die Vivisektion Zerstörten, zu verlegen.

Ich kann aber nicht glauben, meine Herren, daß uns in dieser Psychosynthese eine neue Aufgabe zuwächst. Wollte ich mir gestatten, aufrichtig und unhöflich zu sein, so würde ich sagen, es handelt sich da um eine gedankenlose Phrase. Ich bescheide mich zu bemerken, daß nur eine inhaltsleere Überdehnung eines Vergleiches, oder, wenn Sie wollen, eine unberechtigte Ausbeutung einer Namengebung vorliegt. Aber ein Name ist nur eine Etikette, zur Unterscheidung von anderem, ähnlichem, angebracht, kein Programm, keine Inhaltsangabe oder Definition. Und ein Vergleich braucht das Verglichene nur an einem Punkte zu tangieren und kann sich in allen anderen weit von ihm entfernen. Das Psychische ist etwas so einzig Besonderes, daß kein vereinzelter Vergleich seine Natur wiedergeben kann. Die psychoanalytische Arbeit bietet Analogien mit der chemischen Analyse, aber ebensolche mit dem Eingreifen des Chirurgen oder der Einwirkung des Orthopäden oder der Beeinflussung des Erziehers. Der Vergleich mit der chemischen Analyse findet seine Begrenzung darin, daß wir es im Seelenleben mit Strebungen zu tun haben, die einem Zwang zur Vereinheitlichung und Zusammenfassung unterliegen. Ist es uns gelungen, ein Symptom zu zersetzen, eine Triebregung aus einem Zusammenhange zu befreien, so bleibt sie nicht isoliert, sondern tritt sofort in einen neuen ein.[1]

Ja, im Gegenteil! Der neurotisch Kranke bringt uns ein zerrissenes, durch Widerstände zerklüftetes Seelenleben entgegen, und während wir daran analysieren, die Widerstände beseitigen, wächst dieses Seelenleben zusammen, fügt die große Einheit, die wir sein Ich heißen, sich alle die Triebregungen ein, die bisher von ihm abgespalten und abseits gebunden waren. So vollzieht sich bei dem analytisch Behandelten die Psychosynthese ohne unser Eingreifen, automatisch und unausweichlich. Durch die Zersetzung der Symptome und die Aufhebung der Widerstände haben wir die Bedingungen für sie geschaffen. Es ist nicht wahr, daß etwas in dem Kranken in seine Bestandteile zerlegt ist, was nun ruhig darauf wartet, bis wir es irgendwie zusammensetzen.

Die Entwicklung unserer Therapie wird also wohl andere Wege einschlagen, vor allem jenen, den kürzlich F e r e n c z i in seiner Arbeit über „Technische Schwierigkeiten einer Hysterieanalyse" (Internat. Zschr. f. Psychoanalyse V, 1919) als die „A k t i v i t ä t" des Analytikers gekennzeichnet hat.

---

1) Ereignet sich doch während der chemischen Analyse etwas ganz Ähnliches. Gleichzeitig mit den Isolierungen, die der Chemiker erzwingt, vollziehen sich von ihm ungewollte Synthesen dank der freigewordenen Affinitäten und der Wahlverwandtschaft der Stoffe.

Einigen wir uns rasch, was unter dieser Aktivität zu verstehen ist. Wir umschrieben unsere therapeutische Aufgabe durch die zwei Inhalte: Bewußtmachen des Verdrängten und Aufdeckung der Widerstände. Dabei sind wir allerdings aktiv genug. Aber sollen wir es dem Kranken überlassen, allein mit den ihm aufgezeigten Widerständen fertig zu werden? Können wir ihm dabei keine andere Hilfe leisten, als er durch den Antrieb der Übertragung erfährt? Liegt es nicht vielmehr sehr nahe, ihm auch dadurch zu helfen, daß wir ihn in jene psychische Situation versetzen, welche für die erwünschte Erledigung des Konflikts die günstigste ist? Seine Leistung ist doch auch abhängig von einer Anzahl von äußerlich konstellierenden Umständen. Sollen wir uns da bedenken, diese Konstellation durch unser Eingreifen in geeigneter Weise zu verändern? Ich meine, eine solche Aktivität des analytisch behandelnden Arztes ist einwandfrei und durchaus gerechtfertigt.

Sie bemerken, daß sich hier für uns ein neues Gebiet der analytischen Technik eröffnet, dessen Bearbeitung eingehende Bemühung erfordern und ganz bestimmte Vorschriften ergeben wird. Ich werde heute nicht versuchen, Sie in diese noch in Entwicklung begriffene Technik einzuführen, sondern mich damit begnügen, einen Grundsatz hervorzuheben, dem wahrscheinlich die Herrschaft auf diesem Gebiete zufallen wird. Er lautet: Die analytische Kur soll, soweit es möglich ist, in der Entbehrung — Abstinenz — durchgeführt werden.

Wie weit es möglich ist, dies festzustellen, bleibe einer detaillierten Diskussion überlassen. Unter Abstinenz ist aber nicht die Entbehrung einer jeglichen Befriedigung zu verstehen — das wäre natürlich undurchführbar — auch nicht, was man im populären Sinne darunter versteht, die Enthaltung vom sexuellen Verkehr, sondern etwas anderes, was mit der Dynamik der Erkrankung und der Herstellung weit mehr zu tun hat.

Sie erinnern sich daran, daß es eine V e r s a g u n g war, die
den Patienten krank gemacht hat, daß seine Symptome ihm
den Dienst von Ersatzbefriedigungen leisten. Sie können während
der Kur beobachten, daß jede Besserung seines Leidenszustandes
das Tempo der Herstellung verzögert und die Triebkraft verringert, die zur Heilung drängt. Auf diese Triebkraft können wir
aber nicht verzichten; eine Verringerung derselben ist für unsere
Heilungsabsicht gefährlich. Welche Folgerung drängt sich uns
also unabweisbar auf? Wir müssen, so grausam es klingt, dafür
sorgen, daß das Leiden des Kranken in irgendeinem wirksamen
Maße kein vorzeitiges Ende finde. Wenn es durch die Zersetzung
und Entwertung der Symptome ermäßigt worden ist, müssen wir
es irgendwo anders als eine empfindliche Entbehrung wieder
aufrichten, sonst laufen wir Gefahr, niemals mehr als bescheidene
und nicht haltbare Besserungen zu erreichen.

Die Gefahr droht, soviel ich sehe, besonders von zwei Seiten.
Einerseits ist der Patient, dessen Kranksein durch die Analyse
erschüttert worden ist, aufs emsigste bemüht, sich an Stelle seiner
Symptome neue Ersatzbefriedigungen zu schaffen, denen nun der
Leidenscharakter abgeht. Er bedient sich der großartigen Ver-
schiebbarkeit der zum Teil freigewordenen Libido, um die mannigfachsten Tätigkeiten, Vorlieben, Gewohnheiten, auch solche, die
bereits früher bestanden haben, mit Libido zu besetzen und sie
zu Ersatzbefriedigungen zu erheben. Er findet immer wieder
neue solche Ablenkungen, durch welche die zum Betrieb der
Kur erforderte Energie versickert, und weiß sie eine Zeitlang
geheim zu halten. Man hat die Aufgabe, alle diese Abwege auf-
zuspüren und jedesmal von ihm den Verzicht zu verlangen, so
harmlos die zur Befriedigung führende Tätigkeit auch an sich
erscheinen mag. Der Halbgeheilte kann aber auch minder harmlose Wege einschlagen, zum Beispiel indem er, wenn ein Mann,
eine voreilige Bindung an ein Weib aufsucht. Nebenbei bemerkt,
unglückliche Ehe und körperliches Siechtum sind die gebräuch-

lichsten Ablösungen der Neurose. Sie befriedigen insbesondere das Schuldbewußtsein (Strafbedürfnis), welches viele Kranke so zähe an ihrer Neurose festhalten läßt. Durch eine ungeschickte Ehewahl bestrafen sie sich selbst; langes organisches Kranksein nehmen sie als eine Strafe des Schicksals an und verzichten dann häufig auf eine Fortführung der Neurose.

Die Aktivität des Arztes muß sich in all solchen Situationen als energisches Einschreiten gegen die voreiligen Ersatzbefriedigungen äußern. Leichter wird ihm aber die Verwahrung gegen die zweite, nicht zu unterschätzende Gefahr, von der die Triebkraft der Analyse bedroht wird. Der Kranke sucht vor allem die Ersatzbefriedigung in der Kur selbst im Übertragungsverhältnis zum Arzt und kann sogar danach streben, sich auf diesem Wege für allen ihm sonst auferlegten Verzicht zu entschädigen. Einiges muß man ihm ja wohl gewähren, mehr oder weniger, je nach der Natur des Falles und der Eigenart des Kranken. Aber es ist nicht gut, wenn es zu viel wird. Wer als Analytiker etwa aus der Fülle seines hilfsbereiten Herzens dem Kranken alles spendet, was ein Mensch vom anderen erhoffen kann, der begeht denselben ökonomischen Fehler, dessen sich unsere nicht analytischen Nervenheilanstalten schuldig machen. Diese streben nichts anderes an, als es dem Kranken möglichst angenehm zu machen, damit er sich dort wohlfühle und gerne wieder aus den Schwierigkeiten des Lebens seine Zuflucht dorthin nehme. Dabei verzichten sie darauf, ihn für das Leben stärker, für seine eigentlichen Aufgaben leistungsfähiger zu machen. In der analytischen Kur muß jede solche Verwöhnung vermieden werden. Der Kranke soll, was sein Verhältnis zum Arzt betrifft, unerfüllte Wünsche reichlich übrig behalten. Es ist zweckmäßig, ihm gerade die Befriedigungen zu versagen, die er am intensivsten wünscht und am dringendsten äußert.

Ich glaube nicht, daß ich den Umfang der erwünschten Aktivität des Arztes mit dem Satze: In der Kur sei die Entbehrung aufrecht zu halten, erschöpft habe. Eine andere Richtung der analytischen Aktivität ist, wie Sie sich erinnern werden, bereits einmal ein Streitpunkt zwischen uns und der Schweizer Schule gewesen. Wir haben es entschieden abgelehnt, den Patienten, der sich Hilfe suchend in unsere Hand begibt, zu unserem Leibgut zu machen, sein Schicksal für ihn zu formen, ihm unsere Ideale aufzudrängen und ihn im Hochmut des Schöpfers zu unserem Ebenbild, an dem wir Wohlgefallen haben sollen, zu gestalten. Ich halte an dieser Ablehnung auch heute noch fest und meine, daß hier die Stelle für die ärztliche Diskretion ist, über die wir uns in anderen Beziehungen hinwegsetzen müssen, habe auch erfahren, daß eine so weit gehende Aktivität gegen den Patienten für die therapeutische Absicht gar nicht erforderlich ist. Denn ich habe Leuten helfen können, mit denen mich keinerlei Gemeinsamkeit der Rasse, Erziehung, sozialen Stellung und Weltanschauung verband, ohne sie in ihrer Eigenart zu stören. Ich habe damals, zur Zeit jener Streitigkeiten, allerdings den Eindruck empfangen, daß der Einspruch unserer Vertreter — ich glaube, es war in erster Linie E. J o n e s — allzu schroff und unbedingt ausgefallen ist. Wir können es nicht vermeiden, auch Patienten anzunehmen, die so haltlos und existenzunfähig sind, daß man bei ihnen die analytische Beeinflussung mit der erzieherischen vereinigen muß, und auch bei den meisten anderen wird sich hie und da eine Gelegenheit ergeben, wo der Arzt als Erzieher und Ratgeber aufzutreten genötigt ist. Aber dies soll jedesmal mit großer Schonung geschehen, und der Kranke soll nicht zur Ähnlichkeit mit uns, sondern zur Befreiung und Vollendung seines eigenen Wesens erzogen werden.

Unser verehrter Freund J. P u t n a m in dem uns jetzt so feindlichen Amerika muß es uns verzeihen, wenn wir auch seine Forderung nicht annehmen können, die Psychoanalyse möge sich in den Dienst einer bestimmten philosophischen

Weltanschauung stellen und diese dem Patienten zum Zwecke seiner Veredlung aufdrängen. Ich möchte sagen, dies ist doch nur Gewaltsamkeit, wenn auch durch die edelsten Absichten gedeckt.

Eine letzte, ganz anders geartete Aktivität wird uns durch die allmählich wachsende Einsicht aufgenötigt, daß die verschiedenen Krankheitsformen, die wir behandeln, nicht durch die nämliche Technik erledigt werden können. Es wäre voreilig, hierüber ausführlich zu handeln, aber an zwei Beispielen kann ich erläutern, inwiefern dabei eine neue Aktivität in Betracht kommt. Unsere Technik ist an der Behandlung der Hysterie erwachsen und noch immer auf diese Affektion eingerichtet. Aber schon die Phobien nötigen uns, über unser bisheriges Verhalten hinauszugehen. Man wird kaum einer Phobie Herr, wenn man abwartet, bis sich der Kranke durch die Analyse bewegen läßt, sie aufzugeben. Er bringt dann niemals jenes Material in die Analyse, das zur überzeugenden Lösung der Phobie unentbehrlich ist. Man muß anders vorgehen. Nehmen Sie das Beispiel eines Agoraphoben; es gibt zwei Klassen von solchen, eine leichtere und eine schwerere. Die ersteren haben zwar jedesmal unter der Angst zu leiden, wenn sie allein auf die Straße gehen, aber sie haben darum das Alleingehen noch nicht aufgegeben; die anderen schützen sich vor der Angst, indem sie auf das Alleingehen verzichten. Bei diesen letzteren hat man nur dann Erfolg, wenn man sie durch den Einfluß der Analyse bewegen kann, sich wieder wie Phobiker des ersten Grades zu benehmen, also auf die Straße zu gehen und während dieses Versuches mit der Angst zu kämpfen. Man bringt es also zunächst dahin, die Phobie so weit zu ermäßigen, und erst wenn dies durch die Forderung des Arztes erreicht ist, wird der Kranke jener Einfälle und Erinnerungen habhaft, welche die Lösung der Phobie ermöglichen.

Noch weniger angezeigt scheint ein passives Zuwarten bei den schweren Fällen von Zwangshandlungen, die ja im allgemeinen zu einem „asymptotischen" Heilungsvorgang, zu einer unendlichen Behandlungsdauer neigen, deren Analyse immer in Gefahr ist, sehr viel zutage zu fördern und nichts zu ändern. Es scheint mir wenig zweifelhaft, daß die richtige Technik hier nur darin bestehen kann, abzuwarten, bis die Kur selbst zum Zwang geworden ist, und dann mit diesem Gegenzwang den Krankheitszwang gewaltsam zu unterdrücken. Sie verstehen aber, daß ich Ihnen in diesen zwei Fällen nur Proben der neuen Entwicklungen vorgelegt habe, denen unsere Therapie entgegengeht.

Und nun möchte ich zum Schlusse eine Situation ins Auge fassen, die der Zukunft angehört, die vielen von ihnen phantastisch erscheinen wird, die aber doch verdient, sollte ich meinen, daß man sich auf sie in Gedanken vorbereitet. Sie wissen, daß unsere therapeutische Wirksamkeit keine sehr intensive ist. Wir sind nur eine Handvoll Leute, und jeder von uns kann auch bei angestrengter Arbeit sich in einem Jahr nur einer kleinen Anzahl von Kranken widmen. Gegen das Übermaß von neurotischem Elend, das es in der Welt gibt und vielleicht nicht zu geben braucht, kommt das, was wir davon wegschaffen können, quantitativ kaum in Betracht. Außerdem sind wir durch die Bedingungen unserer Existenz auf die wohlhabenden Oberschichten der Gesellschaft eingeschränkt, die ihre Ärzte selbst zu wählen pflegen und bei dieser Wahl durch alle Vorurteile von der Psychoanalyse abgelenkt werden. Für die breiten Volksschichten, die ungeheuer schwer unter den Neurosen leiden, können wir derzeit nichts tun.

Nun lassen Sie uns annehmen, durch irgend eine Organisation gelänge es uns, unsere Zahl so weit zu vermehren, daß wir zur Behandlung von größeren Menschenmassen ausreichen. Anderseits läßt sich vorhersehen: Irgend einmal wird das Gewissen der Gesellschaft erwachen und sie mahnen, daß der Arme ein ebensolches Anrecht auf seelische Hilfeleistung hat wie bereits jetzt auf lebensrettende chirurgische. Und daß die Neurosen die Volksgesundheit nicht minder bedrohen als die Tuberkulose und ebensowenig wie diese der ohnmächtigen Fürsorge des Einzelnen aus dem Volke überlassen werden können. Dann werden also Anstalten oder Ordinationsinstitute errichtet werden, an denen psychoanalytisch ausgebildete Ärzte angestellt sind, um die Männer, die sich sonst dem Trunk ergeben würden, die Frauen, die unter der Last der Entsagungen zusammenzubrechen drohen, die Kinder, denen nur die Wahl zwischen Verwilderung und Neurose bevorsteht, durch Analyse widerstands- und leistungsfähig zu erhalten. Diese Behandlungen werden unentgeltliche sein. Es mag lange dauern, bis der Staat diese Pflichten als dringende empfindet. Die gegenwärtigen Verhältnisse mögen den Termin noch länger hinausschieben, es ist wahrscheinlich, daß private Wohltätigkeit mit solchen Instituten den Anfang machen wird; aber irgend einmal wird es dazu kommen müssen.

Dann wird sich für uns die Aufgabe ergeben, unsere Technik den neuen Bedingungen anzupassen. Ich zweifle nicht daran, daß die Triftigkeit unserer psychologischen Annahmen auch auf den Ungebildeten Eindruck machen wird, aber wir werden den einfachsten und greifbarsten Ausdruck unserer theoretischen Lehren suchen müssen. Wir werden wahrscheinlich die Erfahrung machen, daß der Arme noch weniger zum Verzicht auf seine Neurose bereit ist als der Reiche, weil das schwere Leben, das auf ihn wartet, ihn nicht lockt, und das Kranksein ihm einen Anspruch mehr auf soziale Hilfe bedeutet. Möglicherweise werden wir oft nur dann etwas leisten können, wenn wir die seelische Hilfeleistung mit materieller Unterstützung nach Art des Kaiser Josef vereinigen können. Wir werden auch sehr wahrscheinlich genötigt sein, in der Massenanwendung unserer Therapie das reine Gold der Analyse reichlich mit dem Kupfer der direkten Suggestion zu legieren, und auch die hypnotische Beeinflussung könnte dort wie bei der Behandlung der Kriegsneurotiker wieder eine Stelle finden. Aber wie immer sich auch diese Psychotherapie fürs Volk gestalten, aus welchen Elementen sie sich zusammensetzen mag, ihre wirksamsten und wichtigsten Bestandteile werden gewiß die bleiben, die von der strengen, der tendenzlosen Psychoanalyse entlehnt worden sind.

»EIN KIND WIRD GESCHLAGEN«

»EIN KIND WIRD GESCHLAGEN«

BEITRAG ZUR KENNTNIS DER ENTSTEHUNG SEXUELLER PERVERSIONEN

I

Die Phantasievorstellung: „ein Kind wird geschlagen" wird mit überraschender Häufigkeit von Personen eingestanden, die wegen einer Hysterie oder einer Zwangsneurose die analytische Behandlung aufgesucht haben. Es ist recht wahrscheinlich, daß sie noch öfter bei anderen vorkommt, die nicht durch manifeste Erkrankung zu diesem Entschluß genötigt worden sind.

An diese Phantasie sind Lustgefühle geknüpft, wegen welcher sie ungezählte Male reproduziert worden ist oder noch immer reproduziert wird. Auf der Höhe der vorgestellten Situation setzt sich fast regelmäßig eine onanistische Befriedigung (an den Genitalien also) durch, anfangs mit Willen der Person, aber ebenso später hin mit Zwangscharakter gegen ihr Widerstreben.

Das Eingeständnis dieser Phantasie erfolgt nur zögernd, die Erinnerung an ihr erstes Auftreten ist unsicher, der analytischen Behandlung des Gegenstandes tritt ein unzweideutiger Widerstand entgegen, Schämen und Schuldbewußtsein regen sich hiebei vielleicht kräftiger als bei ähnlichen Mitteilungen über die erinnerten Anfänge des Sexuallebens.

Es läßt sich endlich feststellen, daß die ersten Phantasien dieser Art sehr frühzeitig gepflegt worden sind, gewiß vor dem Schulbesuch, schon im fünften und sechsten Jahr. Wenn das Kind in der Schule mitangesehen hat, wie andere Kinder vom Lehrer geschlagen wurden, so hat dies Erleben die Phantasien wieder hervorgerufen, wenn sie eingeschlafen waren, hat sie verstärkt, wenn sie noch bestanden, und ihren Inhalt in merklicher Weise modifiziert. Es wurden von da an „unbestimmt viele" Kinder geschlagen. Der Einfluß der Schule war so deutlich, daß die betreffenden Patienten zunächst versucht waren, ihre Schlagephantasien ausschließlich auf diese Eindrücke der Schulzeit, nach dem sechsten Jahr, zurückzuführen. Allein dies ließ sich niemals halten; sie waren schon vorher vorhanden gewesen.

Hörte das Schlagen der Kinder in höheren Schulklassen auf, so wurde dessen Einfluß durch die Einwirkung der bald zu Bedeutung kommenden Lektüre mehr als nur ersetzt. In dem Milieu meiner Patienten waren es fast immer die nämlichen, der Jugend zugänglichen Bücher, aus deren Inhalt sich die Schlagephantasien neue Anregungen holten: die sogenannte Bibliothèque rose, Onkel Toms Hütte und dergleichen. Im Wetteifer mit diesen Dichtungen begann die eigene Phantasietätigkeit des Kindes, einen Reichtum von Situationen und Institutionen zu erfinden, in denen Kinder wegen ihrer Schlimmheit und ihrer Unarten geschlagen oder in anderer Weise bestraft und gezüchtigt werden.

Da die Phantasievorstellung, ein Kind wird geschlagen, regelmäßig mit hoher Lust besetzt war und in einen Akt lustvoller autoerotischer Befriedigung auslief, könnte man erwarten, daß auch das Zuschauen, wie ein anderes Kind in der Schule geschlagen wurde, eine Quelle ähnlichen Genusses gewesen sei. Allein dies war nie der Fall. Das Miterleben realer Schlageszenen in der Schule rief beim zuschauenden Kinde ein eigentümlich aufgeregtes, wahrscheinlich gemischtes, Gefühl hervor, an dem die Ablehnung einen großen Anteil hatte. In einigen Fällen wurde das reale Erleben der Schlageszenen als unerträglich empfunden. Übrigens wurde auch in den raffinierten Phantasien späterer Jahre an der Bedingung festgehalten, daß den gezüchtigten Kindern kein ernsthafter Schaden zugefügt werde.

Man mußte die Frage aufwerfen, welche Beziehung zwischen der Bedeutung der Schlagephantasien und der Rolle bestehen möge, die reale körperliche Züchtigungen in der häuslichen Erziehung des Kindes gespielt hätten. Die nächstliegende Vermutung, es werde sich hiebei eine umgekehrte Relation ergeben, ließ sich infolge der Einseitigkeit des Materials nicht erweisen. Die Personen, die den Stoff für diese Analysen hergaben, waren in ihrer Kindheit sehr selten geschlagen, waren jedenfalls nicht mit Hilfe von Prügeln erzogen worden. Jedes dieser Kinder hatte natürlich doch irgendeinmal die überlegene Körperkraft seiner Eltern oder Erzieher zu spüren bekommen; daß es an Schlägereien zwischen den Kindern selbst in keiner Kinderstube gefehlt, bedarf keiner ausdrücklichen Hervorhebung.

Bei jenen frühzeitigen und simplen Phantasien, die nicht offenkundig auf den Einfluß von Schuleindrücken oder Szenen aus der Lektüre hinwiesen, wollte die Forschung gern mehr erfahren. Wer war das geschlagene Kind? Das phantasierende selbst oder ein fremdes? War es immer dasselbe Kind oder beliebig oft ein anderes? Wer war es, der das Kind schlug? Ein Erwachsener? Und wer dann? Oder phantasierte das Kind, daß es selbst ein anderes schlüge? Auf alle diese Fragen kam keine aufklärende Auskunft, immer nur die eine scheue Antwort: Ich weiß nichts mehr darüber; ein Kind wird geschlagen.

Erkundigungen nach dem Geschlecht des geschlagenen Kindes hatten mehr Erfolg, brachten aber auch kein Verständnis. Manchmal wurde geantwortet: Immer nur Buben, oder: Nur Mädel; öfter hieß es: Das weiß ich nicht, oder: Das ist gleichgültig. Das, worauf es dem Fragenden ankam, eine konstante Beziehung zwischen dem Geschlecht des phantasierenden und dem des geschlagenen Kindes, stellte sich niemals heraus. Gelegentlich einmal kam noch ein charakteristisches Detail aus dem Inhalt der Phantasie zum Vorschein: Das kleine Kind wird auf den nackten Popo geschlagen. Unter diesen Umständen konnte man vorerst nicht einmal entscheiden, ob die an der Schlagephantasie haftende Lust als eine sadistische oder als eine masochistische zu bezeichnen sei.

II

Die Auffassung einer solchen, im frühen Kindesalter vielleicht bei zufälligen Anlässen auftauchenden, und zur autoerotischen Befriedigung festgehaltenen Phantasie kann nach unseren bisherigen Einsichten nur lauten, daß es sich hiebei um einen primären Zug von Perversion handle. Eine der Komponenten der Sexualfunktion sei den anderen in der Entwicklung vorangeeilt, habe sich vorzeitig selbständig gemacht, sich fixiert und dadurch den späteren Entwicklungsvorgängen entzogen, damit aber ein Zeugnis für eine besondere, anormale Konstitution der Person gegeben. Wir wissen, daß eine solche infantile Perversion nicht fürs Leben zu verbleiben braucht, sie kann noch später der Verdrängung verfallen, durch eine Reaktionsbildung ersetzt oder durch eine Sublimierung umgewandelt werden. (Vielleicht ist es aber so, daß die Sublimierung aus einem besonderen Prozeß hervorgeht, welcher durch die Verdrängung hintangehalten würde.) Wenn aber diese Vorgänge ausbleiben, dann erhält sich die Perversion im reifen Leben, und wo wir beim Erwachsenen eine sexuelle Abirrung — Perversion, Fetischismus, Inversion — vorfinden, da erwarten wir mit Recht, ein solches fixierendes Ereignis der Kinderzeit durch anamnestische Erforschung aufzudecken. Ja lange vor der Zeit der Psychoanalyse haben Beobachter wie B i n e t die sonderbaren sexuellen Abirrungen der Reifezeit auf solche Eindrücke, gerade der nämlichen Kinderjahre von fünf oder sechs an, zurückführen können. Man war hiebei allerdings auf eine Schranke unseres Verständnisses gestoßen, denn den fixierenden Eindrücken fehlte jede traumatische Kraft, sie waren zumeist banal und für andere Individuen nicht aufregend; man konnte nicht sagen, warum sich das Sexualstreben gerade an sie fixiert hatte. Aber man konnte ihre Bedeutung darin suchen, daß sie eben der voreiligen und sprungbereiten Sexualkomponente den, wenn auch zufälligen, Anlaß zur Anheftung geboten hatten, und man mußte ja darauf vorbereitet sein, daß die Kette der Kausalverknüpfung irgendwo ein vorläufiges Ende finden werde. Gerade die mitgebrachte Konstitution schien allen Anforderungen an einen solchen Haltepunkt zu entsprechen.

Wenn die frühzeitig losgerissene Sexualkomponente die sadistische ist, so bilden wir auf Grund anderswo gewonnener Einsicht die Erwartung, daß durch spätere Verdrängung derselben eine Disposition zur Zwangsneurose geschaffen werde. Man kann nicht sagen, daß dieser Erwartung durch das Ergebnis der Untersuchung widersprochen wird. Unter den sechs Fällen, auf deren eingehendem Studium diese kleine Mitteilung aufgebaut ist (vier Frauen, zwei Männer) befanden sich Fälle von Zwangsneurose, ein allerschwerster, lebenszerstörender, und ein mittelschwerer, der Beeinflussung gut zugänglicher, ferner ein dritter, der wenigstens einzelne deutliche Züge der Zwangsneurose aufwies. Ein vierter Fall war freilich eine glatte Hysterie mit Schmerzen und Hemmungen, und ein fünfter, der die Analyse bloß wegen Unschlüssigkeiten im Leben aufsuchte, wäre von grober klinischer Diagnostik überhaupt nicht klassifiziert oder als „Psychasthenie" abgetan worden. Man darf in dieser Statistik keine Enttäuschung erblicken, denn erstens wissen wir, daß nicht jegliche Disposition sich zur Affektion weiter entwickeln muß, und zweitens darf es uns genügen zu erklären, was vorhanden ist, und dürfen wir uns der Aufgabe, auch verstehen zu lassen, warum etwas nicht zustande gekommen ist, im allgemeinen entziehen.

So weit und nicht weiter würden uns unsere gegenwärtigen Einsichten ins Verständnis der Schlagephantasien eindringen lassen. Eine Ahnung, daß das Problem hiemit nicht erledigt ist, regt sich allerdings beim analysierenden Arzte, wenn er sich eingestehen muß, daß diese Phantasien meist abseits vom übrigen Inhalt der Neurose bleiben und keinen rechten Platz in deren Gefüge einnehmen; aber man pflegt, wie ich aus eigener Erfahrung weiß, über solche Eindrücke gern hinwegzugehen.

III

Streng genommen — und warum sollte man dies nicht so streng als möglich nehmen? — verdient die Anerkennung als korrekte Psychoanalyse nur die analytische Bemühung, der es gelungen ist, die Amnesie zu beheben, welche dem Erwachsenen die Kenntnis seines Kinderlebens vom Anfang an (das heißt etwa vom zweiten bis zum fünften Jahr) verhüllt. Man kann das unter Analytikern nicht laut genug sagen und nicht oft genug wiederholen. Die Motive, sich über diese Mahnung hinwegzusetzen, sind ja begreiflich. Man möchte brauchbare Erfolge in kürzerer Zeit und mit geringerer Mühe erzielen. Aber gegenwärtig ist die theoretische Erkenntnis noch ungleich wichtiger für jeden von uns als der therapeutische Erfolg, und wer die Kindheitsanalyse vernachlässigt, muß notwendig den folgenschwersten Irrtümern verfallen. Eine Unterschätzung des Einflusses späterer Erlebnisse wird durch diese Betonung der Wichtigkeit der frühesten nicht bedingt; aber die späteren Lebenseindrücke sprechen in der Analyse laut genug durch den Mund des Kranken, für das Anrecht der Kindheit muß erst der Arzt die Stimme erheben.

Die Kinderzeit zwischen zwei und vier oder fünf Jahren ist diejenige, in welcher die mitgebrachten libidinösen Faktoren von den Erlebnissen zuerst geweckt und an gewisse Komplexe gebunden werden. Die hier behandelten Schlagephantasien zeigen sich erst zu Ende oder nach Ablauf dieser Zeit. Es könnte also wohl sein, daß sie eine Vorgeschichte haben, eine Entwicklung durchmachen, einem Endausgang, nicht einer Anfangsäußerung entsprechen. Diese Vermutung wird durch die Analyse bestätigt. Die konsequente Anwendung derselben lehrt, daß die Schlagephantasien eine gar nicht einfache Entwicklungsgeschichte haben, in deren Verlauf sich das meiste an ihnen mehr als einmal ändert: ihre Beziehung zur phantasierenden Person, ihr Objekt, Inhalt und ihre Bedeutung.

Zur leichteren Verfolgung dieser Wandlungen in den Schlagephantasien werde ich mir nun gestatten, meine Beschreibungen auf die weiblichen Personen einzuschränken, die ohnedies (vier gegen zwei) die Mehrheit meines Materials ausmachen. An die Schlagephantasien der Männer. knüpft außerdem ein anderes Thema an, das ich in dieser Mitteilung beiseite lassen will. Ich werde mich dabei bemühen, nicht mehr zu schematisieren, als zur Darstellung eines durchschnittlichen Sachverhaltes unvermeidlich ist. Mag dann weitere Beobachtung auch eine größere Mannigfaltigkeit der Verhältnisse ergeben, so bin ich doch sicher, ein typisches Vorkommnis, und zwar nicht von seltener Art, erfaßt zu haben.

Die erste Phase der Schlagephantasien bei Mädchen also muß einer sehr frühen Kinderzeit angehören. Einiges an ihnen bleibt in merkwürdiger Weise unbestimmbar, als ob es gleichgültig wäre. Die kärgliche Auskunft, die man von den Patienten bei der ersten Mitteilung erhalten hat: Ein Kind wird geschlagen, erscheint für diese Phantasie gerechtfertigt. Allein anderes ist mit Sicherheit bestimmbar und dann allemal im gleichen Sinne. Das geschlagene Kind ist nämlich nie das phantasierende, regelmäßig ein anderes Kind, zumeist ein Geschwisterchen, wo ein solches vorhanden ist. Da dies Bruder oder Schwester sein kann, kann sich hier auch keine konstante Beziehung zwischen dem Geschlecht des phantasierenden und dem des geschlagenen Kindes ergeben.

Die Phantasie ist also sicherlich keine masochistische; man möchte sie sadistisch nennen, allein man darf nicht außer acht lassen, daß das phantasierende Kind auch niemals selbst das schlagende ist. Wer in Wirklichkeit die schlagende Person ist, bleibt zunächst unklar. Es läßt sich nur feststellen: kein anderes Kind, sondern ein Erwachsener. Diese unbestimmte erwachsene Person wird dann späterhin klar und eindeutig als der Vater (des Mädchens) kenntlich.

Diese erste Phase der Schlagephantasie wird also voll wiedergegeben durch den Satz: Der Vater schlägt das Kind. Ich verrate viel von dem später aufzuzeigenden Inhalt, wenn ich anstatt dessen sage: Der Vater schlägt das mir verhaßte Kind. Man kann übrigens schwankend werden, ob man dieser Vorstufe der späteren Schlagephantasie auch schon den Charakter einer „Phantasie" zuerkennen soll. Es handelt sich vielleicht eher um Erinnerungen an solche Vorgänge, die man mitangesehen hat, an Wünsche, die bei verschiedenen Anlässen aufgetreten sind, aber diese Zweifel haben keine Wichtigkeit.

Zwischen dieser ersten und der nächsten Phase haben sich große Umwandlungen vollzogen. Die schlagende Person ist zwar die nämliche, die des Vaters, geblieben, aber das geschlagene Kind ist ein anderes geworden, es ist regelmäßig die des phantasierenden Kindes selbst, die Phantasie ist in hohem Grade lustbetont und hat sich mit einem bedeutsamen Inhalt erfüllt, dessen Ableitung uns später beschäftigen wird. Ihr Wortlaut ist jetzt also: Ich werde vom Vater geschlagen. Sie hat unzweifelhaft masochistischen Charakter.

Diese zweite Phase ist die wichtigste und folgenschwerste von allen. Aber man kann in gewissem Sinne von ihr sagen, sie habe niemals eine reale Existenz gehabt. Sie wird in keinem Falle erinnert, sie hat es nie zum Bewußtwerden gebracht. Sie ist eine Konstruktion der Analyse, aber darum nicht minder eine Notwendigkeit.

Die dritte Phase ähnelt wiederum der ersten. Sie hat den aus der Mitteilung der Patientin bekannten Wortlaut. Die schlagende Person ist niemals die des Vaters, sie wird entweder wie in der ersten Phase unbestimmt gelassen, oder in typischer Weise durch einen Vatervertreter (Lehrer) besetzt. Die eigene Person des phantasierenden Kindes kommt in der Schlagephantasie nicht mehr zum Vorschein. Auf eindringliches Befragen äußern die Patienten nur: Ich schaue wahrscheinlich zu. Anstatt des einen geschlagenen Kindes sind jetzt meistens viele Kinder vorhanden. Überwiegend häufig sind es (in den Phantasien der Mädchen) Buben, die geschlagen werden, aber auch nicht individuell bekannte. Die ursprüngliche einfache und monotone Situation des Geschlagenwerdens kann die mannigfaltigsten Abänderungen und Ausschmückungen erfahren, das Schlagen selbst durch Strafen und Demütigungen anderer Art ersetzt werden. Der wesentliche Charakter aber, der auch die einfachsten Phantasien dieser Phase von denen der ersten unterscheidet und der die Beziehung zur mittleren Phase herstellt, ist der folgende: die Phantasie ist jetzt der Träger einer starken, unzweideutig sexuellen Erregung und vermittelt als solcher die onanistische Befriedigung. Gerade das ist aber das Rätselhafte; auf welchem Wege ist die nunmehr sadistische Phantasie, daß fremde und unbekannte Buben geschlagen werden, zu dem von da an dauernden Besitz der libidinösen Strebung des kleinen Mädchens gekommen?

Wir verhehlen uns auch nicht, daß Zusammenhang und Aufeinanderfolge der drei Phasen der Schlagephantasie wie alle ihre anderen Eigentümlichkeiten bisher ganz unverständlich geblieben sind.

IV

Führt man die Analyse durch jene frühen Zeiten, in die die Schlagephantasie verlegt und aus denen sie erinnert wird, so zeigt sie das Kind in die Erregungen seines Elternkomplexes verstrickt.

Das kleine Mädchen ist zärtlich an den Vater fixiert, der wahrscheinlich alles getan hat, um seine Liebe zu gewinnen, und legt dabei den Keim zu einer Haß- und Konkurrenzeinstellung gegen die Mutter, die neben einer Strömung von zärtlicher Anhänglichkeit bestehen bleibt, und der vorbehalten sein kann, mit den Jahren immer stärker und deutlicher bewußt zu werden oder den Anstoß zu einer übergroßen reaktiven Liebesbindung an sie zu geben. Aber nicht an das Verhältnis zur Mutter knüpft die Schlagephantasie an. Es gibt in der Kinderstube noch andere Kinder, um ganz wenige Jahre älter oder jünger, die man aus allen anderen Gründen, hauptsächlich aber darum nicht mag, weil man die Liebe der Eltern mit ihnen teilen soll, und die man darum mit der ganzen wilden Energie, die dem Gefühlsleben dieser Jahre eigen ist, von sich stößt. Ist es ein jüngeres Geschwisterchen (wie in drei von meinen vier Fällen), so verachtet man es, außerdem daß man es haßt, und muß doch zusehen, wie es jenen Anteil von Zärtlichkeit an sich zieht, den die verblendeten Eltern jedesmal für das Jüngste bereit haben. Man versteht bald, daß Geschlagenwerden, auch wenn es nicht sehr wehe tut, eine Absage der Liebe und eine Demütigung bedeutet. So manches Kind, das sich für sicher thronend in der unerschütterlichen Liebe seiner Eltern hielt, ist durch einen einzigen Schlag aus allen Himmeln seiner eingebildeten Allmacht gestürzt worden. Also ist es eine behagliche Vorstellung, daß der Vater dieses verhaßte Kind schlägt, ganz unabhängig davon, ob man gerade ihn schlagen gesehen hat. Es heißt: der Vater liebt dieses andere Kind nicht, e r   l i e b t   n u r   m i c h .

Dies ist also Inhalt und Bedeutung der Schlagephantasie in ihrer ersten Phase. Die Phantasie befriedigt offenbar die Eifersucht des Kindes und hängt von seinem Liebesleben ab, aber sie wird auch von dessen egoistischen Interessen kräftig gestützt. Es bleibt also zweifelhaft, ob man sie als eine rein „sexuelle" bezeichnen darf; auch eine „sadistische" getraut man sich nicht,

sie zu nennen. Man weiß ja, daß gegen den Ursprung hin alle
die Kennzeichen zu verschwimmen pflegen, auf welche wir unsere
Unterscheidungen aufzubauen gewohnt sind. Also vielleicht
ähnlich wie die Verheißung der drei Schicksalsschwestern an
B a n q u o lautete: nicht sicher sexuell, nicht selbst sadistisch,
aber doch der Stoff, aus dem später beides werden soll. Keines-
falls aber liegt ein Grund zur Vermutung vor, daß schon diese
erste Phase der Phantasie einer Erregung dient, welche sich
unter Inanspruchnahme der Genitalien Abfuhr in einem
onanistischen Akt zu verschaffen lernt.

In dieser vorzeitigen Objektwahl der inzestuösen Liebe erreicht
das Sexualleben des Kindes offenbar die Stufe der genitalen
Organisation. Es ist dies für den Knaben leichter nachzuweisen,
aber auch fürs kleine Mädchen nicht zu bezweifeln. Etwas wie
eine Ahnung der späteren definitiven und normalen Sexualziele
beherrscht das libidinöse Streben des Kindes; man mag sich
füglich verwundern, woher es kommt, darf es aber als Beweis
dafür nehmen, daß die Genitalien ihre Rolle beim Erregungs-
vorgang bereits angetreten haben. Der Wunsch, mit der Mutter
ein Kind zu haben, fehlt nie beim Knaben, der Wunsch, vom
Vater ein Kind zu bekommen, ist beim Mädchen konstant, und
dies bei völliger Unfähigkeit, sich Klarheit über den Weg zu
schaffen, der zur Erfüllung dieser Wünsche führen kann. Daß
die Genitalien etwas damit zu tun haben, scheint beim Kinde
festzustehen, wenngleich seine grübelnde Tätigkeit das Wesen
der zwischen den Eltern vorausgesetzten Intimität in andersartigen
Beziehungen suchen mag, zum Beispiel im Beisammenschlafen,
in gemeinsamer Harnentleerung und dergleichen und solcher
Inhalt eher in Wortvorstellungen erfaßt werden kann als das
Dunkle, das mit dem Genitalen zusammenhängt.

Allein es kommt die Zeit, zu der diese frühe Blüte vom Frost
geschädigt wird; keine dieser inzestuösen Verliebtheiten kann dem
Verhängnis der Verdrängung entgehen. Sie verfallen ihr entweder

bei nachweisbaren äußeren Anlässen, die eine Enttäuschung hervorrufen, bei unerwarteten Kränkungen, bei der unerwünschten
Geburt eines neuen Geschwisterchens, die als Treulosigkeit
empfunden wird usw., oder ohne solche Veranlassungen, von innen
heraus, vielleicht nur infolge des Ausbleibens der zu lange
ersehnten Erfüllung. Es ist unverkennbar, daß die Veranlassungen
nicht die wirkenden Ursachen sind, sondern daß es diesen Liebesbeziehungen bestimmt ist, irgend einmal unterzugehen, wir können
nicht sagen, woran. Am wahrscheinlichsten ist es, daß sie vergehen,
weil ihre Zeit um ist, weil die Kinder in eine neue Entwicklungsphase
eintreten, in welcher sie genötigt sind, die Verdrängung der
inzestuösen Objektwahl aus der Menschheitsgeschichte zu wiederholen, wie sie vorher gedrängt waren, solche Objektwahl vorzunehmen. (Siehe das Schicksal in der Ödipusmythe.) Was als
psychisches Ergebnis der inzestuösen Liebesregungen unbewußt
vorhanden ist, wird vom Bewußtsein der neuen Phase nicht mehr
übernommen, was davon bereits bewußt geworden war, wieder
herausgedrängt. Gleichzeitig mit diesem Verdrängungsvorgang
erscheint ein Schuldbewußtsein, auch dieses unbekannter Herkunft,
aber ganz unzweifelhaft an jene Inzestwünsche geknüpft und
durch deren Fortdauer im Unbewußten gerechtfertigt.[1]

Die Phantasie der inzestuösen Liebeszeit hatte gesagt: Er (der
Vater) liebt nur mich, nicht das andere Kind, denn dieses schlägt
er ja. Das Schuldbewußtsein weiß keine härtere Strafe zu finden
als die Umkehrung dieses Triumphes: „Nein, er liebt dich nicht,
denn er schlägt dich." So würde die Phantasie der zweiten
Phase, selbst vom Vater geschlagen zu werden, zum direkten
Ausdruck des Schuldbewußtseins, dem nun die Liebe zum Vater
unterliegt. Sie ist also masochistisch geworden; meines Wissens
ist es immer so, jedesmal ist das Schuldbewußtsein das Moment,
welches den Sadismus zum Masochismus umwandelt. Dies ist

---

[1] Siehe die Fortführung in „Der Untergang des Ödipuskomplexes" 1924. [S. 393
Band XIII. der Ges. Werke.]

aber gewiß nicht der ganze Inhalt des Masochismus. Das Schuldbewußtsein kann nicht allein das Feld behauptet haben; der Liebesregung muß auch ihr Anteil werden. Erinnern wir uns daran, daß es sich um Kinder handelt, bei denen die sadistische Komponente aus konstitutionellen Gründen vorzeitig und isoliert hervortreten konnte. Wir brauchen diesen Gesichtspunkt nicht aufzugeben. Bei eben diesen Kindern ist ein Rückgreifen auf die prägenitale, sadistisch-anale Organisation des Sexuallebens besonders erleichtert. Wenn die kaum erreichte genitale Organisation von der Verdrängung betroffen wird, so tritt nicht nur die eine Folge auf, daß jegliche psychische Vertretung der inzestuösen Liebe unbewußt wird oder bleibt, sondern es kommt noch als andere Folge hinzu, daß die Genitalorganisation selbst eine regressive Erniedrigung erfährt. Das: Der Vater liebt mich, war im genitalen Sinne gemeint; durch die Regression verwandelt es sich in: Der Vater schlägt mich (ich werde vom Vater geschlagen). Dies Geschlagenwerden ist nun ein Zusammentreffen von Schuldbewußtsein und Erotik; es ist nicht nur die Strafe für die verpönte genitale Beziehung, sondern auch der regressive Ersatz für sie, und aus dieser letzteren Quelle bezieht es die libidinöse Erregung, die ihm von nun anhaften und in onanistischen Akten Abfuhr finden wird. Dies ist aber erst das Wesen des Masochismus.

Die Phantasie der zweiten Phase, selbst vom Vater geschlagen zu werden, bleibt in der Regel unbewußt, wahrscheinlich infolge der Intensität der Verdrängung. Ich kann nicht angeben, warum sie doch in einem meiner sechs Fälle (einem männlichen) bewußt erinnert wurde. Dieser jetzt erwachsene Mann hatte es klar im Gedächtnis bewahrt, daß er die Vorstellung, von der Mutter geschlagen zu werden, zu onanistischen Zwecken zu gebrauchen pflegte; allerdings ersetzte er die eigene Mutter bald durch die Mütter von Schulkollegen oder andere, ihr irgendwie ähnliche Frauen. Es ist nicht zu vergessen, daß bei der Verwandlung der inzestuösen Phantasie des Knaben in die entsprechende masochistische eine Umkehrung mehr vor sich geht als im Falle des Mädchens, nämlich die Ersetzung von Aktivität durch Passivität, und dies Mehr von Entstellung mag die Phantasie vor dem Unbewußtbleiben als Erfolg der Verdrängung schützen. Dem Schuldbewußtsein hätte so die Regression an Stelle der Verdrängung genügt; in den weiblichen Fällen wäre das, vielleicht an sich anspruchsvollere, Schuldbewußtsein erst durch das Zusammenwirken beider begütigt worden.

In zweien meiner vier weiblichen Fälle hatte sich über der masochistischen Schlagephantasie ein kunstvoller, für das Leben der Betreffenden sehr bedeutsamer Überbau von Tagträumen entwickelt, dem die Funktion zufiel, das Gefühl der befriedigten Erregung auch bei Verzicht auf den onanistischen Akt möglich zu machen. In einem dieser Fälle durfte der Inhalt, vom Vater geschlagen zu werden, sich wieder ins Bewußtsein wagen, wenn das eigene Ich durch leichte Verkleidung unkenntlich gemacht war. Der Held dieser Geschichten wurde regelmäßig vom Vater geschlagen, später nur gestraft, gedemütigt usw.

Ich wiederhole aber, in der Regel bleibt die Phantasie unbewußt und muß erst in der Analyse rekonstruiert werden. Dies läßt vielleicht den Patienten recht geben, die sich erinnern wollen, die Onanie sei bei ihnen früher aufgetreten als die — gleich zu besprechende — Schlagephantasie der dritten Phase; letztere habe sich erst später hinzugesellt, etwa unter dem Eindruck von Schulszenen. So oft wir diesen Angaben Glauben schenkten, waren wir immer geneigt anzunehmen, die Onanie sei zunächst unter der Herrschaft unbewußter Phantasien gestanden, die später durch bewußte ersetzt wurden.

Als solchen Ersatz fassen wir dann die bekannte Schlagephantasie der dritten Phase auf, die endgültige Gestaltung derselben, in der das phantasierende Kind höchstens noch als Zuschauer vorkommt, der Vater in der Person eines Lehrers oder sonstigen

Vorgesetzten erhalten ist. Die Phantasie, die nun jener der ersten Phase ähnlich ist, scheint sich wieder ins Sadistische gewendet zu haben. Es macht den Eindruck, als wäre in dem Satze: Der Vater schlägt das andere Kind, er liebt nur mich, der Akzent auf den ersten Teil zurückgewichen, nachdem der zweite der Verdrängung erlegen ist. Allein nur die Form dieser Phantasie ist sadistisch, die Befriedigung, die aus ihr gewonnen wird, ist eine masochistische, ihre Bedeutung liegt darin, daß sie die libidinöse Besetzung des verdrängten Anteils übernommen hat und mit dieser auch das am Inhalt haftende Schuldbewußtsein. Alle die vielen unbestimmten Kinder, die vom Lehrer geschlagen werden, sind doch nur Ersetzungen der eigenen Person.

Hier zeigt sich auch zum erstenmal etwas wie eine Konstanz des Geschlechtes bei den der Phantasie dienenden Personen Die geschlagenen Kinder sind fast durchwegs Knaben, in den Phantasien der Knaben ebensowohl wie in denen der Mädchen. Dieser Zug erklärt sich greifbarerweise nicht aus einer etwaigen Konkurrenz der Geschlechter, denn sonst müßten ja in den Phantasien der Knaben vielmehr Mädchen geschlagen werden; er hat auch nichts mit dem Geschlecht des gehaßten Kindes der ersten Phase zu tun, sondern er weist auf einen komplizierenden Vorgang bei den Mädchen hin. Wenn sie sich von der genital gemeinten inzestuösen Liebe zum Vater abwenden, brechen sie überhaupt leicht mit ihrer weiblichen Rolle, beleben ihren „Männlichkeitskomplex" (van Ophuijsen) und wollen von da an nur Buben sein. Daher sind auch ihre Prügelknaben, die sie vertreten, Buben. In beiden Fällen von Tagträumen — der eine erhob sich beinahe zum Niveau einer Dichtung — waren die Helden immer nur junge Männer, ja Frauen kamen in diesen Schöpfungen überhaupt nicht vor und fanden erst nach vielen Jahren in Nebenrollen Aufnahme.

V

Ich hoffe, ich habe meine analytischen Erfahrungen detailliert genug vorgetragen und bitte nur noch in Betracht zu ziehen, daß die oft erwähnten sechs Fälle nicht mein Material erschöpfen, sondern daß ich auch wie andere Analytiker über eine weit größere Anzahl von minder gut untersuchten Fällen verfüge. Diese Beobachtungen können nach mehreren Richtungen verwertet werden, zur Aufklärung über die Genese der Perversionen überhaupt, im besonderen des Masochismus, und zur Würdigung der Rolle, welche der Geschlechtsunterschied in der Dynamik der Neurose spielt.

Das augenfälligste Ergebnis einer solchen Diskussion betrifft die Entstehung der Perversionen. An der Auffassung, die bei ihnen die konstitutionelle Verstärkung oder Voreiligkeit einer Sexualkomponente in den Vordergrund rückt, wird zwar nicht gerüttelt, aber damit ist nicht alles gesagt. Die Perversion steht nicht mehr isoliert im Sexualleben des Kindes, sondern sie wird in den Zusammenhang der uns bekannten typischen — um nicht zu sagen: normalen — Entwicklungsvorgänge aufgenommen. Sie wird in Beziehung zur inzestuösen Objektliebe des Kindes, zum Ödipuskomplex desselben, gebracht, tritt auf dem Boden dieses Komplexes zuerst hervor, und nachdem er zusammengebrochen ist, bleibt sie, oft allein, von ihm übrig, als Erbe seiner libidinösen Ladung und belastet mit dem an ihm haftenden Schuldbewußtsein. Die abnorme Sexualkonstitution hat schließlich ihre Stärke darin gezeigt, daß sie den Ödipuskomplex in eine besondere Richtung gedrängt und ihn zu einer ungewöhnlichen Resterscheinung gezwungen hat.

Die kindliche Perversion kann, wie bekannt, das Fundament für die Ausbildung einer gleichsinnigen, durchs Leben bestehenden Perversion werden, die das ganze Sexualleben des Menschen aufzehrt, oder sie kann abgebrochen werden und im Hintergrunde einer normalen Sexualentwicklung erhalten bleiben, der sie dann

doch immer einen gewissen Energiebetrag entzieht. Der erstere
Fall ist der bereits in voranalytischen Zeiten erkannte, aber die
Kluft zwischen beiden wird durch die analytische Untersuchung
solcher ausgewachsener Perversionen nahezu ausgefüllt. Man findet
nämlich häufig genug bei diesen Perversen, daß auch sie, gewöhnlich in der Pubertätszeit, einen Ansatz zur normalen Sexualtätigkeit gebildet haben. Aber der war nicht kräftig genug, wurde
vor den ersten, nie ausbleibenden Hindernissen aufgegeben, und
dann griff die Person endgültig auf die infantile Fixierung zurück.

Es wäre natürlich wichtig zu wissen, ob man die Entstehung
der infantilen Perversionen aus dem Ödipuskomplex ganz allgemein behaupten darf. Das kann ja ohne weitere Untersuchungen
nicht entschieden werden, aber unmöglich erschiene es nicht.
Wenn wir der Anamnesen gedenken, die von den Perversionen
Erwachsener gewonnen wurden, so merken wir doch, daß der
maßgebende Eindruck, das „erste Erlebnis", all dieser Perversen,
Fetischisten und dergleichen fast niemals in Zeiten früher als
das sechste Jahr verlegt wird. Um diese Zeit ist die Herrschaft
des Ödipuskomplexes aber bereits abgelaufen; das erinnerte, in so
rätselhafter Weise wirksame Erlebnis könnte sehr wohl die Erbschaft desselben vertreten haben. Die Beziehungen zwischen ihm
und dem nun verdrängten Komplex müssen dunkle bleiben,
solange nicht die Analyse in die Zeit hinter dem ersten
„pathogenen" Eindruck Licht getragen hat. Man erwäge nun,
wie wenig Wert zum Beispiel die Behauptung einer angeborenen
Homosexualität hat, die sich auf die Mitteilung stützt, die
betreffende Person habe schon vom achten oder vom sechsten
Jahre an nur Zuneigung zum gleichen Geschlecht verspürt.

Wenn aber die Ableitung der Perversionen aus dem Ödipuskomplex allgemein durchführbar ist, dann hat unsere Würdigung
desselben eine neue Bekräftigung erfahren. Wir meinen ja, der
Ödipuskomplex sei der eigentliche Kern der Neurose, die infantile
Sexualität, die in ihm gipfelt, die wirkliche Bedingung der Neu-

rose, und was von ihm im Unbewußten erübrigt, stelle die Disposition zur späteren neurotischen Erkrankung des Erwachsenen dar. Die Schlagephantasie und andere analoge perverse Fixierungen wären dann auch nur Niederschläge des Ödipuskomplexes, gleichsam Narben nach dem abgelaufenen Prozeß, geradeso wie die berüchtigte „Minderwertigkeit" einer solchen narzißtischen Narbe entspricht. Ich muß in dieser Auffassung M a r c i n o w s k i, der sie kürzlich in glücklicher Weise vertreten hat (Die erotischen Quellen der Minderwertigkeitsgefühle, Zeitschrift für Sexualwissenschaft, IV, 1918), uneingeschränkt beistimmen. Dieser Kleinheitswahn der Neurotiker ist bekanntlich auch nur ein partieller und mit der Existenz von Selbstüberschätzung aus anderen Quellen vollkommen verträglich. Über die Herkunft des Ödipuskomplexes selbst und über das den Menschen wahrscheinlich allein unter allen Tieren zugemessene Schicksal, das Sexualleben zweimal beginnen zu müssen, zuerst wie alle anderen Geschöpfe von früher Kindheit an und dann nach langer Unterbrechung in der Pubertätszeit von neuem, über all das, was mit seinem „archaischen Erbe" zusammenhängt, habe ich mich an anderer Stelle geäußert, und darauf gedenke ich hier nicht einzugehen.

Zur Genese des Masochismus liefert die Diskussion unserer Schlagephantasien nur spärliche Beiträge. Es scheint sich zunächst zu bestätigen, daß der Masochismus keine primäre Triebäußerung ist, sondern aus einer Rückwendung des Sadismus gegen die eigene Person, also durch Regression vom Objekt aufs Ich entsteht. (Vgl. „Triebe und Triebschicksale" in Sammlung kleiner Schriften, IV. Folge, 1918 [enthalten im X. Band der Ges. Werke].) Triebe mit passivem Ziele sind, zumal beim Weibe, von Anfang zuzugeben, aber die Passivität ist noch nicht das Ganze des Masochismus; es gehört noch der Unlustcharakter dazu, der bei einer Trieberfüllung so befremdlich ist. Die Umwandlung des Sadismus in Masochismus scheint durch den Einfluß des am Verdrängungs-

akt beteiligten Schuldbewußtseins zu geschehen. Die Verdrängung
äußert sich also hier in dreierlei Wirkungen; sie macht die
Erfolge der Genitalorganisation unbewußt, nötigt diese selbst zur
Regression auf die frühere sadistisch-anale Stufe und verwandelt
deren Sadismus in den passiven, in gewissem Sinne wiederum
narzißtischen Masochismus. Der mittlere dieser drei Erfolge wird
durch die in diesen Fällen anzunehmende Schwäche der Genitalorganisation ermöglicht; der dritte wird notwendig, weil das
Schuldbewußtsein am Sadismus ähnlichen Anstoß nimmt wie an
der genital gefaßten inzestuösen Objektwahl. Woher das Schuldbewußtsein selbst stammt, sagen wiederum die Analysen nicht.
Es scheint von der neuen Phase, in die das Kind eintritt,
mitgebracht zu werden, und wenn es von da an verbleibt, einer
ähnlichen Narbenbildung, wie es das Minderwertigkeitsgefühl ist,
zu entsprechen. Nach unserer bisher noch unsicheren Orientierung
in der Struktur des Ichs, würden wir es jener Instanz zuteilen,
die sich als kritisches Gewissen dem übrigen Ich entgegenstellt,
im Traum das S i l b e r e r sche funktionale Phänomen erzeugt und
sich im Beachtungswahn vom Ich ablöst.

Im Vorbeigehen wollen wir auch zur Kenntnis nehmen, daß
die Analyse der hier behandelten kindlichen Perversion auch ein
altes Rätsel lösen hilft, welches allerdings die außerhalb der
Analyse Stehenden immer mehr gequält hat als die Analytiker
selbst. Aber noch kürzlich hat selbst E. B l e u l e r als merkwürdig
und unerklärlich anerkannt, daß von den Neurotikern die Onanie
zum Mittelpunkt ihres Schuldbewußtseins gemacht werde. Wir
haben von jeher angenommen, daß dies Schuldbewußtsein die
frühkindliche und nicht die Pubertätsonanie meine, und daß es
zum größten Teil nicht auf den onanistischen Akt, sondern auf
die ihm zugrunde liegende, wenn auch unbewußte Phantasie —
aus dem Ödipuskomplex also — zu beziehen sei.

Ich habe bereits ausgeführt, welche Bedeutung die dritte,
scheinbar sadistische Phase der Schlagephantasie als Träger der

zur Onanie drängenden Erregung gewinnen, und zu welcher
teils gleichsinnig fortsetzenden, teils kompensatorisch aufhebenden
Phantasietätigkeit sie anzuregen pflegt. Doch ist die zweite,
unbewußte und masochistische Phase, die Phantasie, selbst vom
Vater geschlagen zu werden, die ungleich wichtigere. Nicht nur,
daß sie ja durch Vermittlung der sie ersetzenden fortwirkt; es
sind auch Wirkungen auf den Charakter nachzuweisen, welche
sich unmittelbar von ihrer unbewußten Fassung ableiten. Menschen,
die eine solche Phantasie bei sich tragen, entwickeln eine
besondere Empfindlichkeit und Reizbarkeit gegen Personen, die
sie in die Vaterreihe einfügen können; sie lassen sich leicht von
ihnen kränken und bringen so die Verwirklichung der phantasierten
Situation, daß sie vom Vater geschlagen werden, zu ihrem Leid
und Schaden zustande. Ich würde nicht verwundert sein, wenn es
einmal gelänge, dieselbe Phantasie als Grundlage des paranoischen
Querulantenwahns nachzuweisen.

VI

Die Beschreibung der infantilen Schlagephantasien wäre völlig
unübersichtlich geraten, wenn ich sie nicht, von wenigen
Beziehungen abgesehen, auf die Verhältnisse bei weiblichen
Personen eingeschränkt hätte. Ich wiederhole kurz die Ergebnisse:
Die Schlagephantasie der kleinen Mädchen macht drei Phasen
durch, von denen die erste und letzte als bewußt erinnert
werden, die mittlere unbewußt bleibt. Die beiden bewußten
scheinen sadistisch, die mittlere, unbewußte, ist unzweifelhaft
masochistischer Natur; ihr Inhalt ist, vom Vater geschlagen zu
werden, an ihr hängt die libidinöse Ladung und das Schuldbewußtsein. Das geschlagene Kind ist in den beiden ersteren
Phantasien stets ein anderes, in der mittleren Phase nur die
eigene Person, in der dritten, bewußten Phase sind es weit
überwiegend nur Knaben, die geschlagen werden. Die schlagende
Person ist von Anfang an der Vater, später ein Stellvertreter

aus der Vaterreihe. Die unbewußte Phantasie der mittleren Phase hatte ursprünglich genitale Bedeutung, ist durch Verdrängung und Regression aus dem inzestuösen Wunsch, vom Vater geliebt zu werden, hervorgegangen. In anscheinend lockerem Zusammenhange schließt sich an, daß die Mädchen zwischen der zweiten und dritten Phase ihr Geschlecht wechseln, indem sie sich zu Knaben phantasieren.

In der Kenntnis der Schlagephantasien der Knaben bin ich, vielleicht nur durch die Ungunst des Materials, weniger weit gekommen. Ich habe begreiflicherweise volle Analogie der Verhältnisse bei Knaben und Mädchen erwartet, wobei an die Stelle des Vaters in der Phantasie die Mutter hätte treten müssen. Die Erwartung schien sich auch zu bestätigen, denn die für entsprechend gehaltene Phantasie des Knaben hatte zum Inhalt, von der Mutter (später von einer Ersatzperson) geschlagen zu werden. Allein diese Phantasie, in welcher die eigene Person als Objekt festgehalten war, unterschied sich von der zweiten Phase bei Mädchen dadurch, daß sie bewußt werden konnte. Wollte man sie aber darum eher der dritten Phase beim Mädchen gleichstellen, so blieb als neuer Unterschied, daß die eigene Person des Knaben nicht durch viele, unbestimmte, fremde, am wenigsten durch viele Mädchen ersetzt war. Die Erwartung eines vollen Parallelismus hatte sich also getäuscht.

Mein männliches Material umfaßte nur wenige Fälle mit infantiler Schlagephantasie ohne sonstige grobe Schädigung der Sexualtätigkeit, dagegen eine größere Anzahl von Personen, die als richtige Masochisten im Sinne der sexuellen Perversion bezeichnet werden mußten. Es waren entweder solche, die ihre Sexualbefriedigung ausschließlich in Onanie bei masochistischen Phantasien fanden, oder denen es gelungen war, Masochismus und Genitalbetätigung so zu verkoppeln, daß sie bei masochistischen Veranstaltungen und unter ebensolchen Bedingungen Erektion und Ejakulation erzielten oder zur Ausführung eines normalen

Koitus befähigt wurden. Dazu kam der seltenere Fall, daß ein Masochist in seinem perversen Tun durch unerträglich stark auftretende Zwangsvorstellungen gestört wurde. Befriedigte Perverse haben nun selten Grund, die Analyse aufzusuchen; für die drei angeführten Gruppen von Masochisten können sich aber starke Motive ergeben, die sie zum Analytiker führen. Der masochistische Onanist findet sich absolut impotent, wenn er endlich doch den Koitus mit dem Weibe versucht, und wer bisher mit Hilfe einer masochistischen Vorstellung oder Veranstaltung den Koitus zustandegebracht hat, kann plötzlich die Entdeckung machen, daß dies ihm bequeme Bündnis versagt hat, indem das Genitale auf den masochistischen Anreiz nicht mehr reagiert. Wir sind gewohnt, den psychisch Impotenten, die sich in unsere Behandlung begeben, zuversichtlich Herstellung zu versprechen, aber wir sollten auch in dieser Prognose zurückhaltender sein, solange uns die Dynamik der Störung unbekannt ist. Es ist eine böse Überraschung, wenn uns die Analyse als Ursache der „bloß psychischen" Impotenz eine exquisite, vielleicht längst eingewurzelte, masochistische Einstellung enthüllt.

Bei diesen masochistischen Männern macht man nun eine Entdeckung, welche uns mahnt, die Analogie mit den Verhältnissen beim Weibe vorerst nicht weiter zu verfolgen, sondern den Sachverhalt selbständig zu beurteilen. Es stellt sich nämlich heraus, daß sie in den masochistischen Phantasien wie bei den Veranstaltungen zur Realisierung derselben sich regelmäßig in die Rolle von Weibern versetzen, daß also ihr Masochismus mit einer femininen Einstellung zusammenfällt. Dies ist aus den Einzelheiten der Phantasien leicht nachzuweisen; viele Patienten wissen es aber auch und äußern es als eine subjektive Gewißheit. Daran wird nichts geändert, wenn der spielerische Aufputz der masochistischen Szene an der Fiktion eines unartigen Knaben, Pagen oder Lehrlings, der gestraft werden soll, festhält. Die züchtigenden Personen sind aber in den Phantasien wie in den Veranstaltungen jedesmal Frauen. Das ist verwirrend genug; man möchte auch wissen, ob schon der Masochismus der infantilen Schlagephantasie auf solcher femininen Einstellung beruht [1]

Lassen wir darum die schwer aufzuklärenden Verhältnisse des Masochismus der Erwachsenen beiseite und wenden uns zu den infantilen Schlagephantasien beim männlichen Geschlecht. Hier gestattet uns die Analyse der frühesten Kinderzeit wiederum, einen überraschenden Fund zu machen: Die bewußte oder bewußtseinsfähige Phantasie des Inhalts, von der Mutter geschlagen zu werden, ist nicht primär. Sie hat ein Vorstadium, das regelmäßig unbewußt ist und das den Inhalt hat: Ich werde vom Vater geschlagen. Dieses Vorstadium entspricht also wirklich der zweiten Phase der Phantasie beim Mädchen. Die bekannte und bewußte Phantasie: Ich werde von der Mutter geschlagen, steht an der Stelle der dritten Phase beim Mädchen, in der, wie erwähnt, unbekannte Knaben die geschlagenen Objekte sind. Ein der ersten Phase beim Mädchen vergleichbares Vorstadium sadistischer Natur konnte ich beim Knaben nicht nachweisen, aber ich will hier keine endgültige Ablehnung aussprechen, denn ich sehe die Möglichkeit komplizierterer Typen wohl ein.

Das Geschlagenwerden der männlichen Phantasie, wie ich sie kurz und hoffentlich nicht mißverständlich nennen werde, ist gleichfalls ein durch Regression erniedrigtes Geliebtwerden im genitalen Sinne. Die unbewußte männliche Phantasie hat also ursprünglich nicht gelautet: Ich werde vom Vater geschlagen, wie wir es vorhin vorläufig hinstellten, sondern vielmehr: Ich werde vom Vater geliebt. Sie ist durch die bekannten Prozesse umgewandelt worden in die bewußte Phantasie: Ich werde von der Mutter geschlagen. Die Schlagephantasie des Knaben ist also von Anfang an eine passive, wirklich aus der femininen Einstellung zum Vater hervorgegangen. Sie entspricht

---

auch ebenso wie die weibliche (die des Mädchens) dem Ödipuskomplex, nur ist der von uns erwartete Parallelismus zwischen
beiden gegen eine Gemeinsamkeit anderer Art aufzugeben: I n
beiden Fällen leitet sich die Schlagephantasie von
der inzestuösen Bindung an den Vater ab.

Es wird der Übersichtlichkeit dienen, wenn ich hier die
anderen Übereinstimmungen und Verschiedenheiten zwischen den
Schlagephantasien der beiden Geschlechter anfüge. Beim Mädchen
geht die unbewußte masochistische Phantasie von der normalen
Ödipuseinstellung aus; beim Knaben von der verkehrten, die den
Vater zum Liebesobjekt nimmt. Beim Mädchen hat die Phantasie
eine Vorstufe (die erste Phase), in welcher das Schlagen in seiner
indifferenten Bedeutung auftritt und eine eifersüchtig gehaßte
Person betrifft; beides entfällt beim Knaben, doch könnte gerade diese
Differenz durch glücklichere Beobachtung beseitigt werden. Beim
Übergang zur ersetzenden bewußten Phantasie hält das Mädchen
die Person des Vaters und somit das Geschlecht der schlagenden
Person fest; es ändert aber die geschlagene Person und ihr
Geschlecht, so daß am Ende ein Mann männliche Kinder schlägt;
der Knabe ändert im Gegenteil Person und Geschlecht des
Schlagenden, indem er Vater durch Mutter ersetzt, und behält
seine Person bei, so daß am Ende der Schlagende und die
geschlagene Person verschiedenen Geschlechts sind. Beim Mädchen
wird die ursprünglich masochistische (passive) Situation durch die
Verdrängung in eine sadistische umgewandelt, deren sexueller
Charakter sehr verwischt ist, beim Knaben bleibt sie masochistisch
und bewahrt infolge der Geschlechtsdifferenz zwischen schlagender
und geschlagener Person mehr Ähnlichkeit mit der ursprünglichen, genital gemeinten Phantasie. Der Knabe entzieht sich
durch die Verdrängung und Umarbeitung der unbewußten Phantasie seiner Homosexualität; das Merkwürdige an seiner späteren
bewußten Phantasie ist, daß sie feminine Einstellung ohne homosexuelle Objektwahl zum Inhalt hat. Das Mädchen dagegen ent-

läuft bei dem gleichen Vorgang dem Anspruch des Liebeslebens
überhaupt, phantasiert sich zum Manne, ohne selbst männlich
aktiv zu werden, und wohnt dem Akt, welcher einen sexuellen
ersetzt, nur mehr als Zuschauer bei.

Wir sind berechtigt anzunehmen, daß durch die Verdrängung
der ursprünglichen unbewußten Phantasie nicht allzuviel geändert
wird. Alles fürs Bewußtsein Verdrängte und Ersetzte bleibt im
Unbewußten erhalten und wirkungsfähig. Anders ist es mit dem
Effekt der Regression auf eine frühere Stufe der Sexualorganisation. Von dieser dürfen wir glauben, daß sie auch die Verhältnisse im Unbewußten ändert, so daß nach der Verdrängung
im Unbewußten bei beiden Geschlechtern zwar nicht die (passive)
Phantasie, vom Vater geliebt zu werden, aber doch die masochistische, von ihm geschlagen zu werden, bestehen bleibt. Es
fehlt auch nicht an Anzeichen dafür, daß die Verdrängung ihre
Absicht nur sehr unvollkommen erreicht hat. Der Knabe, der ja
der homosexuellen Objektwahl entfliehen wollte und sein Geschlecht
nicht gewandelt hat, fühlt sich doch in seinen bewußten Phantasien als Weib und stattet die schlagenden Frauen mit männlichen Attributen und Eigenschaften aus. Das Mädchen, das selbst
sein Geschlecht aufgegeben und im ganzen gründlichere Ver-
drängungsarbeit geleistet hat, wird doch den Vater nicht los,
getraut sich nicht selbst zu schlagen, und weil es selbst zum
Buben geworden ist, läßt es hauptsächlich Buben geschlagen
werden.

Ich weiß, daß die hier beschriebenen Unterschiede im Verhalten
der Schlagephantasie bei beiden Geschlechtern nicht genügend
aufgeklärt sind, unterlasse aber den Versuch, diese Komplikationen
durch Verfolgung ihrer Abhängigkeit von anderen Momenten zu
entwirren, weil ich selbst das Material der Beobachtung nicht
für erschöpfend halte. Soweit es aber vorliegt, möchte ich es
zur Prüfung zweier Theorien benützen, die, einander entgegen-
gesetzt, beide die Beziehung der Verdrängung zum Geschlechts-

charakter behandeln und dieselbe, jede in ihrem Sinne, als eine sehr innige darstellen. Ich schicke voraus, daß ich beide immer für unzutreffend und irreführend gehalten habe.

Die erste dieser Theorien ist anonym; sie wurde mir vor vielen Jahren von einem damals befreundeten Kollegen vorgetragen. Ihre großzügige Einfachheit wirkt so bestechend, daß man sich nur verwundert fragen muß, warum sie sich seither in der Literatur nur durch vereinzelte Andeutungen vertreten findet. Sie lehnt sich an die bisexuelle Konstitution der menschlichen Individuen und behauptet, bei jedem einzelnen sei der Kampf der Geschlechtscharaktere das Motiv der Verdrängung. Das stärker ausgebildete, in der Person vorherrschende Geschlecht habe die seelische Vertretung des unterlegenen Geschlechtes ins Unbewußte verdrängt. Der Kern des Unbewußten, das Verdrängte, sei also bei jedem Menschen das in ihm vorhandene Gegengeschlechtliche. Das kann einen greifbaren Sinn wohl nur dann geben, wenn wir das Geschlecht eines Menschen durch die Ausbildung seiner Genitalien bestimmt sein lassen, sonst wird ja das stärkere Geschlecht eines Menschen unsicher, und wir laufen Gefahr, das, was uns als Anhaltspunkt bei der Untersuchung dienen soll, selbst wieder aus deren Ergebnis abzuleiten. Kurz zusammengefaßt: Beim Manne ist das unbewußte Verdrängte auf weibliche Triebregungen zurückzuführen; umgekehrt so beim Weibe.

Die zweite Theorie ist neuerer Herkunft; sie stimmt mit der ersten darin überein, daß sie wiederum den Kampf der beiden Geschlechter als entscheidend für die Verdrängung hinstellt. Im übrigen muß sie mit der ersteren in Gegensatz geraten; sie beruft sich auch nicht auf biologische, sondern auf soziologische Stützen. Diese von Alf. A d l e r ausgesprochene Theorie des „männlichen Protestes" hat zum Inhalt, daß jedes Individuum sich sträubt, auf der minderwertigen „weiblichen Linie" zu verbleiben und zur allein befriedigenden männlichen Linie hindrängt. Aus diesem männlichen Protest erklärt A d l e r ganz allgemein die Charakter- wie die Neurosenbildung. Leider sind die beiden, doch gewiß auseinander zu haltenden Vorgänge bei A d l e r so wenig scharf geschieden und wird die Tatsache der Verdrängung überhaupt so wenig gewürdigt, daß man sich der Gefahr eines Mißverständnisses aussetzt, wenn man die Lehre vom männlichen Protest auf die Verdrängung anzuwenden versucht. Ich meine, dieser Versuch müßte ergeben, daß der männliche Protest, das Abrückenwollen von der weiblichen Linie, in allen Fällen das Motiv der Verdrängung ist. Das Verdrängende wäre also stets eine männliche, das Verdrängte eine weibliche Triebregung. Aber auch das Symptom wäre Ergebnis einer weiblichen Regung, denn wir können den Charakter des Symptoms, daß es ein Ersatz des Verdrängten sei, der sich der Verdrängung zum Trotze durchgesetzt hat, nicht aufgeben.

Erproben wir nun die beiden Theorien, denen sozusagen die Sexualisierung des Verdrängungsvorganges gemeinsam ist, an dem Beispiel der hier studierten Schlagephantasie. Die ursprüngliche Phantasie: Ich werde vom Vater geschlagen, entspricht beim Knaben einer femininen Einstellung, ist also eine Äußerung seiner gegengeschlechtlichen Anlage. Wenn sie der Verdrängung unterliegt, so scheint die erstere Theorie Recht behalten zu sollen, die ja die Regel aufgestellt hat, das Gegengeschlechtliche deckt sich mit dem Verdrängten. Es entspricht freilich unseren Erwartungen wenig, wenn das, was sich nach erfolgter Verdrängung herausstellt, die bewußte Phantasie, doch wiederum die feminine Einstellung, nur diesmal zur Mutter, aufweist. Aber wir wollen nicht auf Zweifel eingehen, wo die Entscheidung so nahe bevorsteht. Die ursprüngliche Phantasie der Mädchen: Ich werde vom Vater geschlagen (das heißt: geliebt), entspricht doch gewiß als feminine Einstellung dem bei ihnen vorherrschenden, manifesten Geschlecht, sie sollte also der Theorie zufolge der Verdrängung entgehen, brauchte nicht unbewußt zu werden. In Wirklichkeit wird sie es doch und erfährt eine Ersetzung durch eine bewußte Phantasie, welche den manifesten Geschlechtscharakter verleugnet. Diese Theorie ist also für das Verständnis der Schlagephantasien unbrauchbar und durch sie widerlegt. Man könnte einwenden, es seien eben weibische Knaben und männische Mädchen, bei denen diese Schlagephantasien vorkommen und die diese Schicksale erfahren, oder es sei ein Zug von Weiblichkeit beim Knaben und von Männlichkeit beim Mädchen dafür verantwortlich zu machen, beim Knaben für die Entstehung der passiven Phantasie, beim Mädchen für deren Verdrängung. Wir würden dieser Auffassung wahrscheinlich zustimmen, aber die behauptete Beziehung zwischen manifestem Geschlechtscharakter und Auswahl des zur Verdrängung Bestimmten wären darum nicht minder unhaltbar. Wir sehen im Grunde nur, daß bei männlichen und weiblichen Individuen sowohl männliche wie weibliche Triebregungen vorkommen und ebenso durch Verdrängung unbewußt werden können.

Sehr viel besser scheint sich die Theorie des männlichen Protestes gegen die Probe an den Schlagephantasien zu behaupten. Beim Knaben wie beim Mädchen entspricht die Schlagephantasie einer femininen Einstellung, also einem Verweilen auf der weiblichen Linie, und beide Geschlechter beeilen sich, durch Verdrängung der Phantasie von dieser Einstellung loszukommen. Allerdings scheint der männliche Protest nur beim Mädchen vollen Erfolg zu erzielen, hier stellt sich ein geradezu ideales Beispiel für das Wirken des männlichen Protestes her. Beim Knaben ist der Erfolg nicht voll befriedigend, die weibliche Linie wird nicht aufgegeben, der Knabe ist in seiner bewußten masochistischen Phantasie gewiß nicht „oben". Es entspricht also der aus der Theorie abgeleiteten Erwartung, wenn wir in dieser Phantasie ein Symptom erkennen, das durch Mißglücken des männlichen Protestes entstanden ist. Es stört uns freilich, daß die aus der Verdrängung hervorgegangene Phantasie des

Mädchens ebenfalls Wert und Bedeutung eines Symptoms hat. Hier, wo der männliche Protest seine Absicht voll durchgesetzt hat, müßte doch die Bedingung für die Symptombildung entfallen sein.

Ehe wir noch aus dieser Schwierigkeit die Vermutung schöpfen, daß die ganze Betrachtungsweise des männlichen Protestes den Problemen der Neurosen und Perversionen unangemessen und in ihrer Anwendung auf sie unfruchtbar sei, werden wir unseren Blick von den passiven Schlagephantasien weg zu anderen Triebäußerungen des kindlichen Sexuallebens richten, die gleichfalls der Verdrängung unterliegen. Es kann doch niemand daran zweifeln, daß es auch Wünsche und Phantasien gibt, die von vornherein die männliche Linie einhalten und Ausdruck männlicher Triebregungen sind, z. B. sadistische Impulse oder die aus dem normalen Ödipuskomplex hervorgehenden Gelüste des Knaben gegen seine Mutter. Es ist ebensowenig zweifelhaft, daß auch diese von der Verdrängung befallen werden; wenn der männliche Protest die Verdrängung der passiven, später masochistischen Phantasien gut erklärt haben sollte, so wird er eben dadurch für den entgegengesetzten Fall der aktiven Phantasien völlig unbrauchbar. Das heißt: die Lehre vom männlichen Protest ist mit der Tatsache der Verdrängung überhaupt unvereinbar. Nur wer bereit ist, alle psychologischen Erwerbungen von sich zu werfen, die seit der ersten kathartischen Kur B r e u e r s und durch sie gemacht worden sind, kann erwarten, daß dem Prinzip des männlichen Protestes in der Aufklärung der Neurosen und Perversionen eine Bedeutung zukommen wird.

Die auf Beobachtung gestützte psychoanalytische Theorie hält fest daran, daß die Motive der Verdrängung nicht sexualisiert werden dürfen. Den Kern des seelisch Unbewußten bildet die archaische Erbschaft des Menschen, und dem Verdrängungsprozeß verfällt, was immer davon beim Fortschritt zu späteren

Entwicklungsphasen als unbrauchbar, als mit dem Neuen unvereinbar und ihm schädlich zurückgelassen werden soll. Diese Auswahl gelingt bei einer Gruppe von Trieberr besser als bei der anderen. Letztere, die Sexualtriebe, vermögen es, kraft besonderer Verhältnisse, die schon oftmals aufgezeigt worden sind, die Absicht der Verdrängung zu vereiteln und sich die Vertretung durch störende Ersatzbildungen zu erzwingen. Daher ist die der Verdrängung unterliegende infantile Sexualität die Haupttriebkraft der Symptombildung, und das wesentliche Stück ihres Inhalts, der Ödipuskomplex, der Kernkomplex der Neurose. Ich hoffe, in dieser Mitteilung die Erwartung rege gemacht zu haben, daß auch die sexuellen Abirrungen des kindlichen wie des reifen Alters von dem nämlichen Komplex abzweigen.

DAS UNHEIMLICHE

DAS UNHEIMLICHE

I

Der Psychoanalytiker verspürt nur selten den Antrieb zu ästhetischen Untersuchungen, auch dann nicht, wenn man die Ästhetik nicht auf die Lehre vom Schönen einengt, sondern sie als Lehre von den Qualitäten unseres Fühlens beschreibt. Er arbeitet in anderen Schichten des Seelenlebens und hat mit den zielgehemmten, gedämpften, von so vielen begleitenden Konstellatioren abhängigen Gefühlsregungen, die zumeist der Stoff der Ästhetik sind, wenig zu tun. Hie und da trifft es sich doch, daß er sich für ein bestimmtes Gebiet der Ästhetik interessieren muß, und dann ist dies gewöhnlich ein abseits liegendes, von der ästhetischen Fachliteratur vernachlässigtes.

Ein solches ist das „Unheimliche". Kein Zweifel, daß es zum Schreckhaften, Angst- und Grauenerregenden gehört, und ebenso sicher ist es, daß dies Wort nicht immer in einem scharf zu bestimmenden Sinne gebraucht wird, so daß es eben meist mit dem Angsterregenden überhaupt zusammenfällt. Aber man darf doch erwarten, daß ein besonderer Kern vorhanden ist, der die Verwendung eines besonderen Begriffswortes rechtfertigt. Man möchte wissen, was dieser gemeinsame Kern ist, der etwa gestattet, innerhalb des Ängstlichen ein „Unheimliches" zu unterscheiden.

Darüber findet man nun so viel wie nichts in den ausführlichen Darstellungen der Ästhetik, die sich überhaupt lieber mit den schönen, großartigen, anziehenden, also mit den positiven Gefühlsarten, ihren Bedingungen und den Gegenständen, die sie hervorrufen, als mit den gegensätzlichen, abstoßenden, peinlichen beschäftigen. Von seiten der ärztlich-psychologischen Literatur kenne ich nur die eine, inhaltsreiche, aber nicht erschöpfende Abhandlung von E. Jentsch.[1] Allerdings muß ich gestehen, daß aus leicht zu erratenden, in der Zeit liegenden Gründen die Literatur zu diesem kleinen Beitrag, insbesondere die fremdsprachige, nicht gründlich herausgesucht wurde, weshalb er denn auch ohne jeden Anspruch auf Priorität vor den Leser tritt.

Als Schwierigkeit beim Studium des Unheimlichen betont Jentsch mit vollem Recht, daß die Empfindlichkeit für diese Gefühlsqualität bei verschiedenen Menschen so sehr verschieden angetroffen wird. Ja, der Autor dieser neuen Unternehmung muß sich einer besonderen Stumpfheit in dieser Sache anklagen, wo große Feinfühligkeit eher am Platze wäre. Er hat schon lange nichts erlebt oder kennen gelernt, was ihm den Eindruck des Unheimlichen gemacht hätte, muß sich erst in das Gefühl hineinversetzen, die Möglichkeit desselben in sich wachrufen. Indes sind Schwierigkeiten dieser Art auch auf vielen anderen Gebieten der Ästhetik mächtig; man braucht darum die Erwartung nicht aufzugeben, daß sich die Fälle werden herausheben lassen, in denen der fragliche Charakter von den meisten widerspruchslos anerkannt wird.

Man kann nun zwei Wege einschlagen: nachsuchen, welche Bedeutung die Sprachentwicklung in dem Worte „unheimlich" niedergelegt hat, oder zusammentragen, was an Personen und

---

1) Zur Psychologie des Unheimlichen, Psychiatr.-neurolog. Wochenschrift 1906, Nr. 22 und 23.

Dingen, Sinneseindrücken, Erlebnissen und Situationen das Gefühl des Unheimlichen in uns wachruft, und den verhüllten Charakter des Unheimlichen aus einem allen Fällen Gemeinsamen erschließen. Ich will gleich verraten, daß beide Wege zum nämlichen Ergebnis führen, das Unheimliche sei jene Art des Schreckhaften, welche auf das Altbekannte, Längstvertraute zurückgeht. Wie das möglich ist, unter welchen Bedingungen das Vertraute unheimlich, schreckhaft werden kann, das wird aus dem Weiteren ersichtlich werden. Ich bemerke noch, daß diese Untersuchung in Wirklichkeit den Weg über eine Sammlung von Einzelfällen genommen und erst später die Bestätigung durch die Aussage des Sprachgebrauches gefunden hat. In dieser Darstellung werde ich aber den umgekehrten Weg gehen.

Das deutsche Wort „unheimlich" ist offenbar der Gegensatz zu heimlich, heimisch, vertraut und der Schluß liegt nahe, es sei etwas eben darum schreckhaft, weil es nicht bekannt und vertraut ist. Natürlich ist aber nicht alles schreckhaft, was neu und nicht vertraut ist; die Beziehung ist nicht umkehrbar. Man kann nur sagen, was neuartig ist, wird leicht schreckhaft und unheimlich; einiges Neuartige ist schreckhaft, durchaus nicht alles. Zum Neuen und Nichtvertrauten muß erst etwas hinzukommen, was es zum Unheimlichen macht.

Jentsch ist im ganzen bei dieser Beziehung des Unheimlichen zum Neuartigen, Nichtvertrauten, stehen geblieben. Er findet die wesentliche Bedingung für das Zustandekommen des unheimlichen Gefühls in der intellektuellen Unsicherheit. Das Unheimliche wäre eigentlich immer etwas, worin man sich sozusagen nicht auskennt. Je besser ein Mensch in der Umwelt orientiert ist, desto weniger leicht wird er von den Dingen oder Vorfällen in ihr den Eindruck der Unheimlichkeit empfangen.

Wir haben es leicht zu urteilen, daß diese Kennzeichnung nicht erschöpfend ist, und versuchen darum, über die Gleichung unheimlich = nicht vertraut hinauszugehen. Wir wenden uns zunächst an andere Sprachen. Aber die Wörterbücher, in denen wir nachschlagen, sagen uns nichts Neues, vielleicht nur darum nicht, weil wir selbst Fremdsprachige sind. Ja, wir gewinnen den Eindruck, daß vielen Sprachen ein Wort für diese besondere Nuance des Schreckhaften abgeht.[1]

Lateinisch (nach K. E. Georges, Kl. Deutschlatein. Wörterbuch 1898): ein unheimlicher Ort — *locus suspectus;* in unheimlicher Nachtzeit — *intempesta nocte.*

Griechisch (Wörterbücher von Rost und von Schenkl): ξένος — also fremd, fremdartig.

Englisch (aus den Wörterbüchern von Lucas, Bellow, Flügel, Muret-Sanders): *uncomfortable, uneasy, gloomy, dismal, uncanny, ghastly,* von einem Hause: *haunted,* von einem Menschen: *a repulsive fellow.*

Französisch (Sachs-Villatte): *inquiétant, sinistre, lugubre, mal à son aise.*

Spanisch (Tollhausen 1889): *sospechoso, de mal agüero, lugubre, siniestro.*

Das Italienische und Portugiesische scheinen sich mit Worten zu begnügen, die wir als Umschreibungen bezeichnen würden. Im Arabischen und Hebräischen fällt unheimlich mit dämonisch, schaurig zusammen.

Kehren wir darum zur deutschen Sprache zurück.

In Daniel Sanders' Wörterbuch der Deutschen Sprache 1860 finden sich folgende Angaben zum Worte heimlich, die ich hier ungekürzt abschreiben und aus denen ich die eine und die andere Stelle durch Unterstreichung hervorheben will (I. Bd., p. 729):

Heimlich, a. (-keit, f. -en): 1. auch Heimelich, heimelig, zum Hause gehörig, nicht fremd, vertraut, zahm, traut und traulich, anheimelnd etc.
a) (veralt.) zum Haus, zur Familie gehörig, oder: wie dazu gehörig betrachtet, vgl. lat. *familiaris,* vertraut. Die Heimlichen, die Hausgenossen; Der heimliche Rat. 1. Mos. 41, 45; 2. Sam. 23, 23. 1. Chr. 12, 25.

---

1) Für die nachstehenden Auszüge bin ich Herrn Dr. Th. Reik zu Dank verpflichtet.

Weish. 8, 4., wofür jetzt: Geheimer (s. *d* 1.) Rat üblich ist, s. Heim-
licher — *b)* von Thieren zahm, sich den Menschen traulich anschließend.
Ggstz. wild, z. B. Tier, die weder wild noch heimlich sind etc. Eppen-
dorf. 88; Wilde Thier ... so man sie h. und gewohnsam um die Leute
aufzeucht. 92. So diese Thierle von Jugend bei den Menschen erzogen,
werden sie ganz h., freundlich etc. Stumpf 608a etc. — So nóch: So h.
ist's (das Lamm) und frißt aus meiner Hand. Hölty; Ein schöner, heime-
licher (s. *c)* Vogel bleibt der Storch immerhin. Linck. Schl. 146. s. Häus-
lich. 1 etc. — *c)* traut, traulich anheimelnd; das Wohlgefühl stiller
Befriedigung etc., behaglicher Ruhe u. sichern Schutzes, wie das um-
schlossne wohnliche Haus erregend (vgl. Geheuer): Ist dir's h. noch im
Lande, wo die Fremden deine Wälder roden? Alexis H. 1, 1, 289. Es war
ihr nicht allzu h. bei ihm. Brentano Wehm. 92; Auf einem hohen h—en
Schattenpfade ..., längs dem rieselnden rauschenden und plätschernden
Waldbach. Forster B. 1, 417. Die H—keit der Heimath zerstören. Gervinus
Lit. 5, 375. So vertraulich und heimlich habe ich nicht leicht ein
Plätzchen gefunden. G. 14, 14; Wir dachten es uns so bequem, so artig,
so gemütlich und h. 15, 9; In stiller H—keit, umzielt von engen
Schranken. Haller; Einer sorglichen Hausfrau, die mit dem Wenigsten
eine vergnügliche H—keit (Häuslichkeit) zu schaffen versteht. Hartmann
Unst. 1, 188; Desto h—er kam ihm jetzt der ihm erst kurz noch so
fremde Mann vor. Kerner 540; Die protestantischen Besitzer fühlen sich ...
nicht h. unter ihren katholischen Unterthanen. Kohl. Irl. 1, 172; Wenns h.
wird und leise / die Abendstille nur an deiner Zelle lauscht. Tiedge
2, 39; Still und lieb und h., als sie sich / zum Ruhen einen Platz nur
wünschen möchten. W. 11, 144; Es war ihm garnicht h. dabei 27,
170 etc. — Auch: Der Platz war so still, so einsam, so schatten-h. Scherr
Pilg. 1, 170; Die ab- und zuströmenden Fluthwellen, träumend und
wiegenlied-h. Körner, Sch. 3, 320 etc. — Vgl. namentl. Un-h. — Namentl.
bei schwäb., schwzr. Schriftst. oft dreisilbig: Wie „heimelich" war es dann
Ivo Abends wieder, als er zu Hause lag. Auerbach, D. 1, 249; In dem
Haus ist mir's so heimelig gewesen. 4. 307; Die warme Stube, der
heimelige Nachmittag. Gotthelf, Sch. 127, 148; Das ist das wahre Heimelig,
wenn der Mensch so von Herzen fühlt, wie wenig er ist, wie groß der
Herr ist. 147; Wurde man nach und nach recht gemütlich und heimelig
mit einander, U. 1, 297; Die trauliche Heimeligkeit. 380, 2, 86; Heime-
licher wird es mir wohl nirgends werden als hier. 327; Pestalozzi 4, 240;
Was von ferne herkommt ... lebt gw. nicht ganz heimelig (heimatlich,

freundnachbarlich) mit den Leuten. 325; Die Hütte, wo / er sonst so heimelig, so froh / ... im Kreis der Seinen oft gesessen. Reithard 20; Da klingt das Horn des Wächters so heimelig vom Thurm — da ladet seine Stimme so gastlich. 49; Es schläft sich da so lind und warm / so wunderheim'lig ein. 23 etc. — Diese Weise verdiente allgemein zu werden, um das gute Wort vor dem Veralten wegen nahe liegender Verwechslung mit 2 zu bewahren. vgl: „Die Zecks sind alle h. (2)" H ...? Was verstehen sie unter h ...? — „Nun ... es kommt mir mit ihnen vor, wie mit einem zugegrabenen Brunnen oder einem ausgetrockneten Teich. Man kann nicht darüber gehen ohne daß es Einem immer ist, als könnte da wieder einmal Wasser zum Vorschein kommen." Wir nennen das un—h.; Sie nennen's h. Worin finden Sie denn, daß diese Familie etwas Verstecktes und Unzuverlässiges hat? etc. Gutzkow R. 2, 61.[1] — *d)* (s. *c)* namentl. schles.: fröhlich, heiter, auch vom Wetter, s. Adelung und Weinhold. — 2. versteckt, verborgen gehalten, so daß man Andre nicht davon oder darum wissen lassen, es ihnen verbergen will, vgl. Geheim (2), von welchem erst nhd. Ew. es doch zumal in der älteren Sprache, z. B. in der Bibel, wie Hiob 11, 6; 15, 8, Weish. 2, 22; 1. Korr. 2, 7 etc. und so auch H—keit statt Geheimnis. Math. 13, 35 etc. nicht immer genau geschieden wird: H. (hinter Jemandes Rücken) Etwas thun, treiben; Sich h. davon schleichen; H—e Zusammenkünfte, Verabredungen; Mit h—er Schadenfreude zusehen; H. seufzen, weinen; H. thun, als ob man etwas zu verbergen hätte; H—e Liebe, Liebschaft, Sünde; H—e Orte (die der Wohlstand zu verhüllen gebietet). 1. Sam. 5, 6; Das h—e Gemach (Abtritt) 2. Kön. 10, 27; W. 5, 256 etc., auch: Der h—e Stuhl, Zinkgräf 1, 249; In Graben, in H—keiten werfen. 3, 75; Rollenhagen Fr. 83 etc. — Führte, h. vor Laomedon / die Stuten vor. B. 161 b etc. — Ebenso versteckt, h., hinterlistig und boshaft gegen grausame Herren ... wie offen, frei, theilnehmend und dienstwillig gegen den leidenden Freund. Burmeister g B 2, 157; Du sollst mein h. Heiligstes noch wissen. Chamisso 4, 56; Die h—e Kunst (der Zauberei). 3, 224; Wo die öffentliche Ventilation aufhören muß, fängt die h—e Machination an. Forster, Br. 2, 135; Freiheit ist die leise Parole h. Verschworener, das laute Feldgeschrei der öffentlich Umwälzenden. G. 4, 222; Ein heilig, h. Wirken. 15; Ich habe Wurzeln / die sind gar h., / im tiefen Boden / bin ich gegründet. 2, 109; Meine h—e Tücke (vgl. Heimtücke). 30, 344;

---

[1] Sperrdruck (auch im folgenden) vom Referenten.

Empfängt er es nicht offenbar und gewissenhaft, so mag er es h. und gewissenlos ergreifen. 39, 22; Ließ h. und geheimnisvoll achromatische Fernröhre zusammensetzen. 375; Von nun an, will ich, sei nichts H—es mehr unter uns. Sch. 369 b. — Jemandes H—keiten entdecken, offenbaren, verrathen; H—keiten hinter meinem Rücken zu brauen. Alexis. H. 2, 3, 168; Zu meiner Zeit / befliß man sich der H—keit. Hagedorn 3, 92; Die H—keit und das Gepuschele unter der Hand. Immermann, M. 3, 289; Der H—keit (des verborgnen Golds) unmächtigen Bann / kann nur die Hand der Einsicht lösen. Novalis. 1, 69; / Sag an, wo du sie verbirgst . . . in welches Ortes verschwiegener H. Schr. 495 b; Ihr Bienen, die ihr knetet / der H—keiten Schloß (Wachs zum Siegeln). Tieck, Cymb. 3, 2; Erfahren in seltnen H—keiten (Zauberkünsten). Schlegel Sh. 6, 102 etc. vgl. Geheimnis L. 10: 291 ff.

Zsstg. s. 1 c, so auch nam. der Ggstz.: Un-: unbehagliches, banges Grauen erregend: Der schier ihm un-h., gespenstisch erschien. Chamisso 3, 238; Der Nacht un-h. bange Stunden. 4, 148; Mir war schon lang' un-h., ja graulich zu Mute. 242; Nun fängts mir an, un-h. zu werden. Gutzkow R. 2, 82; Empfindet ein u—es Grauen. Verm. 1, 51; Un-h. und starr wie ein Steinbild. Reis, 1, 10; Den u—en Nebel, Haarrauch geheißen. Immermann M., 3, 299; Diese blassen Jungen sind un-h. und brauen Gott weiß was Schlimmes. Laube, Band 1, 119; Unh. nennt man Alles, was im Geheimnis, im Verborgenen . . . bleiben sollte und hervorgetreten ist. Schelling, 2, 2, 649 etc. — Das Göttliche zu verhüllen, mit einer gewissen U—keit zu umgeben 658 etc. — Unüblich als Ggstz. von (2). wie es Campe ohne Beleg anführt.

Aus diesem langen Zitat ist für uns am interessantesten, daß das Wörtchen heimlich unter den mehrfachen Nuancen seiner Bedeutung auch eine zeigt, in der es mit seinem Gegensatz unheimlich zusammenfällt. Das heimliche wird dann zum unheimlichen; vgl. das Beispiel von Gutzkow: „Wir nennen das unheimlich, Sie nennen's heimlich." Wir werden überhaupt daran gemahnt, daß dies Wort heimlich nicht eindeutig ist, sondern zwei Vorstellungskreisen zugehört, die, ohne gegensätzlich zu sein, einander doch recht fremd sind, dem des Vertrauten, Behaglichen und dem des Versteckten, Verborgengehaltenen. Unheimlich sei nur als Gegensatz zur ersten Bedeutung, nicht auch zur zweiten

gebräuchlich. Wir erfahren bei Sanders nichts darüber, ob nicht
doch eine genetische Beziehung zwischen diesen zwei Bedeutungen
anzunehmen ist. Hingegen werden wir auf eine Bemerkung von
Schelling aufmerksam, die vom Inhalt des Begriffes Unheimlich
etwas ganz Neues aussagt, auf das unsere Erwartung gewiß nicht
eingestellt war. Unheimlich sei alles, was ein Geheimnis, im Verborgenen bleiben sollte und hervorgetreten ist.

Ein Teil der so angeregten Zweifel wird durch die Angaben
in Jacob und Wilhelm Grimm: Deutsches Wörterbuch, Leipzig
1877 (IV/2, p. 874 f) geklärt:

„Heimlich; adj. und adv. *vernaculus, occultus;* mhd. heimelîch, heimlîch.

S. 874: In etwas anderem sinne: es ist mir heimlich, wohl, frei von
furcht . . .

b) heimlich ist auch der von gespensterhaften freie ort . . .

S. 875: *β)* vertraut; freundlich, zutraulich.

4. aus dem heimatlichen, häuslichen entwickelt sich weiter
der begriff des fremden augen entzogenen, verborgenen, geheimen, eben auch in mehrfacher beziehung ausgebildet . . .

S. 876: „links am see
liegt eine matte heimlich im gehölz.“
Schiller, Tell I, 4.

. . . frei und für den modernen sprachgebrauch ungewöhnlich . . . heimlich
ist zu einem verbum des verbergens gestellt: er verbirgt mich heimlich
in seinem gezelt. ps. 27, 5. (. . . heimliche orte am menschlichen Körper,
pudenda . . . welche leute nicht stürben, die wurden geschlagen an heimlichen örten. 1 Samuel 5, 12 . . .)

c) beamtete, die wichtige und geheim zu haltende ratschläge in staats-
sachen ertheilen, heiszen heimliche räthe, das adjektiv nach heutigem
sprachgebrauch durch geheim (s. d.) ersetzt: . . . (Pharao) nennet ihn
(Joseph) den heimlichen rath. 1. Mos. 41, 45;

S. 878: 6. heimlich für die erkenntnis, mystisch, allegorisch: heimliche
bedeutung, *mysticus, divinus, occultus, figuratus.*

S. 878: anders ist heimlich im folgenden, der erkenntnis entzogen,
unbewuszt: . . .

dann aber ist heimlich auch verschlossen, undurchdringlich in bezug
auf erforschung: . . .

„merkst du wohl? sie trauen mir nicht, .
fürchten des Friedländers heimlich gesicht."
Wallensteins lager, 2. aufz.

9. die bedeutung des versteckten. gefährlichen, die in der
vorigen nummer hervortritt, entwickelt sich noch weiter, so
dasz heimlich den sinn empfängt, den sonst unheimlich (gebildet
nach heimlich, 3*b*, sp. 874) hat: „mir ist zu zeiten wie dem menschen
der in nacht wandelt und an gespenster glaubt, jeder winkel ist ihm
heimlich und schauerhaft." Klinger, theater, 3, 298.

Also heimlich ist ein Wort, das seine Bedeutung nach einer
Ambivalenz hin entwickelt, bis es endlich mit seinem Gegensatz
unheimlich zusammenfällt. Unheimlich ist irgendwie eine Art von
heimlich. Halten wir dies noch nicht recht geklärte Ergebnis mit
der Definition des Unheimlichen von Schelling zusammen. Die
Einzeluntersuchung der Fälle des Unheimlichen wird uns diese
Andeutungen verständlich machen.

II

Wenn wir jetzt an die Musterung der Personen und Dinge,
Eindrücke, Vorgänge und Situationen herangehen, die das Gefühl
des Unheimlichen in besonderer Stärke und Deutlichkeit in uns
zu erwecken vermögen, so ist die Wahl eines glücklichen ersten
Beispiels offenbar das nächste Erfordernis. E. Jentsch hat als ausgezeichneten Fall den „Zweifel an der Beseelung eines anscheinend lebendigen Wesens und umgekehrt darüber, ob ein lebloser
Gegenstand nicht etwa beseelt sei" hervorgehoben und sich dabei
auf den Eindruck von Wachsfiguren, kunstvollen Puppen und
Automaten berufen. Er reiht dem das Unheimliche des epilepti-
schen Anfalls und der Äußerungen des Wahnsinnes an, weil durch
sie in dem Zuschauer Ahnungen von automatischen — mecha-
nischen — Prozessen geweckt werden, die hinter dem gewohnten
Bilde der Beseelung verborgen sein mögen. Ohne nun von dieser
Ausführung des Autors voll überzeugt zu sein, wollen wir unsere

eigene Untersuchung an ihn anknüpfen, weil er uns im weiteren an einen Dichter mahnt, dem die Erzeugung unheimlicher Wirkungen so gut wie keinem anderen gelungen ist.

„Einer der sichersten Kunstgriffe, leicht unheimliche Wirkungen durch Erzählungen hervorzurufen", schreibt Jentsch, „beruht nun darauf, daß man den Leser im Ungewissen darüber läßt, ob er in einer bestimmten Figur eine Person oder etwa einen Automaten vor sich habe, und zwar so, daß diese Unsicherheit nicht direkt in den Brennpunkt seiner Aufmerksamkeit tritt, damit er nicht veranlaßt werde, die Sache sofort zu untersuchen und klarzustellen, da hiedurch, wie gesagt, die besondere Gefühlswirkung leicht schwindet. E. T. A. Hoffmann hat in seinen Phantasiestücken dieses psychologische Manöver wiederholt mit Erfolg zur Geltung gebracht."

Diese gewiß richtige Bemerkung zielt vor allem auf die Erzählung „Der Sandmann" in den „Nachtstücken" (dritter Band der Grisebachschen Ausgabe von Hoffmanns sämtlichen Werken), aus welcher die Figur der Puppe Olimpia in den ersten Akt der Offenbachschen Oper „Hoffmanns Erzählungen" gelangt ist. Ich muß aber sagen — und ich hoffe, die meisten Leser der Geschichte werden mir beistimmen, — daß das Motiv der belebt scheinenden Puppe Olimpia keineswegs das einzige ist, welches für die unvergleichlich unheimliche Wirkung der Erzählung verantwortlich gemacht werden muß, ja nicht einmal dasjenige, dem diese Wirkung in erster Linie zuzuschreiben wäre. Es kommt dieser Wirkung auch nicht zustatten, daß die Olimpia-Episode vom Dichter selbst eine leise Wendung ins Satirische erfährt und von ihm zum Spott auf die Liebesüberschätzung von seiten des jungen Mannes gebraucht wird. Im Mittelpunkt der Erzählung steht vielmehr ein anderes Moment, nach dem sie auch den Namen trägt, und das an den entscheidenden Stellen immer wieder hervorgekehrt wird: das Motiv des Sandmannes, der den Kindern die Augen ausreißt.

Der Student Nathaniel, mit dessen Kindheitserinnerungen die phantastische Erzählung anhebt, kann trotz seines Glückes in der Gegenwart die Erinnerungen nicht bannen, die sich ihm an den rätselhaft erschreckenden Tod des geliebten Vaters knüpfen. An gewissen Abenden pflegte die Mutter die Kinder mit der Mahnung zeitig zu Bette zu schicken: Der Sandmann kommt, und wirklich hört das Kind dann jedesmal den schweren Schritt eines Besuchers, der den Vater für diesen Abend in Anspruch nimmt. Die Mutter, nach dem Sandmann befragt, leugnet dann zwar, daß ein solcher anders denn als Redensart existiert, aber eine Kinderfrau weiß greifbarere Auskunft zu geben: „Das ist ein böser Mann, der kommt zu den Kindern, wenn sie nicht zu Bette gehen wollen, und wirft ihnen Hände voll Sand in die Augen, daß sie blutig zum Kopfe herausspringen, die wirft er dann in den Sack und trägt sie in den Halbmond zur Atzung für seine Kinderchen, die sitzen dort im Nest und haben krumme Schnäbel, wie die Eulen, damit picken sie der unartigen Menschenkindlein Augen auf."

Obwohl der kleine Nathaniel alt und verständig genug war, um so schauerliche Zutaten zur Figur des Sandmannes abzuweisen, so setzte sich doch die Angst vor diesem selbst in ihm fest. Er beschloß zu erkunden, wie der Sandmann aussehe, und verbarg sich eines Abends, als er wieder erwartet wurde, im Arbeitszimmer des Vaters. In dem Besucher erkennt er dann den Advokaten Coppelius, eine abstoßende Persönlichkeit, vor der sich die Kinder zu scheuen pflegten, wenn er gelegentlich als Mittagsgast erschien, und identifiziert nun diesen Coppelius mit dem gefürchteten Sandmann. Für den weiteren Fortgang dieser Szene macht es der Dichter bereits zweifelhaft, ob wir es mit einem ersten Delirium des angstbesessenen Knaben oder mit einem Bericht zu tun haben, der als real in der Darstellungswelt der Erzählung aufzufassen ist. Vater und Gast machen sich an einem Herd mit flammender Glut zu schaffen. Der kleine Lauscher hört Coppelius rufen: „Augen her, Augen her", verrät sich durch seinen Aufschrei und wird von Coppelius gepackt, der ihm glutrote Körner aus der Flamme in die Augen streuen will, um sie dann auf den Herd zu werfen. Der Vater bittet die Augen des Kindes frei. Eine tiefe Ohnmacht und lange Krankheit beenden das Erlebnis. Wer sich für die rationalistische Deutung des Sandmannes entscheidet, wird in dieser Phantasie des Kindes den fortwirkenden Einfluß jener Erzählung der Kinderfrau nicht verkennen. Anstatt der Sandkörner sind es glutrote Flammenkörner, die dem Kinde in die Augen gestreut werden sollen, in beiden Fällen, damit die Augen herausspringen. Bei einem weiteren Besuche des Sandmannes ein Jahr später wird der Vater durch eine Explosion im Arbeitszimmer getötet; der Advokat Coppelius verschwindet vom Orte, ohne eine Spur zu hinterlassen.

Diese Schreckgestalt seiner Kinderjahre glaubt nun der Student Nathaniel in einem herumziehenden italienischen Optiker Giuseppe Coppola zu erkennen, der ihm in der Universitätsstadt Wettergläser zum Kauf anbietet und nach seiner Ablehnung hinzusetzt: „Ei, nix Wetterglas, nix Wetterglas! — hab auch sköne Oke — sköne Oke." Das Entsetzen des Studenten wird beschwichtigt, da sich die angebotenen Augen als harmlose Brillen herausstellen; er kauft dem Coppola ein Taschenperspektiv ab und späht mit dessen Hilfe in die gegenüberliegende Wohnung des Professors Spalanzani, wo er dessen schöne, aber rätselhaft wortkarge und unbewegte Tochter Olimpia erblickt. In diese verliebt er sich bald so heftig, daß er seine kluge und nüchterne Braut über sie vergißt. Aber Olimpia ist ein Automat, an dem Spalanzani das Räderwerk gemacht und dem Coppola — der Sandmann — die Augen eingesetzt hat. Der Student kommt hinzu, wie die beiden Meister sich um ihr Werk streiten; der Optiker hat die hölzerne, augenlose Puppe davongetragen und der Mechaniker, Spalanzani, wirft Nathaniel die auf dem Boden liegenden blutigen Augen Olimpias an die Brust, von denen er sagt, daß Coppola sie dem Nathaniel gestohlen. Dieser wird von einem neuer-

lichen Wahnsinnsanfall ergriffen, in dessen Delirium sich die
Reminiszenz an den Tod des Vaters mit dem frischen Eindruck
verbindet: „Hui — hui — hui! — Feuerkreis — Feuerkreis!
Dreh' dich, Feuerkreis — lustig — lustig! Holzpüppchen hui,
schön Holzpüppchen dreh' dich —." Damit wirft er sich auf
den Professor, den angeblichen Vater Olimpias, und will ihn
erwürgen.
Aus langer, schwerer Krankheit erwacht, scheint Nathaniel
endlich genesen. Er gedenkt, seine wiedergefundene Braut zu heiraten. Sie ziehen beide eines Tages durch die Stadt, auf deren
Markt der hohe Ratsturm seinen Riesenschatten wirft. Das Mädchen schlägt ihrem Bräutigam vor, auf den Turm zu steigen,
während der das Paar begleitende Bruder der Braut unten verbleibt. Oben zieht eine merkwürdige Erscheinung von etwas, was
sich auf der Straße heranbewegt, die Aufmerksamkeit Claras auf
sich. Nathaniel betrachtet dasselbe Ding durch Coppolas Perspektiv,
das er in seiner Tasche findet, wird neuerlich vom Wahnsinn
ergriffen und mit den Worten: Holzpüppchen, dreh' dich, will er
das Mädchen in die Tiefe schleudern. Der durch ihr Geschrei
herbeigeholte Bruder rettet sie und eilt mit ihr herab. Oben läuft
der Rasende mit dem Ausruf herum: Feuerkreis, dreh' dich, dessen
Herkunft wir ja verstehen. Unter den Menschen, die sich unten
ansammeln, ragt der Advokat Coppelius hervor, der plötzlich
wieder erschienen ist. Wir dürfen annehmen, daß es der Anblick
seiner Annäherung war, der den Wahnsinn bei Nathaniel zum
Ausbruch brachte. Man will hinauf, um sich des Rasenden zn
bemächtigen, aber Coppelius[1] lacht: „wartet nur, der kommt schon
herunter von selbst." Nathaniel bleibt plötzlich stehen, wird den
Coppelius gewahr und wirft sich mit dem gellenden Schrei: Ja!
„Sköne Oke — Sköne Oke" über das Geländer herab. Sowie er

---

1) Zur Ableitung des Namens: *Coppella* = Probiertiegel (die chemischen Opera-
tionen, bei denen der Vater verunglückt); *coppo* = Augenhöhle (nach einer Bemerkung von Frau Dr. Rank).

mit zerschmettertem Kopf auf dem Straßenpflaster liegt, ist der Sandmann im Gewühl verschwunden.

Diese kurze Nacherzählung wird wohl keinen Zweifel darüber bestehen lassen, daß das Gefühl des Unheimlichen direkt an der Gestalt des Sandmannes, also an der Vorstellung, der Augen beraubt zu werden, haftet, und daß eine intellektuelle Unsicherheit im Sinne von Jentsch mit dieser Wirkung nichts zu tun hat. Der Zweifel an der Beseeltheit, den wir bei der Puppe Olimpia gelten lassen mußten, kommt bei diesem stärkeren Beispiel des Unheimlichen überhaupt nicht in Betracht. Der Dichter erzeugt zwar in uns anfänglich eine Art von Unsicherheit, indem er uns, gewiß nicht ohne Absicht, zunächst nicht erraten läßt, ob er uns in die reale Welt oder in eine ihm beliebige phantastische Welt einführen wird. Er hat ja bekanntlich das Recht, das eine oder das andere zu tun, und wenn er z. B. eine Welt, in der Geister, Dämonen und Gespenster agieren, zum Schauplatz seiner Darstellungen gewählt hat, wie Shakespeare im Hamlet, Macbeth und in anderem Sinne im Sturm und im Sommernachtstraum, so müssen wir ihm darin nachgeben und diese Welt seiner Voraussetzung für die Dauer unserer Hingegebenheit wie eine Realität behandeln. Aber im Verlaufe der Hoffmannschen Erzählung schwindet dieser Zweifel, wir merken, daß der Dichter uns selbst durch die Brille oder das Perspektiv des dämonischen Optikers schauen lassen will, ja daß er vielleicht in höchsteigener Person durch solch ein Instrument geguckt hat. Der Schluß der Erzählung macht es ja klar, daß der Optiker Coppola wirklich der Advokat Coppelius und also auch der Sandmann ist.

Eine „intellektuelle Unsicherheit" kommt hier nicht mehr in Frage: wir wissen jetzt, daß uns nicht die Phantasiegebilde eines Wahnsinnigen vorgeführt werden sollen, hinter denen wir in rationalistischer Überlegenheit den nüchternen Sachverhalt erkennen mögen, und — der Eindruck des Unheimlichen hat sich durch diese Aufklärung nicht im mindesten verringert. Eine intellektuelle Unsicherheit leistet uns also nichts für das Verständnis dieser unheimlichen Wirkung.

Hingegen mahnt uns die psychoanalytische Erfahrung daran, daß es eine schreckliche Kinderangst ist, die Augen zu beschädigen oder zu verlieren. Vielen Erwachsenen ist diese Ängstlichkeit verblieben und sie fürchten keine andere Organverletzung so sehr wie die des Auges. Ist man doch auch gewohnt zu sagen, daß man etwas behüten werde wie seinen Augapfel. Das Studium der Träume, der Phantasien und Mythen hat uns dann gelehrt, daß die Angst um die Augen, die Angst zu erblinden, häufig genug ein Ersatz für die Kastrationsangst ist. Auch die Selbstblendung des mythischen Verbrechers Ödipus ist nur eine Ermäßigung für die Strafe der Kastration, die ihm nach der Regel der Talion allein angemessen wäre. Man mag es versuchen, in rationalistischer Denkweise die Zurückführung der Augenangst auf die Kastrationsangst abzulehnen; man findet es begreiflich, daß ein so kostbares Organ wie das Auge von einer entsprechend großen Angst bewacht wird, ja man kann weitergehend behaupten, daß kein tieferes Geheimnis und keine andere Bedeutung sich hinter der Kastrationsangst verberge. Aber man wird damit doch nicht der Ersatzbeziehung gerecht, die sich in Traum, Phantasie und Mythus zwischen Auge und männlichem Glied kundgibt, und kann dem Eindruck nicht widersprechen, daß ein besonders starkes und dunkles Gefühl sich gerade gegen die Drohung, das Geschlechtsglied einzubüßen erhebt, und daß dieses Gefühl erst der Vorstellung vom Verlust anderer Organe den Nachhall verleiht. Jeder weitere Zweifel schwindet dann, wenn man aus den Analysen an Neurotikern die Details des „Kastrationskomplexes" erfahren und dessen großartige Rolle in ihrem Seelenleben zur Kenntnis genommen hat.

Auch würde ich keinem Gegner der psychoanalytischen Auffassung raten, sich für die Behauptung, die Augenangst sei etwas vom Kastrationskomplex Unabhängiges, gerade auf die Hoffmannsche Erzählung vom „Sandmann" zu berufen. Denn warum ist die Augenangst hier mit dem Tode des Vaters in innigste Beziehung gebracht? Warum tritt der Sandmann jedesmal als Störer der Liebe auf? Er entzweit den unglücklichen Studenten mit seiner Braut und ihrem Bruder, der sein bester Freund ist, er vernichtet sein zweites Liebesobjekt, die schöne Puppe Olimpia, und zwingt ihn selbst zum Selbstmord, wie er unmittelbar vor der beglückenden Vereinigung mit seiner wiedergewonnenen Clara steht. Diese sowie viele andere Züge der Erzählung erscheinen willkürlich und bedeutungslos, wenn man die Beziehung der Augenangst zur Kastration ablehnt, und werden sinnreich, sowie man für den Sandmann den gefürchteten Vater einsetzt, von dem man die Kastration erwartet.[1]

---

1) In der Tat hat die Phantasiebearbeitung des Dichters die Elemente des Stoffes nicht so wild herumgewirbelt, daß man ihre ursprüngliche Anordnung nicht wiederherstellen könnte. In der Kindergeschichte stellen der Vater und Coppelius die durch Ambivalenz in zwei Gegensätze zerlegte Vater-Imago dar; der eine droht mit der Blendung (Kastration), der andere, der gute Vater, bittet die Augen des Kindes frei. Das von der Verdrängung am stärksten betroffene Stück des Komplexes, der Todeswunsch gegen den bösen Vater, findet seine Darstellung in dem Tod des guten Vaters, der dem Coppelius zur Last gelegt wird. Diesem Väterpaar entsprechen in der späteren Lebensgeschichte des Studenten der Professor Spalanzani und der Optiker Coppola, der Professor an sich eine Figur der Vaterreihe, Coppola als identisch mit dem Advokaten Coppelius erkannt. Wie sie damals zusammen am geheimnisvollen Herd arbeiteten, so haben sie nun gemeinsam die Puppe Olimpia verfertigt; der Professor heißt auch der Vater Olimpias. Durch diese zweimalige Gemeinsamkeit verraten sie sich als Spaltungen der Vater-Imago, d. h. sowohl der Mechaniker als auch der Optiker sind der Vater der Olimpia wie des Nathaniel. In der Schreckensszene der Kinderzeit hatte Coppelius, nachdem er auf die Blendung des Kleinen verzichtet, ihm probeweise Arme und Beine abgeschraubt, also wie ein Mechaniker an einer Puppe an ihm gearbeitet. Dieser sonderbare Zug, der ganz aus dem Rahmen der Sandmannvorstellung heraustritt, bringt ein neues Äquivalent der Kastration ins Spiel; er weist aber auch auf die innere Identität des Coppelius mit seinem späteren Widerpart, dem Mechaniker Spalanzani, hin und bereitet uns für die Deutung der Olimpia vor. Diese automatische Puppe kann nichts anderes sein als die Materialisation von Nathaniels femininer Einstellung zu seinem Vater in früher Kindheit. Ihre Väter — Spalanzani und Coppola — sind ja nur neue Auflagen, Reinkarnationen von Nathaniels Väterpaar; die sonst unverständliche Angabe des Spalanzani, daß der Optiker dem Nathaniel die Augen gestohlen (s. o.), um sie der Puppe einzusetzen, gewinnt so als Beweis für die Identität von Olimpia und Nathaniel ihre Bedeutung. Olimpia ist sozusagen ein von Nathaniel losgelöster Komplex, der ihm als Person entgegentritt; die Beherrschung durch diesen Komplex findet in der unsinnig zwanghaften Liebe zur Olimpia ihren Ausdruck. Wir haben das Recht,

Wir würden es also wagen, das Unheimliche des Sandmannes auf die Angst des kindlichen Kastrationskomplexes zurückzuführen. Sowie aber die Idee auftaucht, ein solches infantiles Moment für die Entstehung des unheimlichen Gefühls in Anspruch zu nehmen, werden wir auch zum Versuch getrieben, dieselbe Ableitung für andere Beispiele des Unheimlichen in Betracht zu ziehen. Im Sandmann findet sich noch das Motiv der belebt scheinenden Puppe, das Jentsch hervorgehoben hat. Nach diesem Autor ist es eine besonders günstige Bedingung für die Erzeugung unheimlicher Gefühle, wenn eine intellektuelle Unsicherheit geweckt wird, ob etwas belebt oder leblos sei, und wenn das Leblose die Ähnlichkeit mit dem Lebenden zu weit treibt. Natürlich sind wir aber gerade mit den Puppen vom Kindlichen nicht weit entfernt. Wir erinnern uns, daß das Kind im frühen Alter des Spielens überhaupt nicht scharf zwischen Belebtem und Leblosem unterscheidet und daß es besonders gern seine Puppe wie ein lebendes Wesen behandelt. Ja, man hört gelegentlich von einer Patientin erzählen, sie habe noch im Alter von acht Jahren die Überzeugung gehabt, wenn sie ihre Puppen auf eine gewisse Art, möglichst eindringlich, anschauen würde, müßten diese lebendig werden. Das infantile Moment ist also auch hier leicht nachzuweisen; aber merkwürdig, im Falle des Sandmannes handelte es sich um die Erweckung einer alten Kinderangst, bei der lebenden Puppe ist von Angst keine Rede, das Kind hat sich vor dem Beleben seiner Puppen nicht gefürchtet, vielleicht es sogar

---

diese Liebe eine narzißtische zu heißen, und verstehen, daß der ihr Verfallene sich dem realen Liebesobjekt entfremdet. Wie psychologisch richtig es aber ist, daß der durch den Kastrationskomplex an den Vater fixierte Jüngling der Liebe zum Weibe unfähig wird, zeigen zahlreiche Krankenanalysen, deren Inhalt zwar weniger phantastisch, aber kaum minder traurig ist als die Geschichte des Studenten Nathaniel.

E. T. A. Hoffmann war das Kind einer unglücklichen Ehe. Als er drei Jahre war, trennte sich der Vater von seiner kleinen Familie und lebte nie wieder mit ihr vereint. Nach den Belegen, die E. Grisebach in der biographischen Einleitung zu Hoffmanns Werken beibringt, war die Beziehung zum Vater immer eine der wundesten Stellen in des Dichters Gefühlsleben.

gewünscht. Die Quelle des unheimlichen Gefühls wäre also hier nicht eine Kinderangst, sondern ein Kinderwunsch oder auch nur ein Kinderglaube. Das scheint ein Widerspruch; möglicherweise ist es nur eine Mannigfaltigkeit, die späterhin unserem Verständnis förderlich werden kann.

E. T. A. Hoffmann ist der unerreichte Meister des Unheimlichen in der Dichtung. Sein Roman „Die Elixire des Teufels" weist ein ganzes Bündel von Motiven auf, denen man die unheimliche Wirkung der Geschichte zuschreiben möchte. Der Inhalt des Romans ist zu reichhaltig und verschlungen, als daß man einen Auszug daraus wagen könnte. Zu Ende des Buches, wenn die dem Leser bisher vorenthaltenen Voraussetzungen der Handlung nachgetragen werden, ist das Ergebnis nicht die Aufklärung des Lesers, sondern eine volle Verwirrung desselben. Der Dichter hat zu viel Gleichartiges gehäuft; der Eindruck des Ganzen leidet nicht darunter, wohl aber das Verständnis. Man muß sich damit begnügen, die hervorstechendsten unter jenen unheimlich wirkenden Motiven herauszuheben, um zu untersuchen, ob auch für sie eine Ableitung aus infantilen Quellen zulässig ist. Es sind dies das Doppelgängertum in all seinen Abstufungen und Ausbildungen, also das Auftreten von Personen, die wegen ihrer gleichen Erscheinung für identisch gehalten werden müssen, die Steigerung dieses Verhältnisses durch Überspringen seelischer Vorgänge von einer dieser Personen auf die andere — was wir Telepathie heißen würden, — so daß der eine das Wissen, Fühlen und Erleben des anderen mitbesitzt, die Identifizierung mit einer anderen Person, so daß man an seinem Ich irre wird oder das fremde Ich an die Stelle des eigenen versetzt, also Ich-Verdopplung, Ich-Teilung, Ich-Vertauschung — und endlich die beständige Wiederkehr des Gleichen, die Wiederholung der nämlichen Gesichtszüge, Charaktere, Schicksale, verbrecherischen Taten, ja der Namen durch mehrere aufeinanderfolgende Generationen.

Das Motiv des Doppelgängers hat in einer gleichnamigen Arbeit von O. Rank eine eingehende Würdigung gefunden.[1] Dort werden die Beziehungen des Doppelgängers zum Spiegel- und Schattenbild, zum Schutzgeist, zur Seelenlehre und zur Todesfurcht untersucht, es fällt aber auch helles Licht auf die überraschende Entwicklungsgeschichte des Motivs. Denn der Doppelgänger war ursprünglich eine Versicherung gegen den Untergang des Ichs, eine „energische Dementierung der Macht des Todes" (O. Rank) und wahrscheinlich war die „unsterbliche" Seele der erste Doppelgänger des Leibes. Die Schöpfung einer solchen Verdopplung zur Abwehr gegen die Vernichtung hat ihr Gegenstück in einer Darstellung der Traumsprache, welche die Kastration durch Verdopplung oder Vervielfältigung des Genitalsymbols auszudrücken liebt; sie wird in der Kultur der alten Ägypter ein Antrieb für die Kunst, das Bild des Verstorbenen in dauerhaftem Stoff zu formen. Aber diese Vorstellungen sind auf dem Boden der uneingeschränkten Selbstliebe entstanden, des primären Narzißmus, welcher das Seelenleben des Kindes wie des Primitiven beherrscht, und mit der Überwindung dieser Phase ändert sich das Vorzeichen des Doppelgängers, aus einer Versicherung des Fortlebens wird er zum unheimlichen Vorboten des Todes.

Die Vorstellung des Doppelgängers braucht nicht mit diesem uranfänglichen Narzißmus unterzugehen; denn sie kann aus den späteren Entwicklungsstufen des Ichs neuen Inhalt gewinnen. Im Ich bildet sich langsam eine besondere Instanz heraus, welche sich dem übrigen Ich entgegenstellen kann, die der Selbstbeobachtung und Selbstkritik dient, die Arbeit der psychischen Zensur leistet und unserem Bewußtsein als „Gewissen" bekannt wird. Im pathologischen Falle des Beachtungswahnes wird sie isoliert, vom Ich abgespalten, dem Arzte bemerkbar. Die Tatsache, daß eine solche Instanz vorhanden ist, welche das übrige Ich wie ein

---

1) O. Rank, Der Doppelgänger. Imago III, 1914.

Objekt behandeln kann, also daß der Mensch der Selbstbeobachtung fähig ist, macht es möglich, die alte Doppelgängervorstellung mit neuem Inhalt zu erfüllen und ihr mancherlei zuzuweisen, vor allem all das, was der Selbstkritik als zugehörig zum alten überwundenen Narzißmus der Urzeit erscheint.[1]
Aber nicht nur dieser der Ich-Kritik anstößige Inhalt kann dem Doppelgänger einverleibt werden, sondern ebenso alle unterbliebenen Möglichkeiten der Geschicksgestaltung, an denen die Phantasie noch festhalten will, und alle Ich-Strebungen, die sich infolge äußerer Ungunst nicht durchsetzen konnten, sowie alle die unterdrückten Willensentscheidungen, die die Illusion des freien Willens ergeben haben.[2]
Nachdem wir aber so die manifeste Motivierung der Doppelgängergestalt betrachtet haben, müssen wir uns sagen: Nichts von alledem macht uns den außerordentlich hohen Grad von Unheimlichkeit, der ihr anhaftet, verständlich, und aus unserer Kenntnis der pathologischen Seelenvorgänge dürfen wir hinzusetzen, nichts von diesem Inhalt könnte das Abwehrbestreben erklären, das ihn als etwas Fremdes aus dem Ich hinausprojiziert. Der Charakter des Unheimlichen kann doch nur daher rühren, daß der Doppelgänger eine den überwundenen seelischen Urzeiten angehörige Bildung ist, die damals allerdings einen freundlicheren Sinn hatte. Der Doppelgänger ist zum Schreckbild geworden, wie die Götter nach dem Sturz ihrer Religion zu Dämonen werden (Heine, Die Götter im Exil).

---

1) Ich glaube, wenn die Dichter klagen, daß zwei Seelen in des Menschen Brust wohnen, und wenn die Populärpsychologen von der Spaltung des Ichs im Menschen reden, so schwebt ihnen diese Entzweiung, der Ich-Psychologie angehörig, zwischen der kritischen Instanz und dem Ich-Rest vor und nicht die von der Psychoanalyse aufgedeckte Gegensätzlichkeit zwischen dem Ich und dem unbewußten Verdrängten. Der Unterschied wird allerdings dadurch verwischt, daß sich unter dem von der Ich-Kritik Verworfenen zunächst die Abkömmlinge des Verdrängten befinden.

2) In der H. H. Ewersschen Dichtung „Der Student von Prag", von welcher die Ranksche Studie über den Doppelgänger ausgegangen ist, hat der Held der Geliebten versprochen, seinen Duellgegner nicht zu töten. Auf dem Wege zum Duellplatz begegnet ihm aber der Doppelgänger, welcher den Nebenbuhler bereits erledigt hat.

Die anderen bei Hoffmann verwendeten Ich-Störungen sind nach dem Muster des Doppelgängermotivs leicht zu beurteilen. Es handelt sich bei ihnen um ein Rückgreifen auf einzelne Phasen in der Entwicklungsgeschichte des Ich-Gefühls, um eine Regression in Zeiten, da das Ich sich noch nicht scharf von der Außenwelt und vom Anderem abgegrenzt hatte. Ich glaube, daß diese Motive den Eindruck des Unheimlichen mitverschulden, wenngleich es nicht leicht ist, ihren Anteil an diesem Eindruck isoliert herauszugreifen.

Das Moment der Wiederholung des Gleichartigen wird als Quelle des unheimlichen Gefühls vielleicht nicht bei jedermann Anerkennung finden. Nach meinen Beobachtungen ruft es unter gewissen Bedingungen und in Kombination mit bestimmten Umständen unzweifelhaft ein solches Gefühl hervor, das überdies an die Hilflosigkeit mancher Traumzustände mahnt. Als ich einst an einem heißen Sommernachmittag die mir unbekannten, menschenleeren Straßen einer italienischen Kleinstadt durchstreifte, geriet ich in eine Gegend, über deren Charakter ich nicht lange in Zweifel bleiben konnte. Es waren nur geschminkte Frauen an den Fenstern der kleinen Häuser zu sehen, und ich beeilte mich, die enge Straße durch die nächste Einbiegung zu verlassen. Aber nachdem ich eine Weile führerlos herumgewandert war, fand ich mich plötzlich in derselben Straße wieder, in der ich nun Aufsehen zu erregen begann, und meine eilige Entfernung hatte nur die Folge, daß ich auf einem neuen Umwege zum drittenmal dahingeriet. Dann aber erfaßte mich ein Gefühl, das ich nur als unheimlich bezeichnen kann, und ich war froh, als ich unter Verzicht auf weitere Entdeckungsreisen auf die kürzlich von mir verlassene Piazza zurückfand. Andere Situationen, die die unbeabsichtigte Wiederkehr mit der eben beschriebenen gemein haben und sich in den anderen Punkten gründlich von ihr unterscheiden, haben doch dasselbe Gefühl von Hilflosigkeit und Unheimlichkeit zur Folge. Zum Beispiel, wenn man sich im Hochwald, etwa vom

Nebel überrascht, verirrt hat und nun trotz aller Bemühungen, einen markierten oder bekannten Weg zu finden, wiederholt zu der einen, durch eine bestimmte Formation gekennzeichneten Stelle zurückkommt. Oder wenn man im unbekannten, dunkeln Zimmer wandert, um die Tür oder den Lichtschalter aufzusuchen und dabei zum xtenmal mit demselben Möbelstück zusammenstößt, eine Situation, die Mark Twain allerdings durch groteske Übertreibung in eine unwiderstehlich komische umgewandelt hat.

An einer anderen Reihe von Erfahrungen erkennen wir auch mühelos, daß es nur das Moment der unbeabsichtigten Wiederholung ist, welches das sonst Harmlose unheimlich macht und uns die Idee des Verhängnisvollen, Unentrinnbaren aufdrängt, wo wir sonst nur von „Zufall" gesprochen hätten. So ist es z. B. gewiß ein gleichgültiges Erlebnis, wenn man für seine in einer Garderobe abgegebenen Kleider einen Schein mit einer gewissen Zahl — sagen wir: 62 — erhält oder wenn man findet, daß die zugewiesene Schiffskabine diese Nummer trägt. Aber dieser Eindruck ändert sich, wenn beide an sich indifferenten Begebenheiten nahe aneinanderrücken, so daß einem die Zahl 62 mehrmals an demselben Tage entgegentritt, und wenn man dann etwa gar die Beobachtung machen sollte, daß alles, was eine Zahlenbezeichnung trägt, Adressen, Hotelzimmer, Eisenbahnwagen u. dgl. immer wieder die nämliche Zahl, wenigstens als Bestandteil, wiederbringt. Man findet das „unheimlich", und wer nicht stich- und hiebfest gegen die Versuchungen des Aberglaubens ist, wird sich geneigt finden, dieser hartnäckigen Wiederkehr der einen Zahl eine geheime Bedeutung zuzuschreiben, etwa einen Hinweis auf das ihm bestimmte Lebensalter darin zu sehen. Oder wenn man eben mit dem Studium der Schriften des großen Physiologen H. Hering beschäftigt ist, und nun wenige Tage auseinander Briefe von zwei Personen dieses Namens aus verschiedenen Ländern empfängt, während man bis dahin niemals mit Leuten, die so heißen, in Beziehung getreten war. Ein geistvoller Naturforscher hat vor kurzem den Versuch unternommen, Vorkommnisse solcher Art gewissen Gesetzen unterzuordnen, wodurch der Eindruck des Unheimlichen aufgehoben werden müßte. Ich getraue mich nicht zu entscheiden, ob es ihm gelungen ist.[1] Wie das Unheimliche der gleichartigen Wiederkehr aus dem infantilen Seelenleben abzuleiten ist, kann ich hier nur andeuten und muß dafür auf eine bereitliegende ausführliche Darstellung in anderem Zusammenhange verweisen. Im seelisch Unbewußten läßt sich nämlich die Herrschaft eines von den Triebregungen ausgehenden Wiederholungszwanges erkennen, der wahrscheinlich von der innersten Natur der Triebe selbst abhängt, stark genug ist, sich über das Lustprinzip hinauszusetzen, gewissen Seiten des Seelenlebens den dämonischen Charakter verleiht, sich in den Strebungen des kleinen Kindes noch sehr deutlich äußert und ein Stück vom Ablauf der Psychoanalyse des Neurotikers beherrscht. Wir sind durch alle vorstehenden Erörterungen darauf vorbereitet, daß dasjenige als unheimlich verspürt werden wird, was an diesen inneren Wiederholungszwang mahnen kann.

Nun, denke ich aber, ist es Zeit, uns von diesen immerhin schwierig zu beurteilenden Verhältnissen abzuwenden und unzweifelhafte Fälle des Unheimlichen aufzusuchen, von deren Analyse wir die endgültige Entscheidung über die Geltung unserer Annahme erwarten dürfen.

Im „Ring des Polykrates" wendet sich der Gast mit Grausen, weil er merkt, daß jeder Wunsch des Freundes sofort in Erfüllung geht, jede seiner Sorgen vom Schicksal unverzüglich aufgehoben wird. Der Gastfreund ist ihm „unheimlich" geworden. Die Auskunft, die er selbst gibt, daß der allzu Glückliche den Neid der Götter zu fürchten habe, erscheint uns noch undurchsichtig, ihr Sinn ist mythologisch verschleiert. Greifen wir darum ein anderes Beispiel aus weit schlichteren Verhältnissen heraus: In der Kranken-

---

[1] P. Kammerer, Das Gesetz der Serie. Wien 1919.

geschichte eines Zwangsneurotikers[1] habe ich erzählt, daß dieser Kranke einst einen Aufenthalt in einer Wasserheilanstalt genommen hatte, aus dem er sich eine große Besserung holte. Er war aber so klug, diesen Erfolg nicht der Heilkraft des Wassers, sondern der Lage seines Zimmers zuzuschreiben, welches der Kammer einer liebenswürdigen Pflegerin unmittelbar benachbart war. Als er dann zum zweitenmal in diese Anstalt kam, verlangte er dasselbe Zimmer wieder, mußte aber hören, daß es bereits von einem alten Herrn besetzt sei, und gab seinem Unmut darüber in den Worten Ausdruck: Dafür soll ihn aber der Schlag treffen. Vierzehn Tage später erlitt der alte Herr wirklich einen Schlaganfall. Für meinen Patienten war dies ein „unheimliches" Erlebnis. Der Eindruck des Unheimlichen wäre noch stärker gewesen, wenn eine viel kürzere Zeit zwischen jener Äußerung und dem Unfall gelegen wäre, oder wenn der Patient über zahlreiche ganz ähnliche Erlebnisse hätte berichten können. In der Tat war er um solche Bestätigungen nicht verlegen, aber nicht er allein, alle Zwangsneurotiker, die ich studiert habe, wußten Analoges von sich zu erzählen. Sie waren gar nicht überrascht, regelmäßig der Person zu begegnen, an die sie eben — vielleicht nach langer Pause — gedacht hatten; sie pflegten regelmäßig am Morgen einen Brief von einem Freund zu bekommen, wenn sie am Abend vorher geäußert hatten: Von dem hat man aber jetzt lange nichts gehört, und besonders Unglücks- oder Todesfälle ereigneten sich nur selten, ohne eine Weile vorher durch ihre Gedanken gehuscht zu sein. Sie pflegten diesem Sachverhalt in der bescheidensten Weise Ausdruck zu geben, indem sie behaupteten, „Ahnungen" zu haben, die „meistens" eintreffen.

Eine der unheimlichsten und verbreitetsten Formen des Aberglaubens ist die Angst vor dem „bösen Blick", welcher bei dem

---

1) Bemerkungen über einen Fall von Zwangsneurose [Ges. Werke, Bd. VII].

Hamburger Augenarzt S. Seligmann[1] eine gründliche Behandlung gefunden hat. Die Quelle, aus welcher diese Angst schöpft,
scheint niemals verkannt worden zu sein. Wer etwas Kostbares
und doch Hinfälliges besitzt, fürchtet sich vor dem Neid der anderen, indem er jenen Neid auf sie projiziert, den er im umgekehrten Falle empfunden hätte. Solche Regungen verrät man
durch den Blick, auch wenn man ihnen den Ausdruck in Worten
versagt, und wenn jemand durch auffällige Kennzeichen, besonders unerwünschter Art, vor den anderen hervorsticht, traut man
ihm zu, daß sein Neid eine besondere Stärke erreichen und dann
auch diese Stärke in Wirkung umsetzen wird. Man fürchtet also
eine geheime Absicht zu schaden, und auf gewisse Anzeichen
hin nimmt man an, daß dieser Absicht auch die Kraft zu Gebote steht.

Die letzterwähnten Beispiele des Unheimlichen hängen von dem
Prinzip ab, das ich, der Anregung eines Patienten folgend, die
„Allmacht der Gedanken" benannt habe. Wir können nun nicht
mehr verkennen, auf welchem Boden wir uns befinden. Die Ana-
lyse der Fälle des Unheimlichen hat uns zur alten Weltauffassung
des Animismus zurückgeführt, die ausgezeichnet war durch die
Erfüllung der Welt mit Menschengeistern, durch die narzißtische
Überschätzung der eigenen seelischen Vorgänge, die Allmacht der
Gedanken und die darauf aufgebaute Technik der Magie, die
Zuteilung von sorgfältig abgestuften Zauberkräften an fremde
Personen und Dinge (Mana), sowie durch alle die Schöpfungen,
mit denen sich der uneingeschränkte Narzißmus jener Entwick-
lungsperiode gegen den unverkennbaren Einspruch der Realität
zur Wehr setzte. Es scheint, daß wir alle in unserer individuellen
Entwicklung eine diesem Animismus der Primitiven entsprechende
Phase durchgemacht haben, daß sie bei keinem von uns abge-
laufen ist, ohne noch äußerungsfähige Reste und Spuren zu hinter-

[1] Der böse Blick und Verwandtes. 2 Bde., Berlin 1910 u. 1911.

lassen, und daß alles, was uns heute als „unheimlich" erscheint, die Bedingung erfüllt, daß es an diese Reste animistischer Seelentätigkeit rührt und sie zur Äußerung anregt.[1]

Hier ist nun der Platz für zwei Bemerkungen, in denen ich den wesentlichen Inhalt dieser kleinen Untersuchung niederlegen möchte. Erstens, wenn die psychoanalytische Theorie in der Behauptung recht hat, daß jeder Affekt einer Gefühlsregung, gleichgültig von welcher Art, durch die Verdrängung in Angst verwandelt wird, so muß es unter den Fällen des Ängstlichen eine Gruppe geben, in der sich zeigen läßt, daß dies Ängstliche etwas wiederkehrendes Verdrängtes ist. Diese Art des Ängstlichen wäre eben das Unheimliche und dabei muß es gleichgültig sein, ob es ursprünglich selbst ängstlich war oder von einem anderen Affekt getragen. Zweitens, wenn dies wirklich die geheime Natur des Unheimlichen ist, so verstehen wir, daß der Sprachgebrauch das Heimliche in seinen Gegensatz, das Unheimliche übergehen läßt (S. 242 f.), denn dies Unheimliche ist wirklich nichts Neues oder Fremdes, sondern etwas dem Seelenleben von alters her Vertrautes, das ihm nur durch den Prozeß der Verdrängung entfremdet worden ist. Die Beziehung auf die Verdrängung erhellt uns jetzt auch die Schellingsche Definition, das Unheimliche sei etwas, was im Verborgenen hätte bleiben sollen und hervorgetreten ist.

Es erübrigt uns nur noch, die Einsicht, die wir gewonnen haben, an der Erklärung einiger anderer Fälle des Unheimlichen zu erproben.

Im allerhöchsten Grade unheimlich erscheint vielen Menschen, was mit dem Tod, mit Leichen und mit der Wiederkehr der Toten, mit Geistern und Gespenstern, zusammenhängt. Wir haben

---

[1] Vgl. hiezu den Abschnitt III „Animismus, Magie und Allmacht der Gedanken" in des Verf. Buch „Totem und Tabu", 1913. Dort auch die Bemerkung: „Es scheint, daß wir den Charakter des ‚Unheimlichen' solchen Eindrücken verleihen, welche die Allmacht der Gedanken und die animistische Denkweise überhaupt bestätigen wollen, während wir uns bereits im Urteil von ihr abgewendet haben."

ja gehört, daß manche moderne Sprachen unseren Ausdruck: ein unheimliches Haus gar nicht anders wiedergeben können als durch die Umschreibung: ein Haus, in dem es spukt. Wir hätten eigentlich unsere Untersuchung mit diesem, vielleicht stärksten Beispiel von Unheimlichkeit beginnen können, aber wir taten es nicht, weil hier das Unheimliche zu sehr mit dem Grauenhaften vermengt und zum Teil von ihm gedeckt ist. Aber auf kaum einem anderen Gebiete hat sich unser Denken und Fühlen seit den Urzeiten so wenig verändert, ist das Alte unter dünner Decke so gut erhalten geblieben, wie in unserer Beziehung zum Tode. Zwei Momente geben für diesen Stillstand gute Auskunft: Die Stärke unserer ursprünglichen Gefühlsreaktionen und die Unsicherheit unserer wissenschaftlichen Erkenntnis. Unsere Biologie hat es noch nicht entscheiden können, ob der Tod das notwendige Schicksal jedes Lebewesens oder nur ein regelmäßiger, vielleicht aber vermeidlicher Zufall innerhalb des Lebens ist. Der Satz: alle Menschen müssen sterben, paradiert zwar in den Lehrbüchern der Logik als Vorbild einer allgemeinen Behauptung, aber keinem Menschen leuchtet er ein, und unser Unbewußtes hat jetzt so wenig Raum wie vormals für die Vorstellung der eigenen Sterblichkeit. Die Religionen bestreiten noch immer der unableugbaren Tatsache des individuellen Todes ihre Bedeutung und setzen die Existenz über das Lebensende hinaus fort; die staatlichen Gewalten meinen die moralische Ordnung unter den Lebenden nicht aufrecht erhalten zu können, wenn man auf die Korrektur des Erdenlebens durch ein besseres Jenseits verzichten soll; auf den Anschlagsäulen unserer Großstädte werden Vorträge angekündigt, welche Belehrungen spenden wollen, wie man sich mit den Seelen der Verstorbenen in Verbindung setzen kann, und es ist unleugbar, daß mehrere der feinsten Köpfe und schärfsten Denker unter den Männern der Wissenschaft, zumal gegen das Ende ihrer eigenen Lebenszeit, geurteilt haben, daß es an Möglichkeiten für solchen Verkehr nicht fehle. Da fast alle von uns in diesem Punkt noch so denken wie die Wilden, ist es auch nicht zu verwundern, daß die primitive Angst vor dem Toten bei uns noch so mächtig ist und bereit liegt, sich zu äußern, sowie irgend etwas ihr entgegenkommt. Wahrscheinlich hat sie auch noch den alten Sinn, der Tote sei zum Feind des Überlebenden geworden und beabsichtige, ihn mit sich zu nehmen, als Genossen seiner neuen Existenz. Eher könnte man bei dieser Unveränderlichkeit der Einstellung zum Tode fragen, wo die Bedingung der Verdrängung bleibt, die erfordert wird, damit das Primitive als etwas Unheimliches wiederkehren könne. Aber die besteht doch auch; offiziell glauben die sogenannten Gebildeten nicht mehr an das Sichtbarwerden der Verstorbenen als Seelen, haben deren Erscheinung an entlegene und selten verwirklichte Bedingungen geknüpft, und die ursprünglich höchst zweideutige, ambivalente Gefühlseinstellung zum Toten ist für die höheren Schichten des Seelenlebens zur eindeutigen der Pietät abgeschwächt worden.[1]

Es bedarf jetzt nur noch weniger Ergänzungen, denn mit dem Animismus, der Magie und Zauberei, der Allmacht der Gedanken, der Beziehung zum Tode, der unbeabsichtigten Wiederholung und dem Kastrationskomplex haben wir den Umfang der Momente, die das Ängstliche zum Unheimlichen machen, so ziemlich erschöpft.

Wir heißen auch einen lebenden Menschen unheimlich, und zwar dann, wenn wir ihm böse Absichten zutrauen. Aber das reicht nicht hin, wir müssen noch hinzutun, daß diese seine Absichten, uns zu schaden, sich mit Hilfe besonderer Kräfte verwirklichen werden. Der *„Gettatore"* ist ein gutes Beispiel hiefür, diese unheimliche Gestalt des romanischen Aberglaubens, die Albrecht Schäffer in dem Buche „Josef Montfort" mit poetischer Intuition und tiefem psychoanalytischen Verständnis zu einer sympathischen Figur umgeschaffen hat. Aber mit diesen geheimen

---

1) Vgl.: Das Tabu und die Ambivalenz in „Totem und Tabu".

Kräften stehen wir bereits wieder auf dem Boden des Animismus. Die Ahnung solcher Geheimkräfte ist es, die dem frommen Gretchen den Mephisto so unheimlich werden läßt:

> Sie ahnt, daß ich ganz sicher ein Genie,
> Vielleicht sogar der Teufel bin.

Das Unheimliche der Fallsucht, des Wahnsinns, hat denselben Ursprung. Der Laie sieht hier die Äußerung von Kräften vor sich, die er im Nebenmenschen nicht vermutet hat, deren Regung er aber in entlegenen Winkeln der eigenen Persönlichkeit dunkel zu spüren vermag. Das Mittelalter hatte konsequenterweise und psychologisch beinahe korrekt alle diese Krankheitsäußerungen der Wirkung von Dämonen zugeschrieben. Ja, ich würde mich nicht verwundern zu hören, daß die Psychoanalyse, die sich mit der Aufdeckung dieser geheimen Kräfte beschäftigt, vielen Menschen darum selbst unheimlich geworden ist. In einem Falle, als mir die Herstellung eines seit vielen Jahren siechen Mädchens — wenn auch nicht sehr rasch — gelungen war, habe ich's von der Mutter der für lange Zeit Geheilten selbst gehört.

Abgetrennte Glieder, ein abgehauener Kopf, eine vom Arm gelöste Hand wie in einem Märchen von Hauff, Füße, die für sich allein tanzen wie in dem erwähnten Buche von A. Schaeffer, haben etwas ungemein Unheimliches an sich, besonders wenn ihnen wie im letzten Beispiel noch eine selbständige Tätigkeit zugestanden wird. Wir wissen schon, daß diese Unheimlichkeit von der Annäherung an den Kastrationskomplex herrührt. Manche Menschen würden die Krone der Unheimlichkeit der Vorstellung zuweisen, scheintot begraben zu werden. Allein die Psychoanalyse hat uns gelehrt, daß diese schreckende Phantasie nur die Umwandlung einer anderen ist, die ursprünglich nichts Schreckhaftes war, sondern von einer gewissen Lüsternheit getragen wurde, nämlich der Phantasie vom Leben im Mutterleib.

* * *

Tragen wir noch etwas Allgemeines nach, was streng genommen
bereits in unseren bisherigen Behauptungen über den Animismus
und die überwundenen Arbeitsweisen des seelischen Apparats enthalten ist, aber doch einer besonderen Hervorhebung würdig
scheint, daß es nämlich oft und leicht unheimlich wirkt, wenn
die Grenze zwischen Phantasie und Wirklichkeit verwischt wird,
wenn etwas real vor uns hintritt, was wir bisher für phantastisch
gehalten haben, wenn ein Symbol die volle Leistung und Bedeutung des Symbolisierten übernimmt und dergleichen mehr. Hierauf
beruht auch ein gutes Stück der Unheimlichkeit, die den magischen Praktiken anhaftet. Das Infantile daran, was auch das Seelenleben der Neurotiker beherrscht, ist die Überbetonung der psychischen Realität im Vergleich zur materiellen, ein Zug, welcher
sich der Allmacht der Gedanken anschließt. Mitten in der Absperrung des Weltkrieges kam eine Nummer des englischen
Magazins „Strand" in meine Hände, in der ich unter anderen
ziemlich überflüssigen Produktionen eine Erzählung las, wie ein
junges Paar eine möblierte Wohnung bezieht, in der sich ein
seltsam geformter Tisch mit holzgeschnitzten Krokodilen befindet.
Gegen Abend pflegt sich dann ein unerträglicher, charakteristischer
Gestank in der Wohnung zu verbreiten, man stolpert im Dunkeln
über irgend etwas, man glaubt zu sehen, wie etwas Undefinier-
bares über die Treppe huscht, kurz, man soll erraten, daß infolge
der Anwesenheit dieses Tisches gespenstische Krokodile im Hause
spuken, oder daß die hölzernen Scheusale im Dunkeln Leben
bekommen oder etwas Ähnliches. Es war eine recht einfältige
Geschichte, aber ihre unheimliche Wirkung verspürte man als
ganz hervorragend.

Zum Schlusse dieser gewiß noch unvollständigen Beispielsamm-
lung soll eine Erfahrung aus der psychoanalytischen Arbeit erwähnt werden, die, wenn sie nicht auf einem zufälligen Zusammentreffen beruht, die schönste Bekräftigung unserer Auffassung
des Unheimlichen mit sich bringt. Es kommt oft vor, daß neu-

rotische Männer erklären, das weibliche Genitale sei ihnen etwas Unheimliches. Dieses Unheimliche ist aber der Eingang zur alten Heimat des Menschenkindes, zur Örtlichkeit, in der jeder einmal und zuerst geweilt hat. „Liebe ist Heimweh", behauptet ein Scherzwort, und wenn der Träumer von einer Örtlichkeit oder Landschaft noch im Traume denkt: Das ist mir bekannt, da war ich schon einmal, so darf die Deutung dafür das Genitale oder den Leib der Mutter einsetzen. Das Unheimliche ist also auch in diesem Falle das ehemals Heimische, Altvertraute. Die Vorsilbe „*u n*" an diesem Worte ist aber die Marke der Verdrängung.

III

Schon während der Lektüre der vorstehenden Erörterungen werden sich beim Leser Zweifel geregt haben, denen jetzt gestattet werden soll, sich zu sammeln und laut zu werden.

Es mag zutreffen, daß das Unheimliche das Heimliche-Heimische ist, das eine Verdrängung erfahren hat und aus ihr wiedergekehrt ist, und daß alles Unheimliche diese Bedingung erfüllt. Aber mit dieser Stoffwahl scheint das Rätsel des Unheimlichen nicht gelöst. Unser Satz verträgt offenbar keine Umkehrung. Nicht alles, was an verdrängte Wunschregungen und überwundene Denkweisen der individuellen Vorzeit und der Völkerurzeit mahnt, ist darum auch unheimlich.

Auch wollen wir es nicht verschweigen, daß sich fast zu jedem Beispiel, welches unseren Satz erweisen sollte, ein analoges finden läßt, das ihm widerspricht. Die abgehauene Hand z. B. im Hauffschen Märchen „Die Geschichte von der abgehauenen Hand" wirkt gewiß unheimlich, was wir auf den Kastrationskomplex zurückgeführt haben. Aber in der Erzählung des Herodot vom Schatz des Rhampsenit läßt der Meisterdieb, den die Prinzessin bei der Hand festhalten will, ihr die abgehauene Hand seines Bruders zurück, und andere werden wahrscheinlich ebenso wie ich urteilen, daß dieser Zug keine unheimliche Wirkung hervorruft.

Die prompte Wunscherfüllung im „Ring des Polykrates" wirkt auf uns sicherlich ebenso unheimlich wie auf den König von Ägypten selbst. Aber in unseren Märchen wimmelt es von sofortigen Wunscherfüllungen und das Unheimliche bleibt dabei aus. Im Märchen von den drei Wünschen läßt sich die Frau durch den Wohlgeruch einer Bratwurst verleiten zu sagen, daß sie auch so ein Würstchen haben möchte. Sofort liegt es vor ihr auf dem Teller. Der Mann wünscht im Ärger, daß es der Vorwitzigen an der Nase hängen möge. Flugs baumelt es an ihrer Nase. Das ist sehr eindrucksvoll, aber nicht im geringsten unheimlich. Das Märchen stellt sich überhaupt ganz offen auf den animistischen Standpunkt der Allmacht von Gedanken und Wünschen, und ich wüßte doch kein echtes Märchen zu nennen, in dem irgend etwas Unheimliches vorkäme. Wir haben gehört, daß es in hohem Grade unheimlich wirkt, wenn leblose Dinge, Bilder, Puppen, sich beleben, aber in den Andersenschen Märchen leben die Hausgeräte, die Möbel, der Zinnsoldat und nichts ist vielleicht vom Unheimlichen entfernter. Auch die Belebung der schönen Statue des Pygmalion wird man kaum als unheimlich empfinden.

Scheintod und Wiederbelebung von Toten haben wir als sehr unheimliche Vorstellungen kennen gelernt. Dergleichen ist aber wiederum im Märchen sehr gewöhnlich; wer wagte es unheimlich zu nennen, wenn z. B. Schneewittchen die Augen wieder aufschlägt? Auch die Erweckung von Toten in den Wundergeschichten, z. B. des Neuen Testaments, ruft Gefühle hervor, die nichts mit dem Unheimlichen zu tun haben. Die unbeabsichtigte Wiederkehr des Gleichen, die uns so unzweifelhafte unheimliche Wirkungen ergeben hat, dient doch in einer Reihe von Fällen anderen, und zwar sehr verschiedenen Wirkungen. Wir haben schon einen Fall kennen gelernt, in dem sie als Mittel zur Hervorrufung des komischen Gefühls gebraucht wird, und können Beispiele dieser Art häufen. Andere Male wirkt sie als

Verstärkung u. dgl., ferner: woher rührt die Unheimlichkeit der Stille, des Alleinseins, der Dunkelheit? Deuten diese Momente nicht auf die Rolle der Gefahr bei der Entstehung des Unheimlichen, wenngleich es dieselben Bedingungen sind, unter denen wir die Kinder am häufigsten Angst äußern sehen? Und können wir wirklich das Moment der intellektuellen Unsicherheit ganz vernachlässigen, da wir doch seine Bedeutung für das Unheimliche des Todes zugegeben haben?

So müssen wir wohl bereit sein anzunehmen, daß für das Auftreten des unheimlichen Gefühls noch andere als die von uns vorangestellten stofflichen Bedingungen maßgebend sind. Man könnte zwar sagen, mit jener ersten Feststellung sei das psychoanalytische Interesse am Problem des Unheimlichen erledigt, der Rest erfordere wahrscheinlich eine ästhetische Untersuchung. Aber damit würden wir dem Zweifel das Tor öffnen, welchen Wert unsere Einsicht in die Herkunft des Unheimlichen vom verdrängten Heimischen eigentlich beanspruchen darf.

Eine Beobachtung kann uns den Weg zur Lösung dieser Unsicherheiten weisen. Fast alle Beispiele, die unseren Erwartungen widersprechen, sind dem Bereich der Fiktion, der Dichtung, entnommen. Wir erhalten so einen Wink, einen Unterschied zu machen zwischen dem Unheimlichen, das man erlebt, und dem Unheimlichen, das man sich bloß vorstellt, oder von dem man liest.

Das Unheimliche des Erlebens hat weit einfachere Bedingungen, umfaßt aber weniger zahlreiche Fälle. Ich glaube, es fügt sich ausnahmslos unserem Lösungsversuch, läßt jedesmal die Zurückführung auf altvertrautes Verdrängtes zu. Doch ist auch hier eine wichtige und psychologisch bedeutsame Scheidung des Materials vorzunehmen, die wir am besten an geeigneten Beispielen erkennen werden.

Greifen wir das Unheimliche der Allmacht der Gedanken, der prompten Wunscherfüllung, der geheimen schädigenden Kräfte, der Wiederkehr der Toten heraus. Die Bedingung, unter der hier das Gefühl des Unheimlichen entsteht, ist nicht zu verkennen. Wir — oder unsere primitiven Urahnen — haben dereinst diese Möglichkeiten für Wirklichkeit gehalten, waren von der Realität dieser Vorgänge überzeugt. Heute glauben wir nicht mehr daran, wir haben diese Denkweisen überwunden, aber wir fühlen uns dieser neuen Überzeugungen nicht ganz sicher, die alten leben noch in uns fort und lauern auf Bestätigung. Sowie sich nun etwas in unserem Leben ereignet, was diesen alten abgelegten Überzeugungen eine Bestätigung zuzuführen scheint, haben wir das Gefühl des Unheimlichen, zu dem man das Urteil ergänzen kann: Also ist es doch wahr, daß man einen anderen durch den bloßen Wunsch töten kann, daß die Toten weiterleben und an der Stätte ihrer früheren Tätigkeit sichtbar werden u. dgl.! Wer im Gegenteil diese animistischen Überzeugungen bei sich gründlich und endgültig erledigt hat, für den entfällt das Unheimliche dieser Art. Das merkwürdigste Zusammentreffen von Wunsch und Erfüllung, die rätselhafteste Wiederholung ähnlicher Erlebnisse an demselben Ort oder zum gleichen Datum, die täuschendsten Gesichtswahrnehmungen und verdächtigsten Geräusche werden ihn nicht irre machen, keine Angst in ihm erwecken, die man als Angst vor dem „Unheimlichen" bezeichnen kann. Es handelt sich hier also rein um eine Angelegenheit der Realitätsprüfung, um eine Frage der materiellen Realität.[1]

---

1) Da auch das Unheimliche des Doppelgängers von dieser Gattung ist, wird es interessant, die Wirkung zu erfahren, wenn uns einmal das Bild der eigenen Persönlichkeit ungerufen und unvermutet entgegentritt. E. Mach berichtet zwei solcher Beobachtungen in der „Analyse der Empfindungen", 1900, Seite 3. Er erschrak das eine Mal nicht wenig, als er erkannte, daß das gesehene Gesicht das eigene sei, das andere Mal fällte er ein sehr ungünstiges Urteil über den anscheinend Fremden, der in seinen Omnibus einstieg, „Was steigt doch da für ein herabgekommener Schulmeister ein." — Ich kann ein ähnliches Abenteuer erzählen: Ich saß allein im Abteil des Schlafwagens, als bei einem heftigeren Ruck der Fahrtbewegung die zur anstoßenden Toilette führende Tür aufging und ein älterer Herr im Schlafrock, die Reisemütze auf dem Kopfe, bei mir eintrat. Ich nahm an, daß er sich beim Verlassen des zwischen zwei Abteilen befindlichen Kabinetts in der Richtung geirrt hatte und fälschlich in mein Abteil gekommen war, sprang auf, um ihn aufzuklären, erkannte

Änders verhält es sich mit dem Unheimlichen, das von verdrängten infantilen Komplexen ausgeht, vom Kastrationskomplex,
der Mutterleibsphantasie usw., nur daß reale Erlebnisse, welche
diese Art von Unheimlichem erwecken, nicht sehr häufig sein
können. Das Unheimliche des Erlebens gehört zumeist der früheren
Gruppe an, für die Theorie ist aber die Unterscheidung der beiden
sehr bedeutsam. Beim Unheimlichen aus infantilen Komplexen
kommt die Frage der materiellen Realität gar nicht in Betracht,
die psychische Realität tritt an deren Stelle. Es handelt sich um
wirkliche Verdrängung eines Inhalts und um die Wiederkehr
des Verdrängten, nicht um die Aufhebung des Glaubens an die
Realität dieses Inhalts. Man könnte sagen, in dem einen Falle
sei ein gewisser Vorstellungsinhalt, im anderen der Glaube an
seine (materielle) Realität verdrängt. Aber die letztere Ausdrucksweise dehnt wahrscheinlich den Gebrauch des Terminus „Verdrängung" über seine rechtmäßigen Grenzen aus. Es ist korrekter,
wenn wir einer hier spürbaren psychologischen Differenz Rechnung tragen und den Zustand, in dem sich die animistischen
Überzeugungen des Kulturmenschen befinden, als ein — mehr
oder weniger vollkommenes — Überwundensein bezeichnen.
Unser Ergebnis lautete dann: Das Unheimliche des Erlebens
kommt zustande, wenn verdrängte infantile Komplexe durch
einen Eindruck wieder belebt werden, oder wenn überwundene
primitive Überzeugungen wieder bestätigt scheinen. Endlich darf
man sich durch die Vorliebe für glatte Erledigung und durch-
sichtige Darstellung nicht vom Bekenntnis abhalten lassen, daß
die beiden hier aufgestellten Arten des Unheimlichen im Erleben
nicht immer scharf zu sondern sind. Wenn man bedenkt, daß

---

aber bald verdutzt, daß der Eindringling mein eigenes, vom Spiegel in der Verbin-
dungstür entworfenes Bild war. Ich weiß noch, daß mir die Erscheinung gründlich
mißfallen hatte. Anstatt also über den Doppelgänger zu erschrecken, hatten beide —
Mach wie ich — ihn einfach nicht agnosziert. Ob aber das Mißfallen dabei nicht
doch ein Rest jener archaischen Reaktion war, die den Doppelgänger als unheimlich empfindet?

die primitiven Überzeugungen auf das innigste mit den infantilen Komplexen zusammenhängen und eigentlich in ihnen wurzeln, wird man sich über diese Verwischung der Abgrenzungen nicht viel verwundern.

Das Unheimliche der Fiktion — der Phantasie, der Dichtung — verdient in der Tat eine gesonderte Betrachtung. Es ist vor allem weit reichhaltiger als das Unheimliche des Erlebens, es umfaßt dieses in seiner Gänze und dann noch anderes, was unter den Bedingungen des Erlebens nicht vorkommt. Der Gegensatz zwischen Verdrängtem und Überwundenem kann nicht ohne tiefgreifende Modifikation auf das Unheimliche der Dichtung übertragen werden, denn das Reich der Phantasie hat ja zur Voraussetzung seiner Geltung, daß sein Inhalt von der Realitätsprüfung enthoben ist. Das paradox klingende Ergebnis ist, daß in der Dichtung vieles nicht unheimlich ist, was unheimlich wäre, wenn es sich im Leben ereignete, und daß in der Dichtung viele Möglichkeiten bestehen, unheimliche Wirkungen zu erzielen, die fürs Leben wegfallen.

Zu den vielen Freiheiten des Dichters gehört auch die, seine Darstellungswelt nach Belieben so zu wählen, daß sie mit der uns vertrauten Realität zusammenfällt, oder sich irgendwie von ihr entfernt. Wir folgen ihm in jedem Falle. Die Welt des Märchens z. B. hat den Boden der Realität von vornherein verlassen und sich offen zur Annahme der animistischen Überzeugungen bekannt. Wunscherfüllungen, geheime Kräfte, Allmacht der Gedanken, Belebung des Leblosen, die im Märchen ganz gewöhnlich sind, können hier keine unheimliche Wirkung äußern, denn für die Entstehung des unheimlichen Gefühls ist, wie wir gehört haben, der Urteilsstreit erforderlich, ob das überwundene Unglaubwürdige nicht doch real möglich ist, eine Frage, die durch die Voraussetzungen der Märchenwelt überhaupt aus dem Wege geräumt ist. So verwirklicht das Märchen, das uns die meisten Beispiele von Widerspruch gegen unsere Lösung des Unheim-

lichen geliefert hat, den zuerst erwähnten Fall, daß im Reiche
der Fiktion vieles nicht unheimlich ist, was unheimlich wirken
müßte, wenn es sich im Leben ereignete. Dazu kommen fürs
Märchen noch andere Momente, die später kurz berührt werden
sollen.

Der Dichter kann sich auch eine Welt erschaffen haben, die,
minder phantastisch als die Märchenwelt, sich von der realen
doch durch die Aufnahme von höheren geistigen Wesen, Dämonen
oder Geistern Verstorbener scheidet. Alles Unheimliche, was diesen
Gestalten anhaften könnte, entfällt dann, soweit die Voraussetzungen dieser poetischen Realität reichen. Die Seelen der Dante-
schen Hölle oder die Geistererscheinungen in Shakespeares
Hamlet, Macbeth, Julius Caesar mögen düster und schreckhaft
genug sein, aber unheimlich sind sie im Grunde ebensowenig wie
etwa die heitere Götterwelt Homers. Wir passen unser Urteil
den Bedingungen dieser vom Dichter fingierten Realität an und
behandeln Seelen, Geister und Gespenster, als wären sie vollbe-
rechtigte Existenzen, wie wir es selbst in der materiellen Realität
sind. Auch dies ist ein Fall, in dem Unheimlichkeit erspart wird.

Anders nun, wenn der Dichter sich dem Anscheine nach auf
den Boden der gemeinen Realität gestellt hat. Dann übernimmt
er auch alle Bedingungen, die im Erleben für die Entstehung des
unheimlichen Gefühls gelten, und alles was im Leben unheimlich
wirkt, wirkt auch so in der Dichtung. Aber in diesem Falle kann
der Dichter auch das Unheimliche weit über das im Erleben
mögliche Maß hinaus steigern und vervielfältigen, indem er solche
Ereignisse vorfallen läßt, die in der Wirklichkeit nicht oder nur
sehr selten zur Erfahrung gekommen wären. Er verrät uns dann
gewissermaßen an unseren für überwunden gehaltenen Aber-
glauben, er betrügt uns, indem er uns die gemeine Wirklichkeit
verspricht und dann doch über diese hinausgeht. Wir reagieren
auf seine Fiktionen so, wie wir auf eigene Erlebnisse reagiert
hätten; wenn wir den Betrug merken, ist es zu spät, der Dichter

hat seine Absicht bereits erreicht, aber ich muß behaupten, er hat keine reine Wirkung erzielt. Bei uns bleibt ein Gefühl von Unbefriedigung, eine Art von Groll über die versuchte Täuschung, wie ich es besonders deutlich nach der Lektüre von Schnitzlers Erzählung „Die Weissagung" und ähnlichen mit dem Wunderbaren liebäugelnden Produktionen verspürt habe. Der Dichter hat dann noch ein Mittel zur Verfügung, durch welches er sich dieser unserer Auflehnung entziehen und gleichzeitig die Bedingungen für das Erreichen seiner Absichten verbessern kann. Es besteht darin, daß er uns lange Zeit über nicht erraten läßt, welche Voraussetzungen er eigentlich für die von ihm angenommene Welt gewählt hat, oder daß er kunstvoll und arglistig einer solchen entscheidenden Aufklärung bis zum Ende ausweicht. Im ganzen wird aber hier der vorhin angekündigte Fall verwirklicht, daß die Fiktion neue Möglichkeiten des unheimlichen Gefühls erschafft, die im Erleben wegfallen würden.

Alle diese Mannigfaltigkeiten beziehen sich streng genommen nur auf das Unheimliche, das aus dem Überwundenen entsteht. Das Unheimliche aus verdrängten Komplexen ist resistenter, es bleibt in der Dichtung — von einer Bedingung abgesehen — ebenso unheimlich wie im Erleben. Das andere Unheimliche, das aus dem Überwundenen, zeigt diesen Charakter im Erleben und in der Dichtung, die sich auf den Boden der materiellen Realität stellt, kann ihn aber in den fiktiven, vom Dichter geschaffenen Realitäten einbüßen.

Es ist offenkundig, daß die Freiheiten des Dichters und damit die Vorrechte der Fiktion in der Hervorrufung und Hemmung des unheimlichen Gefühls durch die vorstehenden Bemerkungen nicht erschöpft werden. Gegen das Erleben verhalten wir uns im allgemeinen gleichmäßig passiv und unterliegen der Einwirkung des Stofflichen. Für den Dichter sind wir aber in besonderer Weise lenkbar; durch die Stimmung, in die er uns versetzt, durch die Erwartungen, die er in uns erregt, kann er unsere Gefühlsprozesse von dem einen Erfolg ablenken und auf einen anderen einstellen, und kann aus demselben Stoff oft sehr verschiedenartige Wirkungen gewinnen. Dies ist alles längst bekannt und wahrscheinlich von den berufenen Ästhetikern eingehend gewürdigt worden. Wir sind auf dieses Gebiet der Forschung ohne rechte Absicht geführt worden, indem wir der Versuchung nachgaben, den Widerspruch gewisser Beispiele gegen unsere Ableitung des Unheimlichen aufzuklären. Zu einzelnen dieser Beispiele wollen wir darum auch zurückkehren.

Wir fragten vorhin, warum die abgehauene Hand im Schatz des Rhampsenit nicht unheimlich wirke wie etwa in der Hauffschen „Geschichte von der abgehauenen Hand". Die Frage erscheint uns jetzt bedeutsamer, da wir die größere Resistenz des Unheimlichen aus der Quelle verdrängter Komplexe erkannt haben. Die Antwort ist leicht zu geben. Sie lautet, daß wir in dieser Erzählung nicht auf die Gefühle der Prinzessin, sondern auf die überlegene Schlauheit des „Meisterdiebes" eingestellt werden. Der Prinzessin mag das unheimliche Gefühl dabei nicht erspart worden sein, wir wollen es selbst für glaubhaft halten, daß sie in Ohnmacht gefallen ist, aber wir verspüren nichts Unheimliches, denn wir versetzen uns nicht in sie, sondern in den anderen. Durch eine andere Konstellation wird uns der Eindruck des Unheimlichen in der Nestroyschen Posse „Der Zerrissene" erspart, wenn der Geflüchtete, der sich für einen Mörder hält, aus jeder Falltür, deren Deckel er aufhebt, das vermeintliche Gespenst des Ermordeten aufsteigen sieht und verzweifelt ausruft: Ich hab' doch nur einen umgebracht. Zu was diese gräßliche Multiplikation? Wir kennen die Vorbedingungen dieser Szene, teilen den Irrtum des „Zerrissenen" nicht, und darum wirkt, was für ihn unheimlich sein muß, auf uns mit unwiderstehlicher Komik. Sogar ein „wirkliches" Gespenst wie das in O. Wildes Erzählung „Der Geist von Canterville" muß all seiner Ansprüche, wenigstens Grauen zu erregen, verlustig werden, wenn der Dichter sich den Scherz macht, es zu ironisieren und hänseln zu lassen. So unabhängig kann in der Welt der Fiktion die Gefühlswirkung von der Stoffwahl sein. In der Welt der Märchen sollen Angstgefühle, also auch unheimliche Gefühle überhaupt nicht erweckt werden. Wir verstehen das und sehen darum auch über die Anlässe hinweg, bei denen etwas Derartiges möglich wäre.

Von der Einsamkeit, Stille und Dunkelheit können wir nichts anderes sagen, als daß dies wirklich die Momente sind, an welche die bei den meisten Menschen nie ganz erlöschende Kinderangst geknüpft ist. Die psychoanalytische Forschung hat sich mit dem Problem derselben an anderer Stelle auseinandergesetzt.

ÜBER DIE
PSYCHOGENESE EINES
FALLES VON WEIBLICHER
HOMOSEXUALITÄT

ÜBER DIE PSYCHOGENESE EINES FALLES VON WEIBLICHER HOMOSEXUALITÄT

I

Die weibliche Homosexualität, gewiß nicht weniger häufig als die männliche, aber doch weit weniger lärmend als diese, ist nicht nur vom Strafgesetz übergangen, sondern auch von der psychoanalytischen Forschung vernachlässigt worden. Die Mitteilung eines einzelnen, nicht allzu grellen Falles, in dem es möglich wurde, dessen psychische Entstehungsgeschichte fast lückenlos und mit voller Sicherheit zu erkennen, mag daher einen gewissen Anspruch auf Beachtung erheben. Wenn die Darstellung nur die allgemeinsten Umrisse der Geschehnisse und die aus dem Falle gewonnenen Einsichten bringt und alle charakteristischen Einzelheiten unterschlägt, auf denen die Deutung ruht, so ist diese Einschränkung durch die von einem frischen Fall geforderte ärztliche Diskretion leicht erklärlich.

Ein achtzehnjähriges, schönes und kluges Mädchen aus sozial hochstehender Familie hat das Mißfallen und die Sorge seiner Eltern durch die Zärtlichkeit erweckt, mit der sie eine etwa zehn Jahre ältere Dame „aus der Gesellschaft" verfolgt. Die Eltern behaupten, daß diese Dame trotz ihres vornehmen Namens nichts anderes sei als eine Kokotte. Es sei von ihr bekannt, daß sie bei

einer verheirateten Freundin lebt, mit der sie intime Beziehungen
unterhält, während sie gleichzeitig in lockeren Liebesverhältnissen
zu einer Anzahl von Männern steht. Das Mädchen bestreitet
diese üble Nachrede nicht, läßt sich aber durch sie in der
Verehrung der Dame nicht beirren, obwohl es ihr an Sinn für
das Schickliche und Reinliche keineswegs gebricht. Kein Verbot
und keine Überwachung hält sie ab, jede der spärlichen Gelegenheiten zum Beisammensein mit der Geliebten auszunützen, alle
ihre Lebensgewohnheiten auszukundschaften, stundenlang vor
ihrem Haustor oder an Trambahnhaltestellen auf sie zu warten,
ihr Blumen zu schicken u. dgl. Es ist offenkundig, daß dies eine
Interesse bei dem Mädchen alle anderen verschlungen hat. Sie
kümmert sich nicht um ihre weitere Ausbildung, legt keinen
Wert auf gesellschaftlichen Verkehr und mädchenhafte Vergnügungen
und hält nur den Umgang mit einigen Freundinnen aufrecht,
die ihr als Vertraute oder als Helferinnen dienen können. Wie
weit es zwischen ihrer Tochter und jener zweifelhaften Dame
gekommen ist, ob die Grenzen einer zärtlichen Schwärmerei
bereits überschritten worden sind, wissen die Eltern nicht. Ein
Interesse für junge Männer und Wohlgefallen an deren Huldigungen
haben sie an dem Mädchen nie bemerkt; dagegen sind sie sich
klar darüber, daß diese gegenwärtige Neigung für eine Frau nur
in erhöhtem Maße fortsetzt, was sich in den letzten Jahren für
andere weibliche Personen angezeigt und den Argwohn sowie die
Strenge des Vaters wachgerufen hatte.

Zwei Stücke ihres Benehmens, scheinbar einander gegensätzlich,
wurden dem Mädchen von den Eltern am stärksten verübelt.
Daß sie keine Bedenken trug, sich öffentlich in belebten Straßen
mit der anrüchigen Geliebten zu zeigen und also die Rücksicht
auf ihren eigenen Ruf vernachlässigte, und daß sie kein Mittel
der Täuschung, keine Ausrede und keine Lüge verschmähte, um
die Zusammenkünfte mit ihr zu ermöglichen und zu decken.
Also zuviel Offenheit in dem einen, vollste Verstellung im anderen

Falle. Eines Tages traf es sich, was ja unter diesen Umständen einmal geschehen mußte, daß der Vater seine Tochter in Begleitung jener ihm bekanntgewordenen Dame auf der Straße begegnete. Er ging mit einem zornigen Blick, der nichts Gutes ankündigte, an den beiden vorüber. Unmittelbar darauf riß sich das Mädchen los und stürzte sich über die Mauer in den dort nahen Einschnitt der Stadtbahn. Sie büßte diesen unzweifelhaft ernst gemeinten Selbstmordversuch mit einem langen Krankenlager, aber zum Glück mit nur geringer dauernder Schädigung. Nach ihrer Herstellung fand sie die Situation für ihre Wünsche günstiger als zuvor. Die Eltern wagten es nicht mehr ihr ebenso entschieden entgegenzutreten, und die Dame, die sich bis dahin gegen ihre Werbung spröde ablehnend ve.·halten hatte, war durch einen so unzweideutigen Beweis ernster Leidenschaft gerührt und begann sie freundlicher zu behandeln.

Etwa ein halbes Jahr nach diesem Unfall wendeten sich die Eltern an den Arzt und stellten ihm die Aufgabe, ihre Tochter zur Norm zurückzubringen. Der Selbstmordversuch des Mädchens hatte ihnen wohl gezeigt, daß die Machtmittel der häuslichen Disziplin nicht imstande waren, die vorliegende Störung zu bewältigen. Es ist aber gut, hier die Stellung des Vaters und die der Mutter gesondert zu behandeln. Der Vater war ein ernsthafter, respektabler Mann, im Grunde sehr zärtlich, durch seine angenommene Strenge den Kindern etwas entfremdet. Sein Benehmen gegen die einzige Tochter wurde allzusehr durch Rücksichten auf seine Frau, ihre Mutter, bestimmt. Als er zuerst von den homosexuellen Neigungen der Tochter Kenntnis bekam, wallte er zornig auf und wollte sie durch Drohungen unterdrücken; er mag damals zwischen verschiedenen, gleich peinlichen Auffassungen geschwankt haben, ob er ein lasterhaftes, ein entartetes oder ein geisteskrankes Wesen in ihr sehen sollte. Auch nach dem Unfall brachte er es nicht zur Höhe jener überlegenen Resignation, welcher einer unserer ärztlichen Kollegen bei einer irgendwie ähnlichen Entgleisung in seiner Familie durch die Rede Ausdruck gab: „Es ist eben ein Malheur wie ein anderes!" Die Homosexualität seiner Tochter hatte etwas, was seine vollste Erbitterung weckte. Er war entschlossen, sie mit allen Mitteln zu bekämpfen; die in Wien so allgemein verbreitete Geringschätzung der Psychoanalyse hielt ihn nicht ab, sich an sie um Hilfe zu wenden. Wenn dieser Weg versagte, hatte er noch immer das stärkste Gegenmittel im Rückhalt; eine rasche Verheiratung sollte die natürlichen Instinkte des Mädchens wachrufen und dessen unnatürliche Neigungen ersticken.

Die Einstellung der Mutter des Mädchens war nicht so leicht zu durchschauen. Sie war eine noch jugendliche Frau, die dem Anspruch, selbst durch Schönheit zu gefallen, offenbar nicht entsagen wollte. Es war nur klar, daß sie die Schwärmerei ihrer Tochter nicht so tragisch nahm und sich keineswegs so sehr darüber entrüstete wie der Vater. Sie hatte sogar durch längere Zeit das Vertrauen des Mädchens in betreff ihrer Verliebtheit in jene Dame genossen; ihre Parteinahme dagegen schien wesentlich durch die schädliche Offenheit bestimmt, mit der die Tochter ihre Gefühle vor aller Welt kundgab. Sie war selbst durch mehrere Jahre neurotisch gewesen, erfreute sich großer Schonung von seiten ihres Mannes, behandelte ihre Kinder recht ungleichmäßig, war eigentlich hart gegen die Tochter und überzärtlich mit ihren drei Knaben, von denen der jüngste ein Spätling war, gegenwärtig noch nicht drei Jahre alt. Bestimmteres über ihren Charakter zu erfahren, war nicht leicht, denn infolge von Motiven, die erst später verstanden werden können, hielten die Angaben der Patientin über ihre Mutter stets eine Reserve ein, von der im Falle des Vaters keine Rede war.

Der Arzt, der die analytische Behandlung des Mädchens übernehmen sollte, hatte mehrere Gründe, sich unbehaglich zu fühlen. Er fand nicht die Situation vor, welche die Analyse anfordert, und in der sie allein ihre Wirksamkeit erproben kann. Diese

Situation sieht in ihrer idealen Ausprägung bekanntlich so aus, daß jemand, der sonst sein eigener Herr ist, an einem inneren Konflikt leidet, den er allein nicht zu Ende bringen kann, daß er dann zum Analytiker kommt, es ihm klagt und ihn um seine Hilfeleistung bittet. Der Arzt arbeitet dann Hand in Hand mit dem einen Anteil der krankhaft entzweiten Persönlichkeit gegen den anderen Partner des Konflikts. Andere Situationen als diese sind für die Analyse mehr oder minder ungünstig, fügen zu den inneren Schwierigkeiten des Falles neue hinzu. Situationen wie die des Bauherrn, der beim Architekten eine Villa nach seinem Geschmack und Bedürfnis bestellt, oder des frommen Stifters, der sich vom Künstler ein Heiligenbild malen läßt, in dessen Ecke dann sein eigenes Porträt als Anbetender Platz findet, sind mit den Bedingungen der Psychoanalyse im Grunde nicht vereinbar. Es kommt zwar alle Tage vor, daß sich ein Ehemann an den Arzt mit der Information wendet: Meine Frau ist nervös, sie verträgt sich darum schlecht mit mir; machen Sie sie gesund, so daß wir wieder eine glückliche Ehe führen können. Aber es stellt sich oft genug heraus, daß ein solcher Auftrag unausführbar ist, das heißt, daß der Arzt nicht das Ergebnis herstellen kann, wegen dessen der Mann die Behandlung wünschte. Sowie die Frau von ihren neurotischen Hemmungen befreit ist, setzt sie die Trennung der Ehe durch, deren Erhaltung nur unter der Voraussetzung ihrer Neurose möglich war. Oder Eltern verlangen, daß man ihr Kind gesund mache, welches nervös und unfügsam ist. Sie verstehen unter einem gesunden Kind ein solches, das den Eltern keine Schwierigkeiten bereitet, an dem sie ihre Freude· haben können. Die Herstellung des Kindes mag dem Arzt gelingen, aber es geht nach der Genesung um so entschiedener seine eigenen Wege, und die Eltern sind jetzt weit mehr unzufrieden als vorher. Kurz, es ist nicht gleichgültig, ob ein Mensch aus eigenem Streben in die Analyse kommt, oder darum, weil andere ihn dahin bringen, ob er selbst seine Veränderung wünscht oder nur seine Angehörigen, die ihn lieben, oder von denen man solche Liebe erwarten sollte.

Als weitere ungünstige Momente waren die Tatsachen zu bewerten, daß das Mädchen ja keine Kranke war — sie litt nicht aus inneren Gründen, beklagte sich nicht über ihren Zustand — und daß die gestellte Aufgabe nicht darin bestand, einen neurotischen Konflikt zu lösen, sondern die eine Variante der genitalen Sexualorganisation in die andere überzuführen. Diese Leistung, die Beseitigung der genitalen Inversion oder Homosexualität, ist meiner Erfahrung niemals leicht erschienen. Ich habe vielmehr gefunden, daß sie nur unter besonders günstigen Umständen gelingt, und auch dann bestand der Erfolg wesentlich darin, daß man der homosexuell eingeengten Person den bis dahin versperrten Weg zum anderen Geschlechte freimachen konnte, also ihre volle bisexuelle Funktion wiederherstellte. Es lag dann in ihrem Belieben, ob sie den anderen, von der Gesellschaft geächteten Weg veröden lassen wollte, und in einzelnen Fällen hat sie es auch so getan. Man muß sich sagen, daß auch die normale Sexualität auf einer Einschränkung der Objektwahl beruht, und im allgemeinen ist das Unternehmen, einen vollentwickelten Homosexuellen in einen Heterosexuellen zu verwandeln, nicht viel aussichtsreicher als das umgekehrte, nur daß man dies letztere aus guten praktischen Gründen niemals versucht.

Die Erfolge der psychoanalytischen Therapie in der Behandlung der allerdings sehr vielgestaltigen Homosexualität sind der Zahl nach wirklich nicht bedeutsam. In der Regel vermag der Homosexuelle sein Lustobjekt nicht aufzugeben; es gelingt nicht, ihn zu überzeugen, daß er die Lust, auf die er hier verzichtet, im Falle der Umwandlung am anderen Objekt wiederfinden würde. Wenn er sich überhaupt in Behandlung begibt, so haben ihn zumeist äußere Motive dazu gedrängt, die sozialen Nachteile und Gefahren seiner Objektwahl, und solche Komponenten des Selbsterhaltungstriebes erweisen sich als zu schwach im Kampfe gegen die Sexualstrebungen. Man kann dann bald seinen geheimen Plan aufdecken, sich durch den eklatanten Mißerfolg dieses Versuches die Beruhigung zu schaffen, daß er das Möglichste gegen seine Sonderartung getan habe und sich ihr nun mit gutem Gewissen überlassen könne. Wo die Rücksicht auf geliebte Eltern und Angehörige den Versuch zur Heilung motiviert hat, da liegt der Fall etwas anders. Es sind dann wirklich libidinöse Strebungen vorhanden, die zur homosexuellen Objektwahl gegensätzliche Energien entwickeln können, aber deren Kraft reicht selten aus. Nur wo die Fixierung an das gleichgeschlechtliche Objekt noch nicht stark genug geworden ist, oder wo sich erhebliche Ansätze und Reste der heterosexuellen Objektwahl vorfinden, also bei noch schwankender oder bei deutlich bisexueller Organisation, darf die Prognose der psychoanalytischen Therapie günstiger gestellt werden.

Aus diesen Gründen vermied ich es durchaus, den Eltern die Erfüllung ihres Wunsches in Aussicht zu stellen. Ich erklärte mich bloß bereit dazu, das Mädchen durch einige Wochen oder Monate sorgfältig zu studieren, um mich danach über die Aussichten einer Beeinflussung durch Fortsetzung der Analyse äußern zu können. In einer ganzen Anzahl von Fällen zerlegt sich ja die Analyse in zwei deutlich gesonderte Phasen; in einer ersten verschafft sich der Arzt die notwendigen Kenntnisse vom Patienten, macht ihn mit den Voraussetzungen und Postulaten der Analyse bekannt und entwickelt vor ihm die Konstruktion der Entstehung seines Leidens, zu welcher er sich auf Grund des von der Analyse gelieferten Materials berechtigt glaubt. In einer zweiten Phase bemächtigt sich der Patient selbst des ihm vorgelegten Stoffes, arbeitet an ihm, erinnert von dem bei ihm angeblich Verdrängten, was er erinnern kann, und trachtet, das andere in einer Art von Neubelebung zu wiederholen. Dabei kann er die Aufstellungen des Arztes bestätigen, ergänzen und richtigstellen. Erst während dieser Arbeit erfährt er durch die Überwindung von Widerständen die innere Veränderung, die man erzielen will, und gewinnt die Überzeugungen, die ihn von der ärztlichen Autorität unabhängig machen. Nicht immer sind diese beiden Phasen im Ablauf der analytischen Kur scharf voneinander geschieden; es kann dies nur geschehen, wenn der Widerstand bestimmte Bedingungen einhält. Aber wo es der Fall ist, kann man den Vergleich mit zwei entsprechenden Abschnitten einer Reise heranziehen. Der erste umfaßt alle notwendigen, heute so komplizierten und schwer zu erfüllenden Vorbereitungen, bis man endlich die Fahrkarte gelöst, den Perron betreten und seinen Platz im Wagen erobert hat. Man hat jetzt das Recht und die Möglichkeit, in das ferne Land zu reisen, aber man ist nach all diesen Vorarbeiten noch nicht dort, eigentlich dem Ziele um keinen Kilometer näher gerückt. Es gehört noch dazu, daß man die Reise selbst von einer Station zur anderen zurücklege, und dieses Stück der Reise ist mit der zweiten Phase gut vergleichbar.

Die Analyse bei meiner nunmehrigen Patientin verlief nach diesem Zweiphasenschema, wurde aber nicht über den Beginn der zweiten Phase hinaus fortgeführt. Eine besondere Konstellation des Widerstandes ermöglichte es trotzdem, die volle Bestätigung meiner Konstruktionen und eine im großen und ganzen zureichende Einsicht in den Entwicklungsgang ihrer Inversion zu gewinnen. Ehe ich aber die Ergebnisse der Analyse bei ihr darlege, muß ich einige Punkte erledigen, die ich entweder schon selbst gestreift oder die sich dem Leser als die ersten Gegenstände seines Interesses aufgedrängt haben.

Ich hatte die Prognose zum Teil davon abhängig gemacht, wie weit das Mädchen in der Befriedigung seiner Leidenschaft gekommen war. Die Auskunft, die ich während der Analyse erhielt, schien in dieser Hinsicht günstig. Bei keinem der Objekte ihrer Schwärmerei hatte sie mehr als einzelne Küsse und Umarmungen genossen, ihre Genitalkeuschheit, wenn man so sagen darf, war unversehrt geblieben. Die Halbweltdame gar, die die jüngsten und weitaus stärksten Gefühle bei ihr erweckt hatte, war spröde gegen sie geblieben, hatte ihr nie eine höhere Gunst gegönnt als die, ihr die Hand küssen zu dürfen. Das Mädchen machte wahrscheinlich eine Tugend aus ihrer Not, wenn sie immer wieder die Reinheit ihrer Liebe und ihre physische Abneigung gegen einen Sexualverkehr betonte. Vielleicht hatte sie aber nicht ganz unrecht, wenn sie von ihrer hehren Geliebten rühmte, daß sie, von vornehmer Herkunft, und nur durch widrige Familienverhältnisse in ihre gegenwärtige Position gedrängt, sich auch hier noch ein ganzes Stück Würde bewahrt habe. Denn diese Dame pflegte ihr bei jedem Zusammentreffen zuzureden, ihre Neigung von ihr und von den Frauen überhaupt abzuwenden, und hatte sich bis zum Selbstmordversuch immer nur streng abweisend gegen sie benommen.

Ein zweiter Punkt, den ich alsbald aufzuklären versuchte, betraf die eigenen Motive des Mädchens, auf welche die analytische Behandlung sich etwa stützen konnte. Sie versuchte mich nicht durch die Behauptung zu täuschen, daß es ihr ein dringendes Bedürfnis sei, von ihrer Homosexualität befreit zu werden. Sie könne sich im Gegenteil gar keine andere Verliebtheit vorstellen, aber, setzte sie hinzu, der Eltern wegen wolle sie den therapeutischen Versuch ehrlich unterstützen, denn sie empfinde es sehr schwer, den Eltern solchen Kummer zu bereiten. Auch diese Äußerung mußte ich zunächst als günstig auffassen; ich konnte nicht ahnen, welche unbewußte Affekteinstellung sich hinter ihr verbarg. Was hier dann später zum Vorschein kam, hat die Gestaltung der Kur und deren vorzeitigen Abbruch entscheidend beeinflußt.

Nichtanalytische Leser werden längst die Beantwortung zweier anderer Fragen ungeduldig erwarten. Zeigte dieses homosexuelle Mädchen deutliche somatische Charaktere des anderen Geschlechts und erwies sie sich als ein Fall von angeborener oder von erworbener (später entwickelter) Homosexualität?

Ich verkenne die Bedeutung nicht, welche der ersteren Frage zukommt. Nur möge man diese Bedeutung nicht übertreiben und zu ihren Gunsten die Tatsachen verdunkeln, daß vereinzelte sekundäre Merkmale des anderen Geschlechts bei normalen menschlichen Individuen überhaupt sehr häufig vorkommen, und daß sehr gut ausgeprägte somatische Charaktere des anderen Geschlechtes sich an Personen finden können, deren Objektwahl keine Abänderung im Sinne einer Inversion erfahren hat. Daß also, anders ausgedrückt, bei beiden Geschlechtern d a s M a ß d e s p h y s i s c h e n H e r m a p h r o d i t i s m u s v o n d e m d e s p s y c h i s c h e n i n h o h e m G r a d e u n a b h ä n g i g i s t. Als Einschränkung der beiden Sätze ist hinzuzufügen, daß diese Unabhängigkeit beim Manne deutlicher ist als beim Weibe, wo die körperliche und die seelische Ausprägung des entgegengesetzten Geschlechtscharakters eher regelmäßig zusammentreffen. Ich bin aber doch nicht in der Lage, die erste der hier gestellten Fragen für meinen Fall befriedigend zu beantworten. Der Psychoanalytiker pflegt sich ja eine eingehende körperliche Untersuchung seiner Patienten in bestimmten Fällen zu versagen. Eine auffällige Abweichung vom körperlichen Typus des Weibes bestand jedenfalls nicht, auch keine menstruale Störung. Wenn das schöne und wohlgebildete Mädchen den hohen Wuchs des Vaters und eher scharfe als mädchenhaft weiche Gesichtszüge zeigte, so mag man darin Andeutungen einer somatischen Männlichkeit erblicken. Auf männliches Wesen konnte man auch einige ihrer intellektuellen Eigenschaften beziehen, so die Schärfe ihres Verständnisses und die kühle Klarheit ihres Denkens, insoweit sie nicht unter der Herrschaft ihrer Leidenschaft stand. Doch sind diese Unterscheidungen eher konventionell als wissenschaftlich berechtigt. Bedeutsamer ist gewiß, daß sie in ihrem Verhalten zu ihrem Liebesobjekt durchaus den männlichen Typus angenommen hatte, also die Demut und großartige Sexualüberschätzung des liebenden Mannes zeigte, den Verzicht auf jede narzißtische Befriedigung, die Bevorzugung des Liebens vor dem Geliebtwerden. Sie hatte also nicht nur ein weibliches Objekt gewählt, sondern auch eine männliche Einstellung zu ihm gewonnen.

Die andere Frage, ob ihr Fall einer angeborenen oder einer erworbenen Homosexualität entsprach, soll durch die ganze Entwicklungsgeschichte ihrer Störung beantwortet werden. Dabei wird sich ergeben, inwieweit diese Fragestellung selbst unfruchtbar und unangemessen ist.

II

Auf eine so weitschweifige Einleitung kann ich nur eine ganz knappe und übersichtliche Darstellung der Libidogeschichte dieses Falles folgen lassen. Das Mädchen hatte in den Kinderjahren die normale Einstellung des weiblichen Ödipuskomplexes[1] in wenig auffälliger Weise durchgemacht, später auch begonnen, den Vater durch den um wenig älteren Bruder zu ersetzen. Sexuelle Traumen in früher Jugend wurden weder erinnert noch durch die Analyse aufgedeckt. Die Vergleichung der Genitalien des Bruders mit den eigenen, die etwa zu Beginn der Latenzzeit (zu fünf Jahren oder etwas früher) vorfiel, hinterließ ihr einen starken Eindruck und war in ihren Nachwirkungen weit zu verfolgen. Auf frühinfantile Onanie deutete sehr wenig, oder die Analyse kam nicht so weit, um diesen Punkt aufzuklären. Die Geburt eines zweiten Bruders, als sie zwischen fünf und sechs Jahren alt war, äußerte keinen besonderen Einfluß auf ihre Entwicklung. In den Schul- und Vorpubertätsjahren wurde sie allmählich mit den Tatsachen des Sexuallebens bekannt und empfing dieselben mit dem normal zu nennenden, auch im Ausmaße nicht übertriebenen Gemenge von Lüsternheit und erschreckter Ablehnung. Alle diese Auskünfte erscheinen recht mager, ich kann auch nicht dafür einstehen, daß sie vollständig sind. Vielleicht war die Jugendgeschichte doch

---

1) Ich sehe in der Einführung des Terminus „Elektrakomplex" keinen Fortschritt oder Vorteil und möchte denselben nicht befürworten.

weit reichhaltiger; ich weiß es nicht. Die Analyse brach, wie gesagt, nach kurzer Zeit ab und lieferte darum eine Anamnese, die nicht viel verläßlicher ist als die anderen, mit gutem Recht beanstandeten Anamnesen von Homosexuellen. Das Mädchen war auch niemals neurotisch gewesen, brachte nicht ein hysterisches Symptom in die Analyse mit, so daß sich die Anlässe zur Durchforschung ihrer Kindergeschichte nicht so bald ergeben konnten.

Mit dreizehn und vierzehn Jahren zeigte sie eine, nach dem Urteil aller übertrieben starke, zärtliche Vorliebe für einen kleinen, noch nicht dreijährigen Jungen, den sie in einem Kinderpark regelmäßig sehen konnte. Sie nahm sich des Kindes so herzlich an, daß daraus eine langdauernde freundschaftliche Beziehung zu den Eltern des Kleinen entstand. Man darf aus diesem Vorfall schließen, daß sie damals von einem starken Wunsche, selbst Mutter zu sein und ein Kind zu haben, beherrscht war. Aber kurze Zeit nachher wurde ihr der Knabe gleichgültig, und sie begann ein Interesse für reife, doch noch jugendliche Frauen zu zeigen, dessen Äußerungen ihr bald eine empfindliche Züchtigung von seiten des Vaters zuzogen.

Es wurde über jeden Zweifel sichergestellt, daß diese Wandlung zeitlich mit einem Ereignis in der Familie zusammenfällt, von dem wir demnach die Aufklärung der Wandlung erwarten dürfen. Vorher war ihre Libido auf Mütterlichkeit eingestellt gewesen, nachher war sie eine in reifere Frauen verliebte Homosexuelle, was sie seitdem geblieben ist. Dies für unser Verständnis so bedeutsame Ereignis war eine neue Gravidität der Mutter und die Geburt eines dritten Bruders, als sie etwa sechzehn Jahre alt war.

Der Zusammenhang, den ich nun im folgenden aufdecken werde, ist kein Produkt meiner Kombinationsgabe; er ist mir durch so vertrauenswürdiges analytisches Material nahegelegt worden, daß ich objektive Sicherheit für ihn beanspruchen kann.

Insbesondere hat eine Reihe von ineinandergreifenden, leicht deutbaren Träumen für ihn entschieden.

Die Analyse ließ unzweideutig erkennen, daß die geliebte Dame ein Ersatz für die — Mutter war. Nun war diese selbst allerdings keine Mutter, aber sie war auch nicht die erste Liebe des Mädchens gewesen. Die ersten Objekte ihrer Neigung seit der Geburt des letzten Bruders waren wirklich Mütter, Frauen zwischen dreißig und fünfunddreißig Jahren, die sie mit ihren Kindern in der Sommerfrische oder im Familienverkehr der Großstadt kennen lernte. Die Bedingung der Mütterlichkeit wurde später fallen gelassen, weil sie sich mit einer anderen, die immer gewichtiger wurde, in der Realität nicht gut vertrug. Die besonders intensive Bindung an die letzte Geliebte, die „Dame", hatte noch einen anderen Grund, den das Mädchen eines Tages ohne Mühe auffand. Sie wurde durch die schlanke Erscheinung, die strenge Schönheit und das rauhe Wesen der Dame an ihren eigenen, etwas älteren Bruder gemahnt. Das endlich gewählte Objekt entsprach also nicht nur ihrem Frauen-, sondern auch ihrem Männerideal, es vereinigte die Befriedigung der homosexuellen Wunschrichtung mit jener der heterosexuellen. Bekanntlich hat die Analyse männlicher Homosexueller in zahlreichen Fällen das nämliche Zusammentreffen gezeigt, ein Wink, sich Wesen und Entstehung der Inversion nicht allzu einfach vorzustellen und die durchgängige Bisexualität des Menschen nicht aus dem Auge zu verlieren.[1]

Wie soll man es aber verstehen, daß das Mädchen gerade durch die Geburt eines späten Kindes, als sie selbst schon reif geworden war und eigene starke Wünsche hatte, bewogen wurde, ihre leidenschaftliche Zärtlichkeit der Gebärerin dieses Kindes, ihrer eigenen Mutter, zuzuwenden und an einer Vertreterin der Mutter zum Ausdruck zu bringen? Nach allem, was man sonst

---

1) Vgl. I. S a d g e r : Jahresbericht über sexuelle Perversionen. Jahrbuch der Psychoanalyse, VI, 1914 und a. a. O.

weiß, hätte man das Gegenteil erwarten sollen. Die Mütter pflegen sich unter solchen Umständen vor ihren beinahe heiratsfähigen Töchtern zu genieren, die Töchter haben für die Mutter ein aus Mitleid, Verachtung und Neid gemischtes Gefühl bereit, das nichts dazu beiträgt, die Zärtlichkeit für die Mutter zu steigern. Das Mädchen unserer Beobachtung hatte überhaupt wenig Grund, für ihre Mutter zärtlich zu empfinden. Der selbst noch jugendlichen Frau war diese rasch erblühte Tochter eine unbequeme Konkurrentin, sie setzte sie hinter den Knaben zurück, schränkte ihre Selbständigkeit möglichst ein und wachte besonders eifrig darüber, daß sie dem Vater ferne blieb. Ein Bedürfnis nach einer liebenswürdigeren Mutter mag also bei dem Mädchen von jeher gerechtfertigt gewesen sein; warum es aber damals und in Gestalt einer verzehrenden Leidenschaft aufflackerte, ist nicht begreiflich.

Die Erklärung ist die folgende: Das Mädchen befand sich in der Phase der Pubertätsauffrischung des infantilen Ödipuskomplexes, als die Enttäuschung über sie kam. Hell bewußt wurde ihr der Wunsch, ein Kind zu haben, und zwar ein männliches; daß es ein Kind vom Vater und dessen Ebenbild sein sollte, durfte ihr Bewußtes nicht erfahren. Aber da geschah es, daß nicht sie das Kind bekam, sondern die im Unbewußten gehaßte Konkurrentin, die Mutter. Empört und erbittert wendete sie sich vom Vater, ja vom Manne überhaupt ab. Nach diesem ersten großen Mißerfolg verwarf sie ihre Weiblichkeit und strebte nach einer anderen Unterbringung ihrer Libido.

Sie benahm sich dabei ganz ähnlich wie viele Männer, die nach einer ersten peinlichen Erfahrung dauernd mit dem treulosen Geschlecht der Frauen zerfallen und Weiberfeinde werden. Von einer der anziehendsten und unglücklichsten fürstlichen Persönlichkeiten unserer Lebenszeit wird erzählt, daß er darum homosexuell geworden, weil ihn die verlobte Braut mit einem fremden Gesellen hintergangen hatte. Ich weiß nicht, ob dies historische Wahrheit ist, aber ein Stück psychologischer Wahrheit steckt hinter diesem Gerücht. Unser aller Libido schwankt normalerweise lebenslang zwischen dem männlichen und dem weiblichen Objekt; der Junggeselle gibt seine Freundschaften auf, wenn er heiratet, und kehrt zum Stammtisch zurück, wenn seine Ehe schaal geworden ist. Freilich, wo die Schwankung so gründlich und so endgültig ist, da richtet sich unsere Vermutung auf ein besonderes Moment, welches die eine oder die andere Seite entscheidend begünstigt, vielleicht nur auf den geeigneten Zeitpunkt gewartet hat, um die Objektwahl nach seinem Sinne durchzusetzen.

Unser Mädchen hatte also nach jener Enttäuschung den Wunsch nach dem Kinde, die Liebe zum Manne und die weibliche Rolle überhaupt von sich gewiesen. Und nun hätte offenbar sehr Verschiedenartiges geschehen können; was wirklich geschah, war das Extremste. Sie wandelte sich zum Manne um und nahm die Mutter an Stelle des Vaters zum Liebesobjekt.[1] Ihre Beziehung zur Mutter war sicherlich von Anfang an ambivalent gewesen, es gelang leicht, die frühere Liebe zur Mutter wiederzubeleben und mit ihrer Hilfe die gegenwärtige Feindseligkeit gegen die Mutter zur Überkompensation zu bringen. Da mit der realen Mutter wenig anzufangen war, ergab sich aus der geschilderten Gefühlsumsetzung das Suchen nach einem Mutterersatz, an dem man mit leidenschaftlicher Zärtlichkeit hängen konnte.[2]

Ein praktisches Motiv aus ihren realen Beziehungen zur Mutter kam als „Krankheitsgewinn" noch hinzu. Die Mutter legte

---

1) Es ist gar nicht so selten, daß man eine Liebesbeziehung dadurch abbricht, daß man sich selbst mit dem Objekt derselben identifiziert, was einer Art von Regression zum Narißmus entspricht. Nachdem dies erfolgt ist, kann man bei neuerlicher Objektwahl leicht das dem früheren entgegengesetzte Geschlecht mit seiner Libido besetzen.

2) Die hier beschriebenen Verschiebungen der Libido sind gewiß jedem Analytiker aus der Erforschung der Anamnesen von Neurotikern bekannt. Nur fallen sie bei diesen letzteren im zarten Kindesalter, zur Zeit der Frühblüte des Liebeslebens vor, bei unserem ganz und gar nicht neurotischen Mädchen vollziehen sie sich in den ersten Jahren nach der Pubertät, übrigens gleichfalls völlig unbewußt. Ob dieses zeitliche Moment sich nicht einstmals als sehr bedeutsam herausstellen wird?

selbst noch Wert darauf, von Männern hofiert und gefeiert zu werden. Wenn sie also homosexuell wurde, der Mutter die Männer überließ, ihr sozusagen „auswich", räumte sie etwas aus dem Wege, was bisher an der Mißgunst der Mutter Schuld getragen hatte.[1]

Die so gewonnene Libidoeinstellung wurde nun gefestigt, als das Mädchen merkte, wie unangenehm sie dem Vater war. Seit jener ersten Züchtigung wegen einer allzu zärtlichen Annäherung an eine Frau wußte sie, womit sie den Vater kränken, und wie sie sich an ihm rächen konnte. Sie blieb jetzt homosexuell aus Trotz gegen den Vater. Sie machte sich auch kein Gewissen daraus, ihn auf jede Weise zu hintergehen und zu belügen. Gegen die Mutter war sie ja nur so weit unaufrichtig, als es nötig war, damit der Vater nichts erfahre. Ich hatte den

---

1) Da ein solches Ausweichen bisher unter den Ursachen der Homosexualität wie im Mechanismus der Libidofixierung überhaupt keine Erwähnung gefunden hat, will ich eine ähnliche analytische Beobachtung hier anschließen, die durch einen besonderen Umstand interessant ist. Ich habe einst zwei Zwillingsbrüder kennen gelernt, die beide mit starken libidinösen Impulsen begabt waren. Der eine von ihnen hatte viel Glück bei Frauen und ließ sich in ungezählte Verhältnisse mit Frauen und Mädchen ein. Der andere war zuerst auf demselben Wege, aber dann wurde es ihm unangenehm, dem Bruder ins Gehege zu kommen, infolge seiner Ähnlichkeit bei intimen Anlässen mit ihm verwechselt zu werden, und er half sich dadurch, daß er homosexuell wurde. Er überließ dem Bruder die Frauen und war ihm so „ausgewichen". Ein andermal behandelte ich einen jüngeren Mann, Künstler und unverkennbar bisexuell angelegt, bei dem sich die Homosexualität gleichzeitig mit einer Arbeitsstörung durchgesetzt hatte. Er floh in einem die Frauen und sein Werk. Die Analyse, die ihn zu beiden zurückführen konnte, wies die Scheu vor dem Vater als das mächtigste psychische Motiv für beide Störungen, eigentlich Entsagungen, nach. In seiner Vorstellung gehörten alle Frauen dem Vater, und er flüchtete zu den Männern aus Ergebenheit, um dem Konflikt mit dem Vater auszuweichen. Solche Motivierung der homosexuellen Objektwahl muß sich häufiger finden lassen; in den Urzeiten des Menschengeschlechts war es wohl so, daß alle Frauen dem Vater und Oberhaupt der Urhorde gehörten. — Bei Geschwistern, die nicht Zwillinge sind, spielt solches Ausweichen auch auf anderen Gebieten als dem der Liebeswahl eine große Rolle. Der ältere Bruder pflegt z. B. Musik und findet dafür Anerkennung, der jüngere, musikalisch weit begabter, bricht trotz seiner Sehnsucht danach das Musikstudium bald ab und ist nicht mehr zu bewegen, ein Instrument zu berühren. Es ist dies ein einzelnes Beispiel für ein sehr häufiges Vorkommen, und die Untersuchung der Motive, die zum Ausweichen anstatt zur Aufnahme der Konkurrenz führen, deckt sehr komplizierte psychische Bedingungen auf.

Eindruck, daß sie nach dem Grundsatz der Talion handelte: Hast du mich betrogen, so mußt du es dir gefallen lassen, daß ich auch dich betrüge. Auch die auffälligen Unvorsichtigkeiten des sonst raffiniert klugen Mädchens kann ich nicht anders beurteilen. Der Vater mußte doch gelegentlich von ihrem Umgang mit der Dame erfahren, sonst wäre ihr die Rachebefriedigung, die ihr die dringendste war, entgangen. So sorgte sie dafür, indem sie sich mit der Angebeteten öffentlich zeigte, in den Straßen nahe dem Geschäftslokal des Vaters spazieren ging und dergleichen. Auch diese Ungeschicklichkeiten geschahen nicht absichtslos. Es ist übrigens merkwürdig, daß beide Eltern sich so benahmen, als ob sie die geheime Psychologie der Tochter verstünden. Die Mutter zeigte sich tolerant, als ob sie das Ausweichen der Tochter als Gefälligkeit würdigte, der Vater raste, als fühlte er die gegen seine Person gerichtete Racheabsicht.

Die letzte Kräftigung erfuhr aber die Inversion des Mädchens, als sie in der „Dame" auf ein Objekt stieß, welches gleichzeitig dem noch am Bruder haftenden Anteil ihrer heterosexuellen Libido Befriedigung bot.

III

Die lineare Darstellung eignet sich wenig zur Beschreibung der verschlungenen und in verschiedenen seelischen Schichten ablaufenden seelischen Vorgänge. Ich bin genötigt, in der Diskussion des Falles innezuhalten und einiges von dem Mitgeteilten zu erweitern und zu vertiefen.

Ich habe erwähnt, daß das Mädchen in ihrem Verhältnis zur verehrten Dame den männlichen Typus der Liebe annahm. Ihre Demut und zärtliche Anspruchslosigkeit, *„che poco spera e nulla chiede"*, die Seligkeit, wenn ihr gestattet wurde, die Dame ein Stück weit zu begleiten und ihr beim Abschied die Hand zu küssen, die Freude, wenn sie sie als schön rühmen hörte, während die Anerkennung ihrer eigenen Schönheit von fremder Seite ihr gar nichts bedeutete, ihre Pilgerbesuche nach Örtlichkeiten, wo

die Geliebte sich vorher einmal aufgehalten hatte, das Verstummen
aller weiter reichenden sinnlichen Wünsche: alle diese kleinen
Züge entsprachen etwa der ersten schwärmerischen Leidenschaft
eines Jünglings für eine gefeierte Künstlerin, die er hoch über
sich stehend glaubt, und zu der er seinen Blick nur schüchtern
zu erheben wagt. Die Übereinstimmung mit einem von mir
beschriebenen „Typus der männlichen Objektwahl", dessen
Besonderheiten ich auf die Bindung an die Mutter zurückgeführt
habe,[1] ging bis in die Einzelheiten. Es konnte auffällig erscheinen,
daß sie durch den schlechten Leumund der Geliebten nicht im
mindesten abgeschreckt wurde, obwohl ihre eigenen Beobachtungen
sie von der Berechtigung dieser Nachrede genügend überzeugten.
Sie war doch eigentlich ein wohlerzogenes und keusches Mädchen,
das für ihre eigene Person sexuellen Abenteuern aus dem Wege
gegangen war und grobsinnliche Befriedigungen als unästhetisch
empfand. Aber bereits ihre ersten Schwärmereien hatten Frauen
gegolten, denen man keine Neigung zu besonders strenger
Sittlichkeit nachrühmte. Den ersten Protest des Vaters gegen
ihre Liebeswahl hatte sie durch die Hartnäckigkeit hervorgerufen,
mit der sie sich um den Verkehr mit einer Kinoschauspielerin
an jenem Sommerorte bemühte. Dabei hatte es sich keineswegs
um Frauen gehandelt, die etwa im Rufe der Homosexualität
standen und ihr somit Aussicht auf solche Befriedigung geboten
hätten; vielmehr warb sie unlogischerweise um kokette Frauen
im gewöhnlichen Sinne des Wortes; eine homosexuelle, ihr
gleichaltrige Freundin, die sich ihr bereitwilligst zur Verfügung
stellte, wies sie ohne Bedenken ab. Der schlechte Ruf der
„Dame" aber war geradezu eine Liebesbedingung für sie, und
alles Rätselhafte dieses Verhaltens verschwindet, wenn wir uns
erinnern, daß auch für jenen von der Mutter abgeleiteten männlichen Typus der Objektwahl die Bedingung besteht, daß die
Geliebte irgendwie „sexuell anrüchig" sei, eigentlich eine Kokotte

---

1) **Band VIII dieser Ausgabe** (S. 65).

genannt werden dürfe. Als sie später erfuhr, in welchem Ausmaß diese Kennzeichnung für ihre verehrte Dame zutraf, und daß diese einfach von der Preisgabe ihres Körpers lebte, bestand ihre Reaktion in einem großen Mitleid und in der Entwicklung von Phantasien und Vorsätzen, wie sie die Geliebte aus diesen unwürdigen Verhältnissen „retten" könne. Dieselben Rettungsbestrebungen sind uns bei den Männern jenes von mir beschriebenen Typus aufgefallen, und ich habe an der erwähnten Stelle die analytische Ableitung dieses Strebens zu geben versucht.

In ganz andere Regionen der Erklärung führt die Analyse des Selbstmordversuches, den ich als einen ernstgemeinten gelten lassen muß, der übrigens ihre Position sowohl bei den Eltern als auch bei der geliebten Dame beträchtlich verbesserte. Sie ging eines Tages mit ihr in einer Gegend und zu einer Stunde spazieren, wo eine Begegnung mit dem vom Bureau kommenden Vater nicht unwahrscheinlich war. Der Vater ging auch an ihnen vorüber und warf einen wütenden Blick auf sie und die ihm bereits bekannte Begleiterin. Kurz darauf stürzte sie sich in den Stadtbahngraben. Ihre Rechenschaft von der näheren Verursachung ihres Entschlusses klingt nun ganz plausibel. Sie hatte der Dame eingestanden, daß der Herr, der sie beide so böse angeschaut hatte, ihr Vater sei, der von diesem Verkehr absolut nichts wissen wolle. Die Dame war nun aufgebraust, hatte ihr befohlen, sie sofort zu verlassen und nie mehr zu erwarten oder anzureden, diese Geschichte müsse nun ein Ende haben. In der Verzweiflung darüber, daß sie so die Geliebte für immer verloren habe, wollte sie sich den Tod geben. Die Analyse gestattete aber eine andere und tiefer greifende Deutung hinter der ihrigen aufzudecken und durch ihre eigenen Träume zu stützen. Der Selbstmordversuch war, wie man erwarten durfte, außerdem noch zweierlei: eine Straferfüllung (Selbstbestrafung) und eine Wunscherfüllung. Als letztere bedeutete er die Durchsetzung jenes Wunsches, dessen Enttäuschung sie in die Homosexualität getrieben hatte, nämlich vom Vater ein Kind zu bekommen, denn nun kam sie durch die Schuld des Vaters nieder.[1] Es stellt die Verbindung dieser Tiefendeutung mit der dem Mädchen bewußten, oberflächlichen her, daß in diesem Moment die Dame genau so gesprochen hatte wie der Vater und das nämliche Verbot hatte ergehen lassen. Als Selbstbestrafung bürgt uns die Handlung des Mädchens dafür, daß sie starke Todeswünsche gegen den einen oder den anderen Elternteil in ihrem Unbewußten entwickelt hatte. Vielleicht aus Rachsucht gegen den ihre Liebe störenden Vater, noch wahrscheinlicher aber auch gegen die Mutter, als sie mit dem kleinen Bruder schwanger ging. Denn die Analyse hat uns zum Rätsel des Selbstmordes die Aufklärung gebracht, daß vielleicht niemand die psychische Energie sich zu töten findet, der nicht erstens dabei ein Objekt mittötet, mit dem er sich identifiziert hat, und der nicht zweitens dadurch einen Todeswunsch gegen sich selbst wendet, welcher gegen eine andere Person gerichtet war. Die regelmäßige Aufdeckung solcher unbewußter Todeswünsche beim Selbstmörder braucht übrigens weder zu befremden, noch als Bestätigung unserer Ableitungen zu imponieren, denn das Unbewußte aller Lebenden ist von solchen Todeswünschen, selbst gegen sonst geliebte Personen, übervoll.[2] In der Identifizierung mit der Mutter, die an der Niederkunft mit diesem, ihr (der Tochter) vorenthaltenen, Kinde hätte sterben sollen, ist aber diese Straferfüllung selbst wieder eine Wunscherfüllung. Endlich, daß die verschiedensten starken Motive zusammenwirken mußten, um eine Tat wie die unseres Mädchens zu ermöglichen, wird unserer Erwartung nicht widersprechen.

In der Motivierung des Mädchens kommt der Vater nicht vor, nicht einmal die Angst vor seinem Zorne wird erwähnt.

---

1) Diese Deutungen der Wege des Selbstmordes durch sexuelle Wunscherfüllungen sind längst allen Analytikern vertraut. (Vergiften = schwanger werden, ertränken = gebären; von einer Höhe herabstürzen = niederkommen.)

2) Vgl. Zeitgemäßes über Krieg und Tod. Imago, IV, 1915. [Enthalten in Bd. X dieser Gesamtausgabe.]

In der von der Analyse erratenen Motivierung fällt ihm die Hauptrolle zu. Dieselbe entscheidende Bedeutung hatte das Verhältnis zum Vater auch für den Verlauf und den Ausgang der analytischen Behandlung oder vielmehr Exploration. Hinter der vorgeschützten Rücksicht auf die Eltern, denen zuliebe sie den Versuch einer Umwandlung unterstützen wollte, verbarg sich die Trotz- und Racheeinstellung gegen den Vater, welche sie in der Homosexualität festhielt. Durch solche Deckung gesichert, gab der Widerstand ein großes Gebiet der analytischen Erforschung frei. Die Analyse vollzog sich fast ohne Anzeichen von Widerstand, unter reger intellektueller Beteiligung der Analysierten, aber auch bei völliger Gemütsruhe derselben. Als ich ihr einmal ein besonders wichtiges und sie nahe betreffendes Stück der Theorie auseinandersetzte, äußerte sie mit unnachahmlicher Betonung: Ach, das ist ja sehr interessant, wie eine Weltdame, die durch ein Museum geführt wird und Gegenstände, die ihr vollkommen gleichgültig sind, durch ein Lorgnon in Augenschein nimmt. Der Eindruck von ihrer Analyse näherte sich dem einer hypnotischen Behandlung, in welcher sich der Widerstand gleichfalls bis zu einer bestimmten Grenze zurückgezogen hat, an der er sich dann als unbesiegbar erweist. Dieselbe — russische — Taktik, könnte man sie nennen, befolgt der Widerstand sehr oft in Fällen von Zwangsneurose, die darum eine Zeitlang die klarsten Ergebnisse liefern und einen tiefen Einblick in die Verursachung der Symptome gestatten. Man beginnt dann sich zu wundern, warum so große Fortschritte im analytischen Verständnis auch nicht die leiseste Änderung in den Zwängen und Hemmungen des Kranken mit sich bringen, bis man endlich bemerkt, daß alles, was man zustandegebracht hat, mit dem Vorbehalt des Zweifels behaftet war, hinter welchem Schutzwall sich die Neurose sicher fühlen durfte. „Es wäre ja alles recht schön," heißt es im Kranken, oft auch bewußterweise, „wenn ich dem Manne Glauben schenken müßte, aber davon ist ja keine Rede, und solange das nicht der Fall ist, brauche ich auch nichts zu ändern." Nähert man sich dann der Motivierung dieses Zweifels, so bricht der Kampf mit den Widerständen ernsthaft los.

Bei unserem Mädchen war es nicht der Zweifel, sondern das affektive Moment der Rache am Vater, das ihre kühle Reserve ermöglichte, die Analyse deutlich in zwei Phasen zerlegte und die Ergebnisse der ersten Phase so vollständig und übersichtlich werden ließ. Es hatte auch den Anschein, als ob bei dem Mädchen nichts einer Übertragung auf den Arzt Ähnliches zustande gekommen wäre. Aber das ist natürlich ein Widersinn oder eine ungenaue Ausdrucksweise; irgendein Verhältnis zum Arzt muß sich doch herstellen und dies wird zu allermeist aus einer infantilen Relation übertragen sein. In Wirklichkeit übertrug sie auf mich die gründliche Ablehnung des Mannes, von der sie seit ihrer Enttäuschung durch den Vater beherrscht war. Die Erbitterung gegen den Mann hat es in der Regel leicht, sich am Arzt zu befriedigen, sie braucht keine stürmischen Gefühlsäußerungen hervorzurufen, sie äußert sich einfach in der Vereitlung all seiner Bemühungen und im Festhalten am Kranksein. Ich weiß aus Erfahrung, wie schwierig es ist, den Analysierten zum Verständnis gerade dieser stummen Symptomatik zu bringen und solche latente, oft exzessiv große Feindseligkeit ohne Gefährdung der Kur bewußt zu machen. Ich brach also ab, sobald ich die Einstellung des Mädchens zum Vater erkannt hatte, und gab den Rat, den therapeutischen Versuch, wenn man Wert auf ihn legte, bei einer Ärztin fortführen zu lassen. Das Mädchen hatte unterdes dem Vater das Versprechen abgegeben, wenigstens den Verkehr mit der „Dame" zu unterlassen, und ich weiß nicht, ob mein Rat, dessen Motivierung ja durchsichtig ist, befolgt werden wird.

Ein einziges Mal kam auch in dieser Analyse etwas vor, was ich als positive Übertragung, als außerordentlich abgeschwächte Erneuerung der ursprünglichen leidenschaftlichen Verliebtheit in den Vater auffassen konnte. Auch diese Äußerung war vom Zusatz eines anderen Motivs nicht frei, ich erwähne sie aber, weil sie nach anderer Richtung ein interessantes Problem der analytischen Technik zur Frage bringt. Zu einer gewissen Zeit, nicht lange nach dem Beginne der Kur, brachte das Mädchen eine Reihe von Träumen vor, die, gebührend entstellt und in korrekter Traumsprache abgefaßt, doch leicht und sicher zu übersetzen waren. Ihr gedeuteter Inhalt war aber auffällig. Sie antizipierten die Heilung der Inversion durch die Behandlung, .drückten ihre Freude über die ihr nun eröffneten Lebensaussichten aus, gestanden die Sehnsucht nach der Liebe eines Mannes und nach Kindern ein und konnten somit als erfreuliche Vorbereitung zur erwünschten Wandlung begrüßt werden. Der Widerspruch gegen ihre gleichzeitigen Äußerungen im Wachen war sehr groß. Sie machte mir kein Hehl daraus, daß sie zwar zu heiraten gedenke, aber nur um sich der Tyrannei des Vaters zu entziehen und ungestört ihren wirklichen Neigungen zu leben. Mit dem Manne, meinte sie etwas verächtlich, würde sie schon fertig werden, und endlich könne man ja, wie das Beispiel der verehrten Dame zeige, auch gleichzeitig sexuelle Beziehungen mit einem Manne und mit einer Frau haben. Durch irgendeinen leisen Eindruck gewarnt, erklärte ich ihr eines Tages, ich glaube diesen Träumen nicht, sie seien lügnerisch oder heuchlerisch, und ihre Absicht sei, mich zu betrügen, wie sie den Vater zu betrügen pflegte. Ich hatte Recht, diese Art von Träumen blieb von dieser Aufklärung an aus. Ich glaube aber doch, neben der Absicht der Irreführung lag auch ein Stück Werbung in diesen Träumen; es war auch ein Versuch, mein Interesse und meine gute Meinung zu gewinnen, vielleicht um mich später desto gründlicher zu enttäuschen.

Ich kann mir vorstellen, daß der Hinweis auf die Existenz solch lügnerischer Gefälligkeitsträume bei manchen, die sich Analytiker nennen, einen wahren Sturm von hilfloser Entrüstung entfesseln wird. „Also kann auch das Unbewußte lügen, der wirkliche Kern unseres Seelenlebens, dasjenige in uns, was dem Göttlichen so viel näher ist als unser armseliges Bewußtsein! Wie kann man dann noch auf die Deutungen der Analyse und die Sicherheit unserer Erkenntnisse bauen?" Dagegen muß gesagt werden, daß die Anerkennung solch lügenhafter Träume eine erschütternde Neuheit nicht bedeutet. Ich weiß zwar, daß das Bedürfnis der Menschen nach Mystik unausrottbar ist, und daß es unablässige Versuche macht, das durch die „Traumdeutung" der Mystik entrissene Gebiet für sie wiederzugewinnen, aber in dem Falle, der uns beschäftigt, liegt doch alles einfach genug. Der Traum ist nicht das „Unbewußte", er ist die Form, in welche ein aus dem Vorbewußten oder selbst aus dem Bewußten des Wachlebens erübrigter Gedanke dank der Begünstigungen des Schlafzustandes umgegossen werden konnte. Im Schlafzustand hat er die Unterstützung unbewußter Wunschregungen gewonnen und dabei die Entstellung durch die „Traumarbeit" erfahren, welche durch die fürs Unbewußte geltenden Mechanismen bestimmt wird. Bei unserer Träumerin stammte die Absicht, mich irrezuführen, wie sie es beim Vater zu tun pflegte, gewiß aus dem Vorbewußten, wenn sie nicht etwa gar bewußt war; sie konnte sich nun durchsetzen, indem sie mit der unbewußten Wunschregung, dem Vater (oder Vaterersatz) zu gefallen, in Verbindung trat, und schuf so einen lügnerischen Traum. Die beiden Absichten, den Vater zu betrügen und dem Vater zu gefallen, stammen aus demselben Komplex; die erstere ist aus der Verdrängung der letzteren erwachsen, die spätere wird durch die Traumarbeit auf die frühere zurückgeführt. Von einer Entwürdigung des Unbewußten, von einer Erschütterung des Zutrauens in die Ergebnisse unserer Analyse kann also nicht die Rede sein.

Ich will die Gelegenheit nicht versäumen, auch einmal das Erstaunen darüber zu Worte kommen zu lassen, daß die Menschen so große und bedeutungsvolle Stücke ihres Liebeslebens durchmachen können, ohne viel davon zu bemerken, ja mitunter, ohne das mindeste davon zu ahnen, oder daß sie, wenn es zu ihrem Bewußtsein kommt, sich mit dem Urteil so gründlich darüber täuschen. Das geschieht nicht nur unter den Bedingungen der Neurose, wo wir mit dem Phänomen vertraut sind, sondern scheint auch sonst recht gewöhnlich zu sein. In unserem Falle entwickelt ein Mädchen eine Schwärmerei für Frauen, die von den Eltern zuerst nur als ärgerlich empfunden, aber kaum ernst genommen wird; sie selbst weiß wohl, wie sehr sie davon in Anspruch genommen wird, fühlt aber doch nur wenig von den Sensationen einer intensiven Verliebtheit, bis sich bei einer bestimmten Versagung eine ganz exzessive Reaktion ergibt, die allen Teilen zeigt, daß man es mit einer verzehrenden Leidenschaft von elementarer Stärke zu tun hat. Von den Voraussetzungen, die für das Hervorbrechen eines solchen seelischen Sturmes erforderlich sind, hat auch das Mädchen niemals etwas bemerkt. Andere Male trifft man auf Mädchen oder Frauen in schweren Depressionen, die, nach der möglichen Verursachung ihres Zustandes befragt, die Auskunft geben, sie haben wohl ein gewisses Interesse für eine bestimmte Person verspürt, aber es sei ihnen nicht tief gegangen und sie seien sehr bald damit fertig geworden, nachdem es aufgegeben werden mußte. Und doch ist dieser anscheinend so leicht ertragene Verzicht die Ursache der schweren Störung geworden. Oder man hat es mit Männern zu tun, die oberflächliche Liebesbeziehungen zu Frauen erledigt haben und erst aus den Folgeerscheinungen erfahren müssen, daß sie in das angeblich geringgeschätzte Objekt leidenschaftlich verliebt waren. Man erstaunt auch über die ungeahnten Wirkungen, die von einem künstlichen Abortus, der Tötung einer Leibesfrucht, ausgehen können, zu der man sich ohne Reue und Bedenken entschlossen hatte. Man sieht sich so genötigt, den Dichtern recht zu geben, die uns mit Vorliebe Personen schildern, welche lieben ohne es zu wissen, oder die es nicht wissen, ob sie lieben, oder die zu hassen glauben, während sie lieben. Es scheint, daß gerade die Kunde, die unser Bewußtsein von unserem Liebesleben erhält, besonders leicht unvollständig, lückenhaft oder gefälscht sein kann. In diesen Erörterungen habe ich es natürlich nicht versäumt, den Anteil eines nachträglichen Vergessens in Abzug zu bringen.

IV

Ich kehre nun zu der vorhin abgebrochenen Diskussion des Falles zurück. Wir haben uns einen Überblick über die Kräfte verschafft, welche die Libido des Mädchens aus der normalen Ödipuseinstellung in die der Homosexualität überführt haben, und über die psychischen Wege, die dabei beschritten worden sind. Obenan unter diesen bewegenden Kräften stand der Eindruck der Geburt ihres kleinen Bruders, und somit ist uns nahegelegt, den Fall als einen von spät erworbener Inversion zu klassifizieren.

Allein hier werden wir auf ein Verhältnis aufmerksam, welches uns auch bei vielen anderen Beispielen von psychoanalytischer Aufklärung eines seelischen Vorganges entgegentritt. Solange wir die Entwicklung von ihrem Endergebnis aus nach rückwärts verfolgen, stellt sich uns ein lückenloser Zusammenhang her, und wir halten unsere Einsicht für vollkommen befriedigend, vielleicht für erschöpfend. Nehmen wir aber den umgekehrten Weg, gehen wir von den durch die Analyse gefundenen Voraussetzungen aus und suchen diese bis zum Resultat zu verfolgen, so kommt uns der Eindruck einer notwendigen und auf keine andere Weise zu bestimmenden Verkettung ganz abhanden. Wir merken sofort, es hätte sich auch etwas anderes ergeben können, und dies andere Ergebnis hätten wir ebensogut verstanden und aufklären können. Die Synthese ist also nicht so befriedigend wie die Analyse; mit anderen Worten, wir wären nicht imstande, aus der Kenntnis der Voraussetzungen die Natur des Ergebnisses vorherzusagen.

Es ist sehr leicht, diese betrübliche Erkenntnis auf ihre Ursachen zurückzuführen. Mögen uns auch die ätiologischen Faktoren, welche für einen bestimmten Erfolg maßgebend sind, vollständig bekannt sein, wir kennen sie doch nur nach ihrer qualitativen Eigenart und nicht nach ihrer relativen Stärke. Einige von ihnen werden als zu schwach von anderen unterdrückt werden und für das Endergebnis nicht in Betracht kommen. Wir wissen aber niemals vorher, welche der bestimmenden Momente sich als die schwächeren oder stärkeren erweisen werden. Wir sagen nur am Ende, die sich durchgesetzt haben, das waren die stärkeren. Somit ist die Verursachung in der Richtung der Analyse jedesmal sicher zu erkennen, deren Vorhersage in der Richtung der Synthese aber unmöglich.

Wir wollen also nicht behaupten, daß jedes Mädchen, dessen aus der Ödipuseinstellung der Pubertätsjahre herrührende Liebessehnsucht eine solche Enttäuschung erfährt, darum notwendigerweise der Homosexualität verfallen wird. Andersartige Reaktionen auf dieses Trauma werden im Gegenteil häufiger sein. Dann müssen aber bei diesem Mädchen besondere Momente den Ausschlag gegeben haben, solche außerhalb des Traumas, wahrscheinlich innerer Natur. Es hat auch keine Schwierigkeit, sie aufzuzeigen.

Bekanntlich braucht es auch beim Normalen eine gewisse Zeit, bis sich die Entscheidung über das Geschlecht des Liebesobjekts endgültig durchgesetzt hat. Homosexuelle Schwärmereien, übermäßig starke, sinnlich betonte Freundschaften sind bei beiden Geschlechtern in den ersten Jahren nach der Pubertät recht gewöhnlich. So war es auch bei unserem Mädchen, aber diese Neigungen zeigten sich bei ihr unzweifelhaft stärker und hielten länger an als bei anderen. Dazu kommt, daß diese Vorboten der späteren Homosexualität immer ihr bewußtes Leben eingenommen hatten, während die dem Ödipuskomplex entspringende Einstellung unbewußt geblieben war und nur in solchen Anzeichen wie jene Verzärtelung des kleinen Knaben zum Vorschein kam. Als Schulmädchen war sie lange Zeit verliebt in eine unnahbar strenge Lehrerin, einen offenkundigen Mutterersatz. Ein besonders lebhaftes Interesse für manche jungmütterliche Frauen hatte sie lange vor der Geburt des Bruders und um so sicherer lange Zeit vor jener ersten Zurechtweisung durch den Vater gezeigt. Ihre Libido lief also von sehr früher Zeit her in zwei Strömungen, von denen die oberflächlichere unbedenklich eine homosexuelle genannt werden darf. Diese war wahrscheinlich die direkte, unverwandelte Fortsetzung einer infantilen Fixierung an die Mutter. Möglicherweise haben wir durch unsere Analyse auch nichts anderes aufgedeckt als den Prozeß, der bei einem geeigneten Anlaß auch die tiefere heterosexuelle Libidoströmung in die manifeste homosexuelle überführte.

Ferner lehrte die Analyse, daß das Mädchen aus ihren Kinderjahren einen stark betonten „Männlichkeitskomplex" mitgebracht hatte. Lebhaft, rauflustig, durchaus nicht gewillt, hinter dem wenig älteren Bruder zurückzustehen, hatte sie seit jener Inspektion der Genitalien einen mächtigen Penisneid entwickelt, dessen Abkömmlinge immer noch ihr Denken erfüllten. Sie war eigentlich eine Frauenrechtlerin, fand es ungerecht, daß die Mädchen nicht dieselben Freiheiten genießen sollten wie die Burschen, und sträubte sich überhaupt gegen das Los der Frau. Zur Zeit der Analyse waren ihr Schwangerschaft und Kindergebären unliebsame Vorstellungen, wie ich vermute, auch wegen der damit verbundenen körperlichen Entstellung. Auf diese Abwehr hatte sich ihr mädchenhafter Narzißmus zurückgezogen,[1] der sich nicht mehr als Stolz auf ihre Schönheit äußerte. Verschiedene Anzeichen wiesen auf eine ehemals sehr starke Schau- und Exhibitionslust hin. Wer das Recht der Erwerbung in der Ätiologie nicht verkürzt sehen will, wird aufmerksam machen, daß das geschilderte Verhalten des Mädchens gerade so war, wie

---

1) Vgl. Kriemhildes Bekenntnis im Nibelungenlied.

es durch die vereinte Wirkung der mütterlichen Zurücksetzung und der Vergleichung ihrer Genitalien mit denen des Bruders bei starker Mutterfixierung bestimmt werden mußte. Auch hier besteht eine Möglichkeit, etwas auf Prägung durch frühzeitig wirksamen äußeren Einfluß zurückzuführen, was man gern als konstitutionelle Eigenart aufgefaßt hätte. Und auch von dieser Erwerbung — wenn sie wirklich stattgefunden hat — wird ein Anteil auf Rechnung der mitgebrachten Konstitution zu setzen sein. So vermengt und vereinigt sich in der Beobachtung beständig, was wir in der Theorie zu einem Paar von Gegensätzen — Vererbung und Erwerbung — auseinanderlegen möchten

Hatte ein früherer, vorläufiger Abschluß der Analyse zum Ausspruch geführt, es handle sich um einen Fall von später Erwerbung der Homosexualität, so drängt die jetzt vorgenommene Überprüfung des Materials vielmehr zum Schluß, es liege angeborene Homosexualität vor, die sich wie gewöhnlich erst in der Zeit nach der Pubertät fixiert und unverkennbar gezeigt habe. Jede dieser Klassifizierungen wird nur einem Anteil des durch Beobachtung festzustellenden Sachverhaltes gerecht, vernachlässigt den anderen. Wir treffen das Richtige, wenn wir den Wert dieser Fragestellung überhaupt gering veranschlagen.

Die Literatur der Homosexualität pflegt die Fragen der Objektwahl einerseits und des Geschlechtscharakters und der geschlechtlichen Einstellung anderseits nicht scharf genug zu trennen, als ob die Entscheidung über den einen Punkt notwendigerweise mit der des anderen verknüpft wäre. Die Erfahrung zeigt jedoch das Gegenteil: Ein Mann mit überwiegend männlichen Eigenschaften, der auch den männlichen Typus des Liebeslebens zeigt, kann doch in bezug aufs Objekt invertiert sein, nur Männer anstatt Frauen lieben. Ein Mann, in dessen Charakter die weiblichen Eigenschaften augenfällig vorwiegen, ja, der sich in der Liebe wie ein Weib benimmt, sollte durch diese weibliche Ein-

stellung auf den Mann als Liebesobjekt hingewiesen werden; er
kann aber trotzdem heterosexuell sein, nicht mehr Inversion in
bezug aufs Objekt zeigen als durchschnittlich ein Normaler. Dasselbe gilt für Frauen, auch bei ihnen treffen psychischer
Geschlechtscharakter und Objektwahl nicht zu fester Relation
zusammen. Das Geheimnis der Homosexualität ist also keineswegs so einfach, wie man es zum populären Gebrauch gern
darstellt: Eine weibliche Seele, die darum den Mann lieben muß,
zum Unglück in einen männlichen Körper geraten, oder eine
männliche Seele, die unwiderstehlich vom Weib angezogen wird,
leider in einen weiblichen Leib gebannt. Vielmehr handelt es
sich um drei Reihen von Charakteren

Somatische Geschlechtscharaktere — Psychischer Geschlechtscharakter
(Physischer Hermaphroditismus) (männl. weibl. Einstellung)

— Art der Objektwahl,

die bis zu einem gewissen Grade voneinander unabhängig variieren
und sich bei den einzelnen Individuen in mannigfachen Permu-
tationen vorfinden. Die tendenziöse Literatur hat den Einblick
in diese Verhältnisse erschwert, indem sie aus praktischen Motiven
das dem Laien allein auffällige Verhalten im dritten Punkt, dem
der Objektwahl, in den Vordergrund rückt und außerdem die
Festigkeit der Beziehung zwischen diesem und dem ersten Punkt
übertreibt. Sie versperrt sich auch den Weg, der zur tieferen
Einsicht in all das führt, was man uniform als Homosexualität
bezeichnet, indem sie sich gegen zwei Grundtatsachen sträubt,
welche die psychoanalytische Forschung aufgedeckt hat. Die erste,
daß die homosexuellen Männer eine besonders starke Fixierung
an die Mutter erfahren haben; die zweite, daß alle Normalen
neben ihrer manifesten Heterosexualität ein sehr erhebliches Ausmaß von latenter oder unbewußter Homosexualität erkennen
lassen. Trägt man diesen Funden Rechnung, so ist es allerdings
um die Annahme eines von der Natur in besonderer Laune
geschaffenen „dritten Geschlechts" geschehen.

Die Psychoanalyse ist nicht dazu berufen, das Problem der Homosexualität zu lösen. Sie muß sich damit begnügen, die psychischen Mechanismen zu enthüllen, die zur Entscheidung in der Objektwahl geführt haben, und die Wege von ihnen zu den Triebanlagen zu verfolgen. Dann bricht sie ab und überläßt das übrige der biologischen Forschung, die gerade jetzt in den Versuchen von S t e i n a c h[1] so bedeutungsvolle Aufschlüsse über die Beeinflussung der obigen zweiten und dritten Reihe durch die erste zutage fördert. Sie steht auf gemeinsamem Boden mit der Biologie, indem sie eine ursprüngliche Bisexualität des menschlichen (wie des tierischen) Individuums zur Voraussetzung nimmt. Aber das Wesen dessen, was man im konventionellen oder im biologischen Sinne „männlich" und „weiblich" nennt, kann die Psychoanalyse nicht aufklären, sie übernimmt die beiden Begriffe und legt sie ihren Arbeiten zugrunde. Beim Versuche einer weiteren Zurückführung verflüchtigt sich ihr die Männlichkeit zur Aktivität, die Weiblichkeit zur Passivität, und das ist zu wenig. Inwieweit die Erwartung zulässig oder bereits durch Erfahrung bestätigt ist, es werde sich auch aus dem Stück Aufklärungsarbeit, welches in den Bereich der Analyse fällt, eine Handhabe zur Abänderung der Inversion ergeben, habe ich vorhin auszuführen versucht. Vergleicht man dieses Ausmaß von Beeinflussung mit den großartigen Umwälzungen, die S t e i n a c h in einzelnen Fällen durch operative Eingriffe erzielt hat, so macht es wohl keinen imposanten Eindruck. Indes wäre es Voreiligkeit oder schädliche Übertreibung, wenn wir uns jetzt schon Hoffnung auf eine allgemein brauchbare „Therapie" der Inversion machten. Die Fälle von männlicher Homosexualität, in denen S t e i n a c h Erfolg gehabt hat, erfüllten die nicht immer vorhandene Bedingung eines überdeutlichen somatischen „Hermaphroditismus". Die Therapie einer weiblichen Homosexualität auf analogem Wege

---

1) Siehe A. L i p s c h ü t z : Die Pubertätsdrüse und ihre Wirkungen. E. Bircher, Bern, 1919.

ist zunächst ganz unklar. Sollte sie in der Entfernung der wahrscheinlich hermaphroditischen Ovarien und Einpflanzung anderer, hoffentlich eingeschlechtiger, bestehen, so würde sie praktisch wenig Aussicht auf Anwendung haben. Ein weibliches Individuum, das sich männlich gefühlt und auf männliche Weise geliebt hat, wird sich kaum in die weibliche Rolle drängen lassen, wenn es diese nicht durchaus vorteilhafte Umwandlung mit dem Verzicht auf die Mutterschaft bezahlen muß.

GEDANKENASSOZIATION EINES VIERJÄHRIGEN KINDES

GEDANKENASSOZIATION EINES VIER-JÄHRIGEN KINDES

Aus dem Brief einer amerikanischen Mutter: „Ich muß Dir erzählen, was die Kleine gestern gesagt hat. Ich kann mich noch gar nicht fassen darüber. Cousine Emily sprach davon, daß sie sich eine Wohnung nehmen wird. Da sagte das Kind: Wenn Emily heiratet, wird sie ein Baby bekommen. Ich war sehr überrascht und fragte sie: Ja, woher weißt du denn das? Und sie darauf: Ja, wenn jemand heiratet, dann kommt immer ein Baby. Ich wiederholte: Aber wie kannst du das wissen? Und die Kleine: Oh, ich weiß noch sehr viel, ich weiß auch, daß die Bäume in der Erde wachsen (in the ground). Denke Dir die sonderbare Gedankenverbindung! Das ist ja gerade das, was ich ihr eines Tages zur Aufklärung sagen will. Und dann setzt sie noch fort: Ich weiß auch, daß der liebe Gott die Welt schafft (makes the world). Wenn sie solche Reden führt, kann ich mir's kaum glauben, daß sie noch nicht einmal vier Jahre alt ist."

Es scheint, daß die Mutter den Übergang von der ersten Äußerung des Kindes zur zweiten selbst verstanden hat. Das Kind will sagen: Ich weiß, daß die Kinder in der Mutter wachsen, und drückt dies Wissen nicht direkt, sondern symbolisch aus, indem es die Mutter durch die Mutter Erde ersetzt. Wir haben bereits aus vielen unzweifelhaften Beobachtungen erfahren, wie frühzeitig sich die Kinder der Symbole zu bedienen wissen.

Aber auch die dritte Äußerung der Kleinen verläßt den Zusammenhang nicht. Wir können nur annehmen, daß das Kind als ein weiteres Stück seines Wissens über die Herkunft der Kinder mitteilen wollte: Ich weiß auch, das ist alles das Werk des Vaters. Aber diesmal ersetzt sie den direkten Gedanken durch die dazugehörige Sublimierung, daß der liebe Gott die Welt schafft.

ZUR VORGESCHICHTE DER ANALYTISCHEN TECHNIK

ZUR VORGESCHICHTE DER ANALYTISCHEN TECHNIK

In einem neuen Buche von Havelock Ellis, dem hochverdienten Sexualforscher und vornehmen Kritiker der Psychoanalyse, betitelt „The Philosophy of Conflict and other essays in war-time, second series", London 1919, ist ein Aufsatz: „Psycho-Analysis in relation to sex" enthalten, der sich nachzuweisen bemüht, daß das Werk des Schöpfers der Analyse nicht als ein Stück wissenschaftlicher Arbeit, sondern als eine künstlerische Leistung gewertet werden sollte. Es liegt uns nahe, in dieser Auffassung eine neue Wendung des Widerstandes und eine Ablehnung der Analyse zu sehen, wenngleich sie in liebenswürdiger, ja in allzu schmeichelhafter Weise verkleidet ist. Wir sind geneigt, ihr aufs entschiedenste zu widersprechen.

Doch nicht solcher Widerspruch ist das Motiv unserer Beschäftigung mit dem Essay von Havelock Ellis, sondern die Tatsache, daß er durch seine große Belesenheit in die Lage gekommen ist, einen Autor anzuführen, der die freie Assoziation als Technik geübt und empfohlen hat, wenngleich zu anderen Zwecken, und somit ein Recht hat, in dieser Hinsicht als Vor-

läufer der Psychoanalytiker genannt zu werden. „Im Jahre 1857",
schreibt H a v e l o c k E l l i s, „veröffentlichte Dr. J. J. G a r t h
W i l k i n s o n, besser bekannt als Dichter und Mystiker von
der Richtung S w e d e n b o r g s denn als Arzt, einen Band
mystischer Gedichte in Knüttelversen, durch eine angeblich neue
Methode, die er ‚Impression' nennt, hervorgebracht." „Man
wählt ein Thema", sagt er, „oder schreibt es nieder; sobald dies
geschehen ist, darf man den ersten Einfall *(impression upon the
mind)*, der sich nach der Niederschrift des Titels ergibt, als den
Beginn der Ausarbeitung des Themas betrachten, gleichgültig wie
sonderbar oder nicht dazu gehörig das betreffende Wort oder der
Satz erscheinen mag." „Die erste Regung des Geistes, das erste
Wort, das sich einstellt, ist der Erfolg des Bestrebens, sich in das
gegebene Thema zu vertiefen." Man setzt das Verfahren in kon-
sequenter Weise fort, und G a r t h W i l k i n s o n sagt: „Ich
habe immer gefunden, daß es wie infolge eines untrüglichen
Instinkts ins Innere der Sache führt." Diese Technik entsprach
nach W i l k i n s o n s Ansicht einem aufs höchste gesteigerten
Sich-gehen-lassen, einer Aufforderung an die tiefstliegenden
unbewußten Regungen, sich zur Äußerung zu bringen. Wille
und Überlegung mahnte er, sind beiseite zu lassen; man vertraut sich der Eingebung *(influx)* an und kann dabei finden,
daß sich die geistigen Fähigkeiten auf unbekannte Ziele einstellen."

„Man darf nicht außer acht lassen, daß W i l k i n s o n, obwohl
er Arzt war, diese Technik zu religiösen und literarischen, niemals zu ärztlichen oder wissenschaftlichen Zwecken in Anwendung
zog, aber es ist leicht einzusehen, daß es im wesentlichen
die psychoanalytische Technik ist, die hier die eigene Person
zum Objekt nimmt, ein Beweis mehr dafür, daß das Verfahren
F r e u d s das eines Künstlers *(artist)* ist."

Kenner der psychoanalytischen Literatur werden sich hier jener
schönen Stelle im Briefwechsel S c h i l l e r s mit K ö r n e r

erinnern,[1] in welcher der große Dichter und Denker (1788)
demjenigen, der produktiv sein möchte, die Beachtung des freien
Einfalles empfiehlt. Es ist zu vermuten, daß die angeblich neue
W i l k i n s o n sche Technik bereits vielen anderen vorgeschwebt
hat, und ihre systematische Anwendung in der Psychoanalyse
wird uns nicht so sehr als Beweis für die künstlerische Artung
F r e u d s erscheinen, wie als Konsequenz seiner nach Art
eines Vorurteils festgehaltenen Überzeugung von der durch-
gängigen Determinierung alles seelischen Geschehens. Die
Zugehörigkeit des freien Einfalles zum fixierten Thema ergab
sich dann als die nächste und wahrscheinlichste Möglichkeit,
welche auch durch die Erfahrung in der Analyse bestätigt wird,
insofern nicht übergroße Widerstände den vermuteten Zusammenhang unkenntlich machen.

Indes darf man es als sicher annehmen, daß weder
S c h i l l e r noch G a r t h W i l k i n s o n auf die Wahl der
psychoanalytischen Technik Einfluß geübt haben. Mehr persönliche Beziehung scheint sich von einer anderen Seite her anzudeuten.

Vor kurzem machte Dr. Hugo D u b o w i t z in Budapest
Dr. F e r e n c z i auf einen kleinen, nur 4$^1/_2$ Seiten umfassenden
Aufsatz von Ludwig B ö r n e aufmerksam, der, 1823 verfaßt,
im ersten Band seiner Gesammelten Schriften (Ausgabe von
1862) abgedruckt ist. Er ist betitelt: „Die Kunst, in drei Tagen
ein Originalschriftsteller zu werden" und trägt die bekannten
Eigentümlichkeiten des Jean P a u l schen Stils, dem B ö r n e
damals huldigte, an sich. Er schließt mit den Sätzen: „Und hier
folgt die versprochene Nutzanwendung. Nehmt einige Bogen
Papier und schreibt drei Tage hintereinander, ohne Falsch und
Heuchelei, alles nieder, was euch durch den Kopf geht. Schreibt,
was ihr denkt von euch selbst, von euren Weibern, von dem
Türkenkrieg, von Goethe, von Fonks Kriminalprozeß, vom jüngsten

---

[1] Entdeckt von O. R a n k und zitiert in der Traumdeutung, siebente Auflage,
1922, Seite 72. [Ges. Werke, Bd. II/III.]

Gericht, von euren Vorgesetzten — und nach Verlauf der drei Tage werdet ihr vor Verwunderung, was ihr für neue unerhörte Gedanken gehabt, ganz außer euch kommen. Das ist die Kunst, in drei Tagen ein Originalschriftsteller zu werden!"

Als Prof. F r e u d veranlaßt wurde, diesen B ö r n e schen Aufsatz zu lesen, machte er eine Reihe von Angaben, die für die hier berührte Frage nach der Vorgeschichte der psychoanalytischen Einfallsverwertung bedeutungsvoll sein können. Er erzählte, daß er B ö r n e s Werke im vierzehnten Jahr zum Geschenk bekommen habe und dieses Buch heute, fünfzig Jahre später, noch immer als das einzige aus seiner Jugendzeit besitze. Dieser Schriftsteller sei der erste gewesen, in dessen Schriften er sich vertieft habe. An den in Rede stehenden Aufsatz könne er sich nicht erinnern, aber andere, in denselben Band aufgenommene, wie die Denkrede auf Jean Paul, Der Eßkünstler, Der Narr im weißen Schwan, seien durch lange Jahre ohne ersichtlichen Grund immer wieder in seiner Erinnerung aufgetaucht. Er war besonders erstaunt, in der Anweisung zum Originalschriftsteller einige Gedanken ausgesprochen zu finden, die er selbst immer gehegt und vertreten habe, zum Beispiel: „Eine schimpfliche Feigheit zu denken, hält uns alle zurück. Drückender als die Zensur der Regierungen ist die Zensur, welche die öffentliche Meinung über unsere Geisteswerke ausübt." (Hier findet sich übrigens die „Zensur" erwähnt, die in der Psychoanalyse als Traumzensur wiedergekommen ist . . .) „Nicht an Geist, an Charakter mangelt es den meisten Schriftstellern, um besser zu sein, als sie sind . . . Aufrichtigkeit ist die Quelle aller Genialität, und die Menschen wären geistreicher, wenn sie sittlicher wären . . ."

Es scheint uns also nicht ausgeschlossen, daß dieser Hinweis vielleicht jenes Stück Kryptomnesie aufgedeckt hat, das in so vielen Fällen hinter einer anscheinenden Originalität vermutet werden darf.

GEDENKWORTE

JAMES J. PUTNAM †

Unter den ersten Nachrichten, die mit dem Nachlaß der Absperrung aus den angelsächsischen Ländern zu uns gedrungen sind, befindet sich die schmerzliche Kunde vom Ableben Putnams, des Präsidenten der großen panamerikanischen psychoanalytischen Gruppe. Er wurde über zweiundsiebzig Jahre alt, blieb geistesfrisch bis zum Ende und fand einen sanften Tod durch Herzlähmung während des Schlafes im November 1918. Putnam, bis vor wenigen Jahren Professor der Neuropathologie an der Harvard-Universität in Boston, war die große Stütze der Psychoanalyse in Amerika. Seine zahlreichen theoretischen Arbeiten (von denen einige zuerst in der Internationalen Zeitschrift erschienen sind) haben durch ihre Klarheit, ihren Gedankenreichtum und durch die Entschiedenheit ihrer Parteinahme ungemein viel dazu getan, um der Analyse die Würdigung im psychiatrischen Unterricht und im öffentlichen Urteil zu schaffen, die sie jetzt in Amerika genießt. Vielleicht ebensoviel wirkte sein Beispiel. Er war als tadelloser Charakter allgemein geehrt und man wußte, daß nur die höchsten ethischen Rücksichten für ihn maßgebend waren. Wer ihn persönlich näher kannte, mußte urteilen, daß er zu jenen glücklich kompensierten Personen vom zwangsneurotischen Typus gehöre, denen das Edle zur zweiten Natur und das Paktieren mit der Gemeinheit zur Unmöglichkeit geworden ist.

J. Putnams persönliche Erscheinung ist den europäischen Analytikern durch seine Teilnahme am Weimarer Kongreß 1912 bekannt geworden. Die Redaktion der Zeitschrift hofft, in der nächsten Nummer ein Porträt unseres verehrten Freundes und eine ausführliche Würdigung seiner wissenschaftlichen Leistungen bringen zu können.

VICTOR TAUSK †

Zu den glücklicherweise nicht zahlreichen Opfern, die der Krieg in den
Reihen der Psychoanalytiker gefordert hat, muß man auch den ungewöhnlich
begabten Wiener Nervenarzt rechnen, der — noch ehe der Frieden zum
Abschluß gelangte — freiwillig aus dem Leben geschieden ist.
Dr. Tausk, der erst im zweiundvierzigsten Lebensjahre stand, gehörte
seit mehr als einem Jahrzehnt dem engeren Kreise der Anhänger Freuds
an. Ursprünglich Jurist, war Dr. Tausk bereits längere Zeit als Richter in
Bosnien tätig, als er unter dem Eindruck schwerer persönlicher Erlebnisse
seine Laufbahn aufgab und sich der Journalistik zuwandte, zu der ihn seine
umfassende allgemeine Bildung besonders befähigte. Nachdem er längere
Zeit in Berlin journalistisch tätig gewesen war, kam er in derselben Eigenschaft nach Wien, wo er die Psychoanalyse kennen lernte und bald beschloß,
sich ihr ganz zuzuwenden. Bereits als gereifter Mann und Familienvater
scheute er nicht vor den großen Schwierigkeiten und Opfern eines neuerlichen Berufswechsels zurück, der eine mehrjährige Unterbrechung in seinem
Erwerbsleben bedeuten mußte. Sollte ihm das langwierige Studium der
Medizin doch nur ein Mittel sein, um die Psychoanalyse praktisch ausüben
zu können.

Kurz vor Ausbruch des Weltkrieges hatte Tausk das zweite Doktorat
erworben und etablierte sich als Nervenarzt in Wien, wo er nach verhältnismäßig kurzer Zeit im Begriffe war, sich eine ansehnliche Praxis zu schaffen,
in der er schöne Erfolge erzielte. Aus dieser Tätigkeit, die dem ehrgeizigen
jungen Arzt volle Befriedigung und Existenzmöglichkeit verhieß, wurde er
durch den Krieg plötzlich gewaltsam gerissen. Sofort zur aktiven Dienst-
leistung einberufen hat Dr. Tausk, der bald zum Oberarzt avancierte, auf

den verschiedenen Kriegsschauplätzen im Norden und auf dem Balkan (zuletzt in Belgrad) seine ärztlichen Pflichten mit Aufopferung erfüllt und dafür auch offizielle Anerkennung geerntet. Es muß hier rühmend hervorgehoben werden, daß Dr. Tausk während des Krieges mit Einsetzung seiner ganzen Persönlichkeit und mit Zurücksetzung aller Rücksichten gegen die zahlreichen Mißbräuche offen aufgetreten ist, die leider so viele Ärzte stillschweigend geduldet oder sogar mitverschuldet haben.

Die mehrjährige aufreibende Felddienstleistung konnte an dem äußerst gewissenhaften Menschen nicht ohne schwere seelische Schädigung vorübergehen. Schon auf dem letzten psychoanalytischen Kongreß im September 1918 in Budapest, der die Analytiker nach langen Jahren der Trennung wieder zusammenführte, zeigte der seit Jahren körperlich Leidende Zeichen besonderer Gereiztheit.

Als Dr. Tausk dann bald darauf, im Spätherbst vorigen Jahres, aus dem Militärdienst schied und nach Wien zurückkehrte, stand der innerlich Erschöpfte vor der schwierigen Aufgabe, sich zum drittenmal — diesmal unter den ungünstigsten äußeren und inneren Verhältnissen — eine neue Existenz zu gründen. Dazu kam, daß Dr. Tausk, der zwei herangewachsene Söhne hinterläßt, denen er ein fürsorglicher Vater war, vor einer neuen Eheschließung stand. Den vielfachen Anforderungen, welche die harte Wirklichkeit an den Leidenden stellte, war er nun nicht mehr gewachsen. Am Morgen des 3. Juli machte er seinem Leben ein Ende.

Dr. Tausk, der seit dem Herbst 1909 Mitglied der Wiener Psychoanalytischen Vereinigung war, ist den Lesern dieser Zeitschrift durch verschiedene Beiträge bekannt, die sich durch scharfe Beobachtung, treffendes Urteil und eine besondere Klarheit des Ausdrucks auszeichnen. In diesen Arbeiten kommt deutlich die philosophische Schulung, die der Autor glücklich mit den exakten Methoden der Naturwissenschaft zu verbinden wußte, zum Ausdruck. Sein Bedürfnis nach philosophischer Fundierung und erkenntnistheoretischer Klarheit zwang ihn, die so schwierigen Probleme in ihrer ganzen Tiefe und umfassenden Bedeutung zu erfassen, aber auch bewältigen zu wollen. In seinem ungestümen Forscherdrang ist er vielleicht manchmal in dieser Richtung zu weit gegangen; vielleicht war es auch noch nicht an der Zeit, der im Werden begriffenen Wissenschaft der Psychoanalyse eine allgemeinere Grundlage dieser Art zu geben. Die psychoanalytische Betrachtung philosophischer Probleme, für die Tausk eine besondere Begabung bewies, verspricht immer mehr fruchtbar zu werden; eine der letzten Arbeiten des Verstorbenen, über die Psychoanalyse der Urteilsfunktion.

die — bisher noch unveröffentlicht — auf dem letzten psychoanalytischen Kongreß in Budapest von ihm vorgetragen wurde, beweist diese Richtung seines Interesses.

Neben seiner philosophischen Begabung und Neigung zeigte Tausk auch ganz hervorragende medizinisch-psychologische Fähigkeiten und hatte auch auf diesem Gebiete schöne Leistungen aufzuweisen. Seine klinische Tätigkeit, der wir wertvolle Untersuchungen über verschiedene Psychosen (Melancholie, Schizophrenie) verdanken, berechtigte zu den schönsten Hoffnungen und gab ihm die Anwartschaft auf eine Dozentur, um die er in Bewerbung stand. Ein ganz besonderes Verdienst um die Psychoanalyse hat sich Dr. Tausk, der über eine glänzende Rednergabe verfügte, durch die Abhaltung von Vortragskursen erworben, in denen er, mehrere Jahre hindurch, zahlreiche Zuhörer beiderlei Geschlechtes in die Grundlagen und Probleme der Psychoanalyse einführte. Seine Zuhörer wußten die pädagogische Geschicklichkeit und Klarheit seiner Vorträge ebenso zu bewundern wie die Tiefe, mit der er einzelne Themata behandelte.

Alle, die den Verstorbenen näher kannten, schätzten seinen lauteren Charakter, seine Ehrlichkeit gegen sich und andere und seine vornehme Natur, die ein Bestreben nach dem Vollendeten und Edlen auszeichnete. Sein leidenschaftliches Temperament äußerte sich in scharfer, manchmal überscharfer Kritik, die sich aber mit einer glänzenden Darstellungsgabe verband. Diese persönlichen Eigenartigkeiten hatten für viele eine große Anziehung, mögen aber auch manche abgestoßen haben. Keiner jedoch konnte sich dem Eindruck entziehen, daß er einen bedeutenden Menschen vor sich habe.

Was ihm die Psychoanalyse — bis zum letzten Augenblick — bedeutet hat, davon zeugen hinterlassene Briefe, in denen er sich rückhaltlos zu ihr bekennt und die Hoffnung auf ihre Anerkennung in nicht allzu ferner Zeit ausspricht. Der allzu früh unserer Wissenschaft und dem Wiener Kreise Entrissene hat gewiß dazu beigetragen, daß dieses Ziel erreicht werde. In der Geschichte der Psychoanalyse und ihrer ersten Kämpfe ist ihm ein ehrenvolles Andenken sicher.

VORREDEN

EINLEITUNG

zu ZUR PSYCHOANALYSE DER KRIEGSNEUROSEN.
*Diskussion auf dem V. Internationalen Psychoanalytischen Kongreß in
Budapest, 28. und 29. September 1918. Beiträge von Freud, Ferenczi,
Abraham, Simmel, Jones (Internationale Psychoanalytische Bibliothek Nr. 1).
Internationaler Psychoanalytischer Verlag, Leipzig und Wien 1919.*

Das Büchlein über die Kriegsneurosen, mit dem der Verlag die „Internationale Psychoanalytische Bibliothek" eröffnet, behandelt ein Thema, welches bis vor kurzem den Vorzug der höchsten Aktualität genoß. Als dasselbe auf dem V. Psychoanalytischen Kongreß zu Budapest (September 1918) zur Diskussion gestellt wurde, fanden sich offizielle Vertreter von den leitenden Stellen der Mittelmächte ein, um von den Vorträgen und Verhandlungen Kenntnis zu nehmen, und das hoffnungsvolle Ergebnis dieses ersten Zusammentreffens war die Zusage, psychoanalytische Stationen zu errichten, in denen analytisch geschulte Ärzte Mittel und Muße finden sollten, um die Natur dieser rätselvollen Erkrankungen und ihre therapeutische Beeinflussung durch Psychoanalyse zu studieren. Ehe noch diese Vorsätze ausgeführt werden konnten, kam das Kriegsende; die staatlichen Organisationen brachen zusammen, das Interesse für die Kriegsneurosen räumte anderen Sorgen den Platz; bezeichnenderweise verschwanden aber auch mit dem Aufhören der Bedingungen des Krieges die meisten der durch den Krieg hervorgerufenen neurotischen Erkrankungen. Die Gelegenheit zu einer gründlichen Erforschung dieser Affektionen war nun leider versäumt. Man muß hinzufügen: sie wird hoffentlich nicht so bald wiederkommen.

Diese nun abgeschlossene Episode ist aber für die Verbreitung der Psychoanalyse nicht bedeutungslos gewesen. Während der Beschäftigung mit den Kriegsneurosen, die ihnen durch die Anforderungen des Heeresdienstes auf-

erlegt wurde, sind auch solche Ärzte psychoanalytischen Lehren näher gekommen, die sich bisher von ihnen ferngehalten hatten. Aus dem Referat
von Ferenczi kann der Leser entnehmen, unter welchen Zögerungen und
Verhüllungen sich diese Annäherung vollzogen hat. Einige der Momente,
welche die Psychoanalyse bei den Neurosen der Friedenszeit längst erkannt
und beschrieben hatte, die psychogene Herkunft der Symptome, die Bedeutung der unbewußten Triebregungen, die Rolle des primären Krank-
heitsgewinnes bei der Erledigung seelischer Konflikte („Flucht in die Krankheit"), wurden so auch bei den Kriegsneurosen festgestellt und fast allgemein
angenommen. Die Arbeiten von E. Simmel zeigten auch, welcher Erfolg
zu erzielen ist, wenn man die Kriegsneurotiker mit Hilfe der kathartischen
Technik behandelt, die bekanntlich die Vorstufe der psychoanalytischen
Technik gewesen ist.

Der so begonnenen Annäherung an die Psychoanalyse braucht man aber
den Wert einer Versöhnung oder Abgleichung des Gegensatzes zu ihr nicht
zuzugestehen. Wenn jemand, der bisher von einer Summe miteinander zusammenhängender Behauptungen nichts gehalten hat, plötzlich in die Lage
kommt, sich von der Richtigkeit eines Anteiles dieses Ganzen zu überzeugen, so sollte man meinen, er würde jetzt überhaupt in seiner Ablehnung schwankend werden und eine gewisse respektvolle Erwartung zu-
lassen, daß auch der andere Teil, über den er noch keine eigene Erfahrung
und demnach kein eigenes Urteil besitzt, sich als richtig herausstellen könne.

Dieser andere, vom Studium der Kriegsneurosen nicht berührte Anteil
der psychoanalytischen Lehre geht dahin, daß es sexuelle Triebkräfte sind,
welche sich in der Symptombildung zum Ausdruck bringen, und daß die
Neurose aus dem Konflikt zwischen dem Ich und den von ihm verstoßenen
Sexualtrieben hervorgeht. „Sexualität" ist dabei in dem erweiterten, in der
Psychoanalyse gebräuchlichen Sinne zu verstehen, und nicht mit dem
engeren Begriff der „Genitalität" zu verwechseln. Es ist nun ganz richtig,
wie es E. Jones in seinem Beitrag darlegt, daß dieser Teil der Theorie an
den Kriegsneurosen bisher nicht erwiesen ist. Die Arbeiten, die das erweisen
könnten, sind noch nicht angestellt worden. Vielleicht sind die Kriegsneurosen ein für diesen Nachweis überhaupt ungeeignetes Material. Aber
die Gegner der Psychoanalyse, bei denen sich die Abneigung gegen die
Sexualität stärker gezeigt hat als die Logik, haben sich zu verkünden geeilt,
daß die Untersuchung der Kriegsneurosen dieses Stück der psychoanalytischen
Theorie endgiltig widerlegt habe. Sie haben sich dabei einer kleinen Vertauschung schuldig gemacht. Wenn die — noch sehr wenig eingehende —

Untersuchung der Kriegsneurosen nicht erkennen läßt, daß die Sexualtheorie der Neurosen richtig ist, so ist das etwas ganz anderes, als wenn
sie erkennen ließe, daß diese Theorie nicht richtig ist.
Bei unparteiischer Einstellung und einigem guten Willen fiele es nicht
schwer, den Weg zu finden, der zur weiteren Klärung führt.

Die Kriegsneurosen sind, soweit sie sich durch besondere Eigenheiten
von den banalén Neurosen der Friedenszeit unterscheiden, aufzufassen als
traumatische Neurosen, die durch einen Ichkonflikt ermöglicht oder begünstigt worden sind. Gute Hinweise auf diesen Ichkonflikt bringt der
Beitrag von Abraham; auch die englischen und amerikanischen Autoren,
die Jones zitiert, haben ihn erkannt. Er spielt sich zwischen dem alten
friedlichen und dem neuen kriegerischen Ich des Soldaten ab, und wird
akut, sobald dem Friedens-Ich vor Augen gerückt wird, wie sehr es Gefahr
läuft, durch die Wagnisse seines neugebildeten parasitischen Doppelgängers
ums Leben gebracht zu werden. Man kann ebensowohl sagen, das alte Ich
schütze sich durch die Flucht in die traumatische Neurose gegen die Lebensgefahr, wie es erwehre sich des neuen Ichs, das es als bedrohlich für sein
Leben erkennt. Das Volksheer wäre also die Bedingung, der Nährboden der
Kriegsneurosen; bei Berufssoldaten, in einer Söldnerschar, wäre ihnen die
Möglichkeit des Auftretens entzogen.

Das andere an den Kriegsneurosen ist die traumatische Neurose, die bekanntlich auch im Frieden nach Schreck und schweren Unfällen vorkommt,
ohne jede Beziehung zu einem Konflikt im Ich.

Die Lehre von der sexuellen Ätiologie der Neurosen, oder wie wir lieber
sagen: die Libidotheorie der Neurosen ist ursprünglich nur für die Übertragungsneurosen des friedlichen Lebens aufgestellt worden und bei ihnen
durch Anwendung der analytischen Technik leicht zu erweisen. Aber ihre
Anwendung auf jene anderen Affektionen, die wir später als die Gruppe der
narzißtischen Neurosen zusammengefaßt haben, stößt bereits auf Schwierigkeiten. Eine gewöhnliche Dementia praecox, eine Paranoia, eine Melancholie sind zum Erweis der Libidotheorie und zur Einführung in ihr Verständnis im Grunde recht ungeeignetes Material, weshalb auch die Psychiater,
welche die Übertragungsneurosen vernachlässigen, sich mit ihr nicht be-
freunden können. Als die in dieser Hinsicht refraktärste galt immer die
traumatische Neurose (der Friedenszeit), so daß das Auftauchen der Kriegsneurosen kein neues Moment in die vorliegende Situation eintragen konnte.

Erst durch die Aufstellung und Handhabung des Begriffs einer „narzißtischen Libido", d. h. eines Maßes von sexueller Energie, welches am Ich

selbst hängt und sich an diesem ersättigt, wie sonst nur am Objekt, ist es gelungen, die Libidotheorie auch auf die narzißtischen Neurosen auszudehnen, und diese durchaus legitime Fortentwicklung des Begriffes der Sexualität verspricht für diese schwereren Neurosen und für die Psychosen all das zu leisten, was man von einer sich empirisch vorwärtstastenden Theorie erwarten kann. Auch die traumatische Neurose (des Friedens) wird sich in diesen Zusammenhang einfügen, wenn erst die Untersuchungen über die unzweifelhaft bestehenden Beziehungen zwischen Schreck, Angst und narzißtischer Libido zu einem Ergebnis gelangt sind.

Wenn die traumatischen und die Kriegsneurosen überlaut vom Einfluß der Lebensgefahr reden und gar nicht oder nicht deutlich genug von dem der „Liebesversagung", so entfällt dafür bei den gewöhnlichen Übertragungsneurosen der Friedenszeit jeder ätiologische Anspruch des ersteren, dort so mächtig auftretenden Moments. Meint man doch sogar, daß diese letzteren Leiden durch Verwöhnung, Wohlleben und Untätigkeit nur gefördert werden, was wiederum einen interessanten Gegensatz zu den Lebensbedingungen ergibt, unter denen die Kriegsneurosen ausbrechen. Nach dem Vorbild ihrer Gegner hätten die Psychoanalytiker, die ihre Patienten an der „Liebesversagung", an den unbefriedigten Ansprüchen der Libido erkrankt finden, behaupten müssen, daß es keine Gefahrneurose geben könne, oder daß die nach Schreck auftretenden Affektionen keine Neurosen sind. Dies ist ihnen natürlich niemals eingefallen. Vielmehr sehen sie eine bequeme Möglichkeit, die beiden scheinbar auseinanderstrebenden Tatsachen in einer Auffassung zu vereinigen. In den traumatischen und Kriegsneurosen wehrt sich das Ich des Menschen gegen eine Gefahr, die ihm von außen droht, oder die ihm durch eine Ichgestaltung selbst verkörpert wird; bei den friedlichen Übertragungsneurosen wertet das Ich seine Libido selbst als den Feind, dessen Ansprüche ihm bedrohlich scheinen. Beide Male Furcht des Ichs vor seiner Schädigung: hier durch die Libido, dort durch die äußeren Gewalten. Ja man könnte sagen, bei den Kriegsneurosen sei das Gefürchtete, zum Unterschied von der reinen traumatischen Neurose und in Annäherung an die Übertragungsneurosen, doch ein innerer Feind. Die theoretischen Schwierigkeiten, die einer solchen einigenden Auffassung im Wege stehen, scheinen nicht unüberwindlich; man kann doch die Verdrängung, die jeder Neurose zugrunde liegt, mit Fug und Recht als Reaktion auf ein Trauma, als elementare traumatische Neurose bezeichnen.

VORREDE

zu **PROBLEME DER RELIGIONSPSYCHOLOGIE** *von*
Dr. **THEODOR REIK**, *I. Teil:* **DAS RITUAL** *(Internationale Psycho-*
analytische Bibliothek, Nr. V). Internationaler Psychoanalytischer Verlag,
Leipzig und Wien 1919.

Die Psychoanalyse wurde aus der ärztlichen Not geboren, sie entsprang
dem Bedürfnis, nervös Kranken zu helfen, denen Ruhe, Wasserheilkünste
und Elektrizität keine Linderung bringen konnten. Eine höchst merkwürdige
Erfahrung von Josef Breuer hatte die Hoffnung geweckt, ihnen um so
ausgiebiger helfen zu können, je mehr man von der bis dahin unergrün-
deten Entstehung ihrer Leidenssymptome verstünde. So wurde die Psychoanalyse, ursprünglich eine rein ärztliche Technik, von ihrem Anfang an
auf Erforschen, auf die Aufdeckung weitreichender verborgener Zusammen-
hänge hingewiesen.

Ihr weiterer Weg lenkte sie von dem Studium der körperlichen Bedingungen des nervösen Krankseins in einem für den Arzt befremdenden
Maße ab. Dafür bekam sie es mit allem seelischen Inhalt zu tun, der das
menschliche Leben erfüllt, auch das der Gesunden, der Normalen und
Übernormalen. Sie mußte sich um Affekte und Leidenschaften kümmern,
vor allen um jene, welche die Dichter darzustellen und zu verherrlichen
nicht müde werden, um die Affekte des Liebeslebens, lernte die Macht
der Erinnerungen kennen, die ungeahnte Bedeutung der frühen Kindheitsjahre für die Gestaltung der späteren Reife, die Stärke der Wünsche, die
das Urteil des Menschen verfälschen und seinem Streben feste Bahnen
vorschreiben. Eine Zeitlang schien es ihr beschieden, in Psychologie auf-
zugehen, ohne angeben zu können, warum sich die Psychologie des Kranken
von der des Normalen unterscheide.

Auf ihrem Wege stieß sie aber auf das Problem des Traumes, der ein abnormes seelisches Produkt ist, von normalen Menschen unter regelmäßig wiederkehrenden physiologischen Bedingungen geschaffen. Als sich der Psychoanalyse das Rätsel der Träume löste, hatte sie im unbewußten Seelischen den gemeinsamen Boden gefunden, in dem die höchsten wie die niedrigsten Seelenregungen wurzeln, aus dem sich die normalsten wie die krankhaft irregehenden Seelenleistungen erheben. Nun gestaltete sich immer deutlicher und vollständiger das Bild des seelisches Betriebs. Dunkle, aus dem Organischen stammende Triebkräfte, die nach mitgebrachten Zielen streben, über ihnen ein Instanzenzug von höher organisierten seelischen Formationen, — Erwerbungen der Menschheitsentwicklung unter dem Zwang der Menschheitsgeschichte, — welche Anteile dieser Triebregungen aufgenommen, weitergebildet oder ihnen selbst höhere Ziele zugewiesen haben, auf jeden Fall aber sie durch feste Verknüpfungen binden und mit ihren Triebkräften nach ihren eigenen Absichten walten. Einen anderen Anteil derselben elementaren Triebregungen hat aber diese höhere Organisation, die uns als das Ich bekannt ist, als unbrauchbar von sich gewiesen, weil sie sich in die organische Einheit des Individuums nicht fügen konnten oder weil sie sich gegen die kulturellen Ziele desselben sträubten. Das Ich ist nicht imstande, diese ihm nicht unterworfenen seelischen Mächte auszurotten, aber es wendet sich von ihnen ab, beläßt sie auf dem primitivsten psychologischen Niveau, schützt sich gegen ihre Ansprüche durch energische Schutz- und Gegensatzbildungen oder sucht sich durch Ersatzbefriedigungen mit ihnen abzufinden. Ungebändigt und unzerstörbar, doch an jeder Betätigung gehemmt, bilden diese der Verdrängung verfallenen Triebe und ihre primitive seelische Repräsentanz die seelische Unterwelt, den Kern des eigentlich Unbewußten, stets bereit, ihre Ansprüche geltend zu machen und auf jedem Umweg zur Befriedigung vorzudringen. Daher die Labilität des stolzen psychischen Oberbaus, der nächtliche Vorstoß des Verpönten und Verdrängten im Traume, die Eignung, an Neurosen und Psychosen zu erkranken, sobald sich das Kräfteverhältnis zwischen dem Ich und dem Verdrängten zu ungunsten des Ichs verschiebt.

Die nächste Überlegung mußte sagen, daß eine solche Auffassung vom Leben der menschlichen Seele unmöglich auf das Gebiet des Traumes und der nervösen Erkrankungen eingeschränkt werden konnte. Wenn sie etwas Richtiges getroffen hatte, so mußte sie auch für das normale seelische Geschehen zutreffend sein, und selbst die höchsten Leistungen des Menschengeistes mußten eine Beziehung zu den in der Pathologie erkannten Momenten, zur Verdrängung, zu den Bemühungen um die Bewältigung des Unbewußten, zu den Befriedigungsmöglichkeiten der primitiven Triebe erkennen lassen. Es wurde von da an eine unwiderstehliche Versuchung, ein wissenschaftliches Gebot, die Untersuchungsmethoden der Psychoanalyse weit weg von ihrem Mutterboden auf die mannigfaltigsten Geisteswissenschaften anzuwenden. Ja selbst die psychoanalytische Arbeit an den Kranken mahnte unaufhörlich an diese neue Aufgabe, denn es war unverkennbar, daß die einzelnen Formen der Neurose die stärksten Anklänge an die höchstwertigen Schöpfungen unserer Kultur vernehmen ließen. Der Hysteriker ist ein unzweifelhafter Dichter, wenngleich er seine Phantasien im wesentlichen m i m i s c h und ohne Rücksicht auf das Verständnis der anderen darstellt; das Zeremoniell und die Verbote des Zwangsneurotikers nötigen uns zum Urteil, er habe sich eine Privatreligion geschaffen, und selbst die Wahnbildungen der Paranoiker zeigen eine unerwünschte äußere Ähnlichkeit und innere Verwandtschaft mit den Systemen unserer Philosophen. Man kann sich des Eindruckes nicht erwehren, daß hier Kranke in a s o z i a l e r Weise doch dieselben Versuche zur Lösung ihrer Konflikte und Beschwichtigung ihrer drängenden Bedürfnisse unternehmen, die D i c h t u n g , R e l i g i o n und P h i l o s o p h i e heißen, wenn sie in einer für eine Mehrzahl verbindlichen Weise ausgeführt werden.

O. R a n k und H. S a c h s haben 1913 in einer überaus gedankenreichen Schrift („Die Bedeutung der Psychoanalyse für die Geisteswissenschaften") zusammengestellt, welche Ergebnisse die Anwendung der Psychoanalyse auf die Geisteswissenschaften bis dahin geliefert hatte. Mythologie, Literatur- und Religionsgeschichte scheinen die am leichtesten zugänglichen Gebiete zu sein. Für den Mythus ist die endgültige Formel, welche ihm seinen Platz in solchem Zusammenhange anweist, noch nicht gefunden. In einem großen Buche über den I n z e s t k o m p l e x hat Otto R a n k [1] den überraschenden Nachweis erbracht, daß die Stoffwahl insbesondere der dramatischen Dichtung vorwiegend durch den Umfang des von der Psychoanalyse so genannten Ö d i p u s - K o m p l e x e s bestimmt wird, durch dessen Bearbeitung in den mannigfachsten Abänderungen, Entstellungen und Verhüllungen der Dichter sein eigenes, persönlichstes Verhältnis zu diesem affektiven Thema zu erledigen sucht. Der Ödipus-Komplex, d. i. die affektive Einstellung zur Familie, im engeren Sinne zu Vater und Mutter, ist jener Stoff, an dessen Bewältigung der einzelne Neurotiker scheitert, und der darum regelmäßig

---

1) O. R a n k : Das Inzestmotiv in Dichtung und Sage. Leipzig und Wien, 1912.

den Kern seiner Neurose bildet. Er verdankt aber seine Bedeutung keineswegs einem uns unverständlichen Zusammentreffen, sondern die biologischen Tatsachen der langen Unselbständigkeit und langsamen Reifung des jungen Menschen, sowie des komplizierten Entwicklungsganges seiner Liebesfähigkeit drücken sich in dieser Betonung des Verhältnisses zu den Eltern aus und haben zur Folge, daß die Überwindung des Ödipus-Komplexes mit der zweckmäßigsten Bewältigung der archaischen, animalischen Erbschaft des Menschen zusammenfällt. In dieser sind zwar alle Kräfte enthalten, welche für die spätere Kulturentwicklung des Einzelnen benötigt werden, aber sie müssen erst ausgesondert und verarbeitet werden. So wie es der einzelne Mensch mitbringt, ist dieses archaische Erbgut für die Zwecke des sozialen Kulturlebens nicht zu brauchen.

Es bedarf eines Schrittes weiter, um den Ausgangspunkt für die psychoanalytische Betrachtung des religiösen Lebens zu finden. Was heute für den Einzelnen Erbgut ist, das war einmal vor einer langen Reihe von Generationen, die es einander übertragen haben, Neuerwerb. Auch der Ödipus-Komplex kann also seine Entwicklungsgeschichte haben und das Studium der Prähistorie kann dazu führen, diese zu erraten. Die Forschung nimmt an, daß das menschliche Familienleben sich in entlegenen Urzeiten ganz anders gestaltet hatte, als wir es heute kennen, und bestätigt diese Vermutung durch Befunde bei den heute lebenden Primitiven. Unterzieht man das prähistorische und ethnologische Material darüber einer psychoanalytischen Bearbeitung, so stellt sich ein unerwartet präzises Ergebnis heraus: daß Gottvater dereinst leibhaftig auf Erden gewandelt und als Häuptling der Urmenschenhorde seine Herrschermacht gebraucht hat, bis ihn seine Söhne im Vereine erschlugen. Ferner, daß durch die Wirkung dieser befreienden Untat und in der Reaktion auf dieselbe die ersten sozialen Bindungen entstanden, die grundlegenden moralischen Beschränkungen und die älteste Form einer Religion, der Totemismus. Daß aber auch die späteren Religionen von demselben Inhalt erfüllt und bemüht sind, einerseits die Spuren jenes Verbrechens zu verwischen oder es zu sühnen, indem sie andere Lösungen für den Kampf zwischen Vater und Söhnen einsetzen, anderseits aber nicht umhin können, die Beseitigung des Vaters von neuem zu wiederholen. Dabei läßt sich auch im Mythus der Nachhall jenes, die ganze Menschheitsentwicklung riesengroß überschattenden Ereignisses erkennen.

Diese auf den Einsichten von Robertson Smith fußende, von mir in „Totem und Tabu" 1912 entwickelte Hypothese hat Th. Reik seinen

Studien über Probleme der Religionspsychologie zugrunde gelegt, von denen hier der erste Band ausgegeben wird. Der psychoanalytischen Technik getreu gehen diese Arbeiten von bisher unverstandenen Einzelheiten des religiösen Lebens aus, um durch deren Aufklärung Aufschluß über die tiefsten Voraussetzungen und letzten Ziele der Religionen zu gewinnen, und behalten die Beziehung zwischen dem Urzeitlichen und dem heutigen Primitiven sowie den Zusammenhang kultureller Leistung mit neurotischer Ersatzbildung unverrückt im Auge. Im übrigen darf auf die Einleitung des Verfassers verwiesen und die Erwartung ausgesprochen werden, daß sein Werk sich der Beachtung Fachkundiger selbst empfehlen wird.

INTERNATIONALER
PSYCHOANALYTISCHER VERLAG
UND PREISZUTEILUNGEN FÜR
PSYCHOANALYTISCHE
ARBEITEN

INTERNATIONALER PSYCHOANALYTISCHER VERLAG UND PREISZUTEILUNGEN FUR PSYCHOANALYTISCHE ARBEITEN.

Im Herbst 1918 machte mir ein Mitglied der Budapester psychoanalytischen Vereinigung die Mitteilung, daß aus dem Erträgnis industrieller Unternehmungen während der Kriegszeit ein Fonds für kulturelle Zwecke beiseite gelegt worden sei, über dessen Verwendung ihn im Einvernehmen mit dem Oberbürgermeister der Stadt Budapest, Dr. Stephan Bárczy, die Entscheidung zustehe. Beide hätten sich entschlossen, den ansehnlichen Geldbetrag für die Zwecke der psychoanalytischen Bewegung zu widmen und mir die Verwaltung desselben zu übertragen. Ich nahm diesen Auftrag an und erfülle hiemit die Pflicht, dem Oberbürgermeister, welcher bald darauf dem psychoanalytischen Kongress einen so ehrenhaften Empfang in Budapest bereitete, wie dem ungenannten Mitglied, das sich ein so hohes Verdienst um die Sache der Psychoanalyse erworben, öffentlich zu danken.

Der auf meinen Namen getaufte und mir zur Verfügung gestellte Fonds wurde von mir zur Gründung eines „Internationalen psychoanalytischen Verlages" bestimmt. Ich hielt dies für das wichtigste Erfordernis unserer gegenwärtigen Lage.

Unsere beiden periodischen Publikationen, die „Internationale Zeitschrift für ärztliche Psychoanalyse" und die „Imago", sind in der Kriegszeit nicht wie viele andere wissenschaftliche Unternehmungen untergegangen. Es gelang uns, sie aufrecht zu erhalten,

aber infolge der Erschwerungen, Absperrungen und Verteuerungen
der Kriegszeit mußten sie sich eine ausgiebige Verkleinerung
ihres Umfanges und unerwünscht große Intervalle zwischen den
einzelnen Nummern gefallen lassen. Von den vier Redakteuren
der beiden Zeitschriften (Ferenczi, Jones, Rank und Sachs)
war einer als Angehöriger eines feindlichen Staates von uns abgeschnitten, zwei andere eingerückt und durch Kriegsdienstpflichten in
Anspruch genommen, und nur Dr. Sachs war bei der Arbeit verblieben, deren ganze Last er opferwilling auf sich nahm. Einige der
psychoanalytischen Ortsgruppen sahen sich überhaupt genötigt, ihre
Versammlungen einzustellen; die Anzahl der Beitragenden schrumpf-
te zusammen wie die der Abnehmer; es ließ sich voraussehen,
daß der begreifliche Mißmut des Verlegers bald den weiteren
Bestand der für uns so wertvollen Zeitschriften in Frage stellen
würde. Und doch wiesen die mannigfaltigsten Anzeichen, die sogar
aus den Schützengräben der Front zu uns kamen, darauf hin, daß
das Interesse für die Psychoanalyse sich bei der Mitwelt nicht
verringert habe. Ich meine, die Absicht war gerechtfertigt, diesen
Schwierigkeiten und Gefahren durch die Gründung eines Internationalen psychoanalytischen Verlages ein Ende zu setzen. Der
Verlag besteht heute bereits als G.m.b.H. und wird von Dr. Otto
Rank geleitet, dem langjährigen Sekretär der Wiener Vereinigung
und Mitredakteur beider psychoanalytischen Zeitschriften, der nach
mehrjähriger Abwesenheit im Kriegsdienst zur früheren Tätigkeit
im Dienste der Psychoanalyse wiedergekehrt ist.

Der neue, auf die Mittel der Budapester Stiftung gestützte
Verlag stellt sich die Aufgabe, das regelmäßige Erscheinen und
eine verläßliche Austeilung der beiden Zeitschriften zu sichern.
Sobald die Schwierigkeiten der äußeren Verhältnisse es gestatten,
sollen sie auch ihren früheren Umfang wiederbekommen oder ihm
im Falle des Bedarfs, ohne Steigerung der Kosten für die Abnehmer,
überschreiten können. Der Verlag wird aber außerdem, ohne eine
solche Besserung abzuwarten, in das Gebiet der ärztlichen und der

angewandten Psychoanalyse einschlägige Bücher und Broschüren zum Druck befördern, und da er kein auf Gewinn zielendes Unternehmen darstellt, kann er die Interessen der Autoren besser in Acht nehmen, als dies von Seite der Buchhändler-Verleger zu geschehen pflegt.

Gleichzeitig mit der Einrichtung des psychoanalytischen Verlages wurde der Beschluss gefasst, alljährlich aus den Zinsen der Budapester Stiftung zwei hervorragend gute Arbeiten, je eine aus dem Gebiet der ärztlichen und der angewandten Psychoanalyse, mit Preisen auszuzeichnen. Diese Preise—in der Höhe von eintausend österr. Kronen—sollten nicht den Autoren, sondern den einzelnen Arbeiten zugeprochen werden, so daß es möglich bleiben müßte, daß der nämliche Autor wiederholt mit einem Preis bedacht werde. Die Entscheidung darüber, welche unter den in einem gewissen Zeitraum veröffentlichten Arbeiten durch die Preiszuteilung hervorgehoben werden sollen, wurde, nicht einem Kollegium übertragen, sondern einer einzelnen Person, der des jeweiligen Fondsverwalters, vorbehalten. Im anderen Falle, wenn das Richterkollegium aus den erfahrensten und urteilsfähigsten Analytikern gebildet wäre, hätten deren Arbeiten aus der Bewertung ausscheiden müssen, und die Institution könnte ihre Absicht, auf mustergültige Leistungen der psychoanalytischen Literatur hinzuweisen, leicht verfehlen. Wenn der Preisrichter in die Lage käme, zwischen zwei annähernd gleich wertvollen Arbeiten zu schwanken, sollte ihm ermöglicht sein, den Preis zwischen beiden zu teilen, ohne daß die Zuteilung eines halben Preises eine geringere Einschätzung der betreffenden Arbeit bedeutete.

Es besteht die Absicht, diese Preiszuteilungen im allgemeinen alljährlich zu wiederholen, wobei die gesamte in diesem Zeitraum veröffentlichte, für die Psychoanalyse bedeutsame Literatur das Material für die Auswahl abgibt und es nicht in Betracht kommt, ob der Autor der betreffenden Arbeit der Internationalen psychoanalytischen Vereinigung als Mitglied angehört.

Die erste Preiszuteilung ist bereits erfolgt und hat sich auf die in der Kriegszeit, 1914–1918, erfolgten Publikationen bezogen. Der Preis für ärztliche Psychoanalyse wurde zwischen der Arbeit von K. Abraham „Untersuchungen über die früheste prägenitale Entwicklungsstufe der Libido" (Int. Zeit. IV, 2, 1916) und der Broschüre von Ernst Simmel „Kriegsneurosen und Psychisches Trauma", 1918 geteilt, der für angewandte Psychoanalyse fiel der Arbeit von Th. Reik „Die Pubertätsriten der Wilden" (Imago IV, 3–4, 1915) zu.

Freud.

BIBLIOGRAPHISCHE ANMERKUNG

Eine Schwierigkeit der Psychoanalyse

In deutscher Sprache:
1917 In „Imago", Band V.
1918 In „Sammlung kleiner Schriften zur Neurosenlehre", IV. Folge, Verlag Hugo Heller, Leipzig, Wien.
1922 Zweite Auflage, Int. Psychoanalytischer Verlag, Leipzig, Wien, Zürich.
1924 In „Gesammelte Schriften", Band X, im gleichen Verlag.

In englischer Sprache:
1925 Übersetzt von Joan Riviere, in „Collected Papers", Vol. IV, The International Psycho-Analytical Library, No. 10, The Hogarth Press, London.

In japanischer Sprache:
1933 Übersetzt von Eiichi Kikuti, Ars-Ausgabe, Tokio.

In russischer Sprache:
1923 Im Sammelband „Psychologische Theorien", Staatsverlag, Moskau.

In ungarischer Sprache:
1917 In „Nyugat", herausgegeben von H. Ignotus, Budapest.

Eine Kindheitserinnerung aus „Dichtung und Wahrheit"

In deutscher Sprache:
1917 In „Imago", Band V.
1918 In „Sammlung kleiner Schriften zur Neurosenlehre", IV. Folge, Verlag Hugo Heller, Leipzig, Wien.
1922 Zweite Auflage, Int. Psychoanalytischer Verlag, Leipzig, Wien, Zürich.
1924 In „Gesammelte Schriften", Band X, im gleichen Verlag.

In englischer Sprache:
1925 Übersetzt von C. M. J. Hubback, in „Collected Papers", Vol. IV. The

338

International Psycho-Analytical Library, No. 10, The Hogarth Press, London.

In französischer Sprache:

1933 Übersetzt von Edouard Marty und Marie Bonaparte, Les Documents bleus, Librairie Gallimard, Paris.

In japanischer Sprache:

1931 Übersetzt von K. Ohtski, Shunyodo Ausgabe, Tokio.
1937 Zweite Auflage.
1933 Übersetzt von Sinoda Hideo und Hamano Osamu, Ars-Ausgabe, Tokio.

AUS DER GESCHICHTE EINER INFANTILEN NEUROSE

In deutscher Sprache:

1918 In ,,Sammlung kleiner Schriften zur Neurosenlehre'', IV. Folge, Verlag Hugo Heller, Leipzig, Wien.
1922 In ,,Sammlung kleiner Schriften zur Neurosenlehre'', V. Folge, Int. Psychoanalytischer Verlag, Leipzig, Wien, Zürich.
1924 In ,,Gesammelte Schriften'', Band VIII, im gleichen Verlag,

In englischer Sprache:

1925 Übersetzt von Alix und James Strachey, in "Collected Papers", Vol. III, The International Psycho-Analytical Library, No. 9, The Hogarth Press, London.

In japanischer Sprache:

1930 Übersetzt von Yasuda Tokutaro, Ars-Ausgabe, Tokio.

In französischer Sprache:

1935 Übersetzt von Marie Bonaparte und R. Loewenstein, La Bibliothèque Psychanalytique, Les editions Denoel et Steele, Paris.

In spanischer Sprache:

1932 Übersetzt von Luis Lopez Ballesteros y de Torres, in ,,Obras Completas'', Band XVI, Biblioteca Nueva, Madrid.

In tschechischer Sprache:

1937 Übersetzt von Dr. Otto Friedmann, Verlag Julius Albert, Prag.

DAS TABU DER VIRGINITÄT

In deutscher Sprache:

1918 In ,,Sammlung kleiner Schriften zur Neurosenlehre'', IV. Folge. Verlag Hugo Heller, Leipzig, Wien, gemeinsam mit den Arbeiten ,,Über einen besonderen Typus der Objektwahl beim Manne'' (1910) und ,,Über die allgemeinste Erniedrigung des Liebeslebens'' (1912) unter dem Obertitel ,,Beiträge zur Psychologie des Liebeslebens'' (siehe auch Band VIII).
1922 Zweite Auflage, Int. Psychoanalytischer Verlag, Leipzig, Wien. Zürich.

1924   In „Gesammelte Schriften" Band V, im gleichen Verlag.

1931   In „Kleine Schriften zur Sexualtheorie und zur Traumlehre``, Kleinok-
       tavausgabe, im gleichen Verlag.

In englischer Sprache:

1925   Übersetzt von Joan Riviere, in „Collected Papers", Vol. IV, The
       International Psycho-Analytical Library No. 10, The Hogarth Press,
       London.

In französischer Sprache:

1933   Übersetzt von Anne Berman, in Revue Française de Psychanalyse,
       Tome VI.

In japanischer Sprache:

1932   Übersetzt von K. Ohtski, Shunyodo Ausgabe, Tokio.

1939   Dritte Auflage, im gleichen Verlag.

1932   Übersetzt von Otsuki Kenji, Ars-Ausgabe, Tokio.

1938   Vierte Auflage, im gleichen Verlag.

In spanischer Sprache:

1929   Übersetzt von Luis Lopez Ballesteros y de Torres, in „Obras Completas,"
       Band XIII, Biblioteca Nueva, Madrid.

„EIN KIND WIRD GESCHLAGEN"
BEITRAG ZUR KENNTNIS DER ENTSTEHUNG SEXUELLER PERVERSIONEN

In deutscher Sprache:

1919   In „Int. Zeitschrift für ärztliche Psychoanalyse", Band V.

1922   In „Sammlung kleiner Schriften zur Neurosenlehre", V. Folge, Int.
       Psychoanalytischer Verlag, Leipzig, Wien, Zürich.

1924   In „Gesammelte Schriften", Band V, im gleichen Verlag.

1931   In „Kleine Schriften zur Sexualtheorie und zur Traumlehre", Kleinok-
       tavausgabe, im gleichen Verlag.

In englischer Sprache:

1924   Übersetzt von Alix and James Strachey, in „Collected Papers", Vol. II.
       The International Psycho-Analytical Library No. 8, The Hogarth
       Press, London.

In französischer Sprache:

1933   Übersetzt von H. Hoesli, in Revue Française de Psychanalyse, Tome VI.

In japanischer Sprache:

1933   Übersetzt von Konuma Tosuo, Ars-Ausgabe, Tokio.

In spanischer Sprache:

1929   Übersetzt von Luis Lopez Ballesteros y de Torres, in „Obras Completas``,
       Band XIII, Biblioteca Nueva, Madrid.

DAS UNHEIMLICHE

In deutscher Sprache:

1919 In „Imago", Band V.

1922 In „Sammlung kleiner Schriften zur Neurosenlehre", V. Folge, Int. Psychoanalytischer Verlag, Leipzig, Wien, Zürich.

1924 In „Gesammelte Schriften", Band X, im gleichen Verlag.

In englischer Sprache:

1925 Übersetzt von Alix Strachey, in „Collected Papers", Vol. IV, The International Psycho-Analytical Library No. 10, The Hogarth Press, London.

In franzosischer Sprache:

1933 Übersetzt von Edouard Marty und Marie Bonaparte, in Essais de Psychanalyse Appliquée, Les Documents bleus, No. 54, Librairie Gallimard, Paris.

In japanischer Sprache:

1931 Übersetzt von K. Ohtski, Shunyodo Ausgabe, Tokio.

1937 Zweite Auflage, im gleichen Verlag.

1933 Übersetzt von Sinoda Hideo und Hamano Osamu, Ars-Ausgabe, Tokio.

ÜBER DIE PSYCHOGENESE EINES FALLES VON WEIBLICHER HOMOSEXUALITAT

In deutscher Sprache:

1920 In „Int. Zeitschrift für Psychoanalyse", Band VI.

1922 In „Sammlung kleiner Schriften zur Neurosenlehre", V. Folge, Int. Psychoanalytischer Verlag, Leipzig, Wien, Zürich.

1924 In „Gesammelte Schriften", Band V, im gleichen Verlag.

1931 In „Kleine Schriften zur Sexualtheorie und Neurosenlehre", Kleinoktavausgabe, im gleichen Verlag.

In englischer Sprache:

1924 Übersetzt von Barbara Low und K. Gabler, in „Collected Papers", Vol. II, The International Psycho-Analytical Library No. 8, The Hogarth Press, London.

In franzosischer Sprache:

1933 Übersetzt von H. Hoesli, in Revue Française de Psychanalyse, Tome VI.

In japanischer Sprache:

1932 Übersetzt von K. Ohtski, Shunyoda Ausgabe, Tokio.

1939 Dritte Auflage, im gleichen Verlag.

1933 Übersetzt von Konuma Tosuo, Ars-Ausgabe, Tokio.

In spanischer Sprache:

1929 Übersetzt von Luis Lopez Ballesteros y de Torres, in „Obras Completas". Band XIII, Biblioteca Nueva, Madrid.

GEDANKENASSOZIATION EINES VIERJÄHRIGEN KINDES

In deutscher Sprache:

1920 In „Int. Zeitschrift für Psychoanalyse", Band VI.
1924 In „Gesammelte Schriften", Band V, Int. Psychoanalytischer Verlag.
     Leipzig, Wien, Zürich.
1931 In „Schriften zur Neurosenlehre und zur Psychoanalytischen Technik",
     Kleinoktavausgabe, im gleichen Verlag.

In spanischer Sprache:

1929 Übersetzt von Luiz Lopez Ballesteros y de Torres, in „Obras Com-
     pletas", Band XIV, Biblioteca Nueva, Madrid.

ZUR VORGESCHICHTE DER ANALYTISCHEN TECHNIK

In deutscher Sprache:

1920 Zuerst erschienen (ohne Nennung des Verfassers, nur mit F. gezeichnet)
     in der „Int. Zeitschrift für Psychoanalyse", Band VI.
1922 In „Sammlung kleiner Schriften zur Neurosenlehre", V. Folge, Int.
     Psychoanalytischer Verlag, Leipzig, Wien, Zürich.
1925 In „Gesammelte Schriften", Band VI, im gleichen Verlag.
1931 In „Schriften zur Neurosenlehre und zur psychoanalytischen Technik",
     Kleinoktavausgabe, im gleichen Verlag.

In spanischer Sprache:

1930 Übersetzt von Luis Lopez Ballesteros y de Torres, in „Obras Completas",
     Band XIV, Biblioteca Nueva, Madrid.

JAMES J. PUTNAM†

In deutscher Sprache:

1919 Erschien—gezeichnet vom „Herausgeber"—in der „Int. Zeitschrift
     für ärztliche Psychoanalyse", Band V.
1928 In „Gesammelte Schriften", Band XI, Int. Psychoanalytischer Verlag,
     Leipzig, Wien, Zürich.

VICTOR TAUSK†

In deutscher Sprache:

1919 Erschien—gezeichnet von der „Redaktion"—in der „Int. Zeitschrift
     für ärztliche Psychoanalyse, Band V.
1928 In „Gesammelte Schriften", Band XI, Int. Psychoanalytischer Verlag,
     Leipzig, Wien, Zürich.

EINLEITUNG
zu ZUR PSYCHOANALYSE DER KRIEGSNEUROSEN

In deutscher Sprache:

1919 Internationale Psychoanalytische Bibliothek Nr. 1. Int. Psycho-
     analytischer Verlag, Leipzig. Wien, Zürich.
1928 In „Gesammelte Schriften", Band XI, im gleichen Verlag.

In englischer Sprache:

1921   Unter dem Titel „Psycho-Analysis and the War Neuroses", The International Psycho-Analytical Press, London.

VORREDE
zu PROBLEME DER RELIGIONSPSYCHOLOGIE von Dr. THEODOR REIK

In deutscher Sprache:

1919   Internationale Psychoanalytische Bibliothek Nr. 5, Int. Psychoanalytischer Verlag, Leipzig, Wien, Zürich.

1928   In „Gesammelte Schriften", Band XI, im gleichen Verlag.

In englischer Sprache:

1931   Erschienen unter dem Titel „Ritual: Psycho-Analytical Studies" by Theodor Reik, International Psycho-Analytical Library, No. 19, The Hogarth Press, London, Norton, New York.

INTERNATIONALER PSYCHOANALYTISCHER VERLAG UND PREISZUTEILUNGEN FUR PSYCHOANALYTISCHE ARBEITEN

In deutscher Sprache:

1919   In „Int. Zeitschrift für ärztliche Psychoanalyse," Band V.

INDEX

344

INHALT DES ZWÖLFTEN BANDES
Werke aus den Jahren 1917-1920

INHALTSVERZEICHNIS

DER GESAMMELTEN WERKE VON SIGM. FREUD